KB165529

유니티 모바일 게임 개발 2/e

유니티 모바일 게임 개발 2/e

모바일 게임 개발 기본부터
증강 현실 앱 만들기까지

존 도란 지음 이진오 옮김

i!i
에이콘

 에이콘출판의 기틀을 마련하신 故 정완재 선생님 (1935-2004)

삶의 여정을 같이하는 사랑하는 동반자이자 아내 하이엔과
게임 개발을 직업으로 삼겠다고 했을 때 진지하게 받아들여준 부모님께 바칩니다.

– 존 도란

| 지은이 소개 |

존 도란 John P. Doran

미국 일리노이에서 살고 있는 열정적이고 경험이 풍부한 테크니컬 게임 디자이너이자 소프트웨어 엔지니어다. 10년 이상 게임업계에서 직접 개발에 참여해왔으며, 게임 디자이너부터 UI 프로그래머까지 다양한 역할을 맡아왔다. 싱가포르, 한국, 미국에서 게임 개발 교육 프로그램에 참여했으며, 지금까지 10개가 넘는 게임 개발 관련 책을 집필했다. 현재 브래들리대학교에서 전임 강사로 활동하고 있다. 비디오 예술가로서 수상한 경력도 갖고 있다.

팩트출판사의 모든 분들과 이 책을 집필하는 동안 지원을 아끼지 않은 브래들리대학교 상호작용 미디어과의 동료들에게 감사를 드린다.

| 감수자 소개 |

박성국 Sungkuk Park

독일 베를린에 살고 있는 게임 엔지니어다. 전 세계 다양한 게임잼 Game Jam에 참여함은 물론 다양한 인디 게임들을 개발해 실력을 쌓아왔다. 현재 관심사는 테크니컬 아트, 그중 CG, 애니메이션, 게임플레이, VGX이다. 대부분의 시간을 새로운 기술(드로잉, 애니메이션, VFX)을 배우는 데 쓰고 있으며, 차세대 게임업계에 어울리는 게임 디렉터가 되기 위해 매진하고 있다.

| 옮긴이 소개 |

이진오(jinolee.dev@gmail.com)

미국에서 컴퓨터 공학을 전공하고 한국으로 돌아와 20년 넘게 다수의 게임 개발, 프로듀싱, 디렉팅에 참여한 경력이 있다. 판타그램, 블루사이드, 웹젠, 리로디드, 페퍼콘 등의 회사를 거치면서 PC, 콘솔, 모바일까지 다양한 게임 개발 팀에 몸담으며 경험을 쌓아왔다. 틈날 때마다 개인 게임 프로젝트를 진행하면서 공부의 끈을 놓지 않기 위해 번역도 진행하고 있다. 옮긴 책으로는『언리얼 엔진 4로 나만의 게임 만들기』(에이콘, 2016),『유니티 5.X 게임 개발의 시작』(에이콘, 2017),『움직이는 증강 현실 게임 개발』(에이콘, 2018),『타이핑 슈팅 액션 게임 개발 with 유니티 2/e』(에이콘, 2018) 등이 있다.

게임 개발을 시작하는 사람들의 머릿속에는 말로 다하기 힘든 꿈이 담겨 있다. 화려한 그래픽, 번뜩이는 아이디어, 다른 게임에서는 볼 수 없는 기능 같이 나만의 세계를 본인의 스킬로 표현하고 싶어 한다. 하지만 매력적인 만큼 거기에 정신을 팔려 중요한 기본을 놓칠 때도 많다. 신나게 개발하며 많은 것을 쌓아 올린 후 나중에 가서 기본적인 필수 사항을 놓쳐 뒤늦게 많은 부분을 수정하거나, 최악의 경우 시간에 쫓겨 주요 부분을 빼놓고 출시하는 경우도 있다. 게임 개발에 경험이 있는 독자라면 지금 나와 함께 옛 경험을 떠올리며 쓴웃음을 짓고 있지 않을까.

이 책은 그 기본이 돼 주는 책이다. 유니티를 사용해 모바일 게임을 개발하고자 하는 사람들에게 기본 방향을 보여주는 동시에 나아갈 길의 바닥을 닦아준다. 화려한 게임으로 독자를 현혹하지 않고 가장 기본적인 디자인의 모바일 게임을 사용해 반드시 필요하고 고려해야 할 기능을 예제와 코드로 설명한다. 실제로 총 12장의 내용 가운데 게임 플레이에만 집중하는 장이 4개밖에 되지 않고, 나머지 8장은 모바일 개발의 고려 요소에 할애했다는 점이 이 책이 어디에 중심을 두고 있는지 말해준다.

직업상 수많은 개발자들을 만나 대화하게 되는데, 간혹 모바일 게임을 경험해보지 않은 개발자가 모바일 개발을 쉽게 얘기하는 경우가 있다. PC와 콘솔용으로 훌륭한 게임을 개발해본 경험이 있는 사람이 그러는 경우도 있다. 요즘은 엔진이 좋아져서 타 플랫폼으로 출시하는 과정이 수월해졌기 때문에 별것 아니라고 생각하는 것이다. 경력자 중에도 이런 사람들이 있는데 이제 막 시작하는 사람들은 어떻겠는가? 하지만 게임의 완성도는 플랫폼에 관한 고려가 반이라고 생각한다. 플랫폼이 다르면 기술적인 고려가 달라지고 대상 유저도 달라지기 때문에 플레이 시간, 유저 모집, 수익 창출 방법, 테스트, 데이터 수집 등 모든 부분이 달라진다. 그리고 이런 모든 면이 게임에 모두 녹아들어야 비로소 제대로 된

제품이 나온다. 그래서 이 책은 게임이 모바일 화면에 어떻게 보일지, 수익은 어떻게 만들어낼지, 유저들에게 게임의 어떻게 유기적으로 알리고 다시 찾아오게 할지, 플랫폼에 어떻게 출시할지 등에 더 집중한다. 게임을 단순히 게임플레이의 집합체로 보지 않고 플랫폼에 최적화된 하나의 패키지로 보기 때문이다.

이 때문에 모바일 게임 개발을 처음 시작하는 사람들에게 이 책을 적극적으로 추천해주고 싶다. 초심자를 위한 책이기 때문에 가끔 깊이가 부족하다고 느낄 때도 있겠지만, 끝까지 정독한다면 본인의 모바일 게임을 만들 때 놓치는 부분 없이 하나의 패키지로 만들 수 있는 능력의 기반을 갖게 될 것이다.

| 차례 |

| 들어가며 |

인디 게임과 AAA 게임 개발자라면 여지없이 고객이 많은 곳에 게임을 내고 싶어 한다. 해마다 더 많은 사람들이 모바일 기기를 구매하고 있으며, 앞으로도 이 흐름은 멈출 것 같지 않다. 유니티 엔진의 큰 장점 가운데 하나는 크로스 플랫폼 엔진으로 게임을 한 번 개발하면 큰 수고를 들이지 않고서 다른 콘솔들로 변환이 가능하다는 점이다. 하지만 모바일 기기에서만 독특하게 구현할 수 있는 기능들이 있다. 이 책은 바로 그 부분을 다루고 있다.

이 책은 모바일 기기에 본인의 콘텐츠를 배포할 때 어떻게 유니티를 활용할 수 있는지 알아본다. 이 책을 진행하면서 모바일 게임을 개발하는 방법은 물론 iOS와 안드로이드에 배포하는 방법을 다룰 것이다. 모바일 기기에 어울리는 입력 시스템을 추가하고, 여러 가지 스크린 사이즈에 대응하는 방법을 알게 될 것이다. 그런 다음 유니티의 인 앱 구매와 광고 시스템을 통한 유료화 방법을 알아본다. 알림 기능을 사용해 유저가 게임으로 돌아올 수 있게 만들고, 트위터와 페이스북 SDK를 통해 게임을 전 세계에 공유하는 법도 배울 것이다. 유니티의 통계 시스템을 살펴보고, 여러 방법으로 게임을 폴리싱하며 게임을 구글 플레이와 iOS 앱스토어에 올려볼 것이다. 마지막으로 유니티의 새로운 AR Foundation 프레임워크를 사용해 증강 현실이 확대될 미래에 대응할 수 있는 AR 앱도 만들어볼 것이다.

▌ 이 책의 대상 독자

iOS와 안드로이드용의 모바일 게임을 개발하고 싶은 개발자를 위한 책이다. C#에 관한 사전지식은 필수는 아니지만 있으면 좋다.

▌ 책의 구성

1장, 게임 구성하기 이 책의 기반이 될 단순한 프로젝트를 유니티에서 구현할 것이다. 이 프로젝트는 책 전반에 걸쳐 모바일 게임에 일반적으로 많이 적용되는 기능들을 추가할 것이다. 또한 유니티 기본 개념에 대한 환기 역할도 같이 한다.

2장, 안드로이드와 iOS 개발 프로젝트 설정 프로젝트를 iOS와 안드로이드 모바일 기기에 배포할 때 필요한 구성 방법을 다룬다. 안드로이드를 위해 자바Java와 안드로이드 SDK를 설치하고, iOS를 위해 Xcode를 설치하고 설정한다.

3장, 모바일 입력/터치 컨트롤 모바일 기기에서 동작하는 입력 방식들을 보여준다. 마우스 이벤트를 시작으로 터치 이벤트와 제스처를 감지하고, 속도계를 사용함과 동시에 Touch 클래스를 사용해 정보에 접근해본다.

4장, 해상도에 독립적인 UI 게임에 사용할 유저 인터페이스를 구성해본다. 타이틀 스크린을 시작으로 이후 장에서 사용할 여러 메뉴를 구성한다.

5장, Unity Ads로 광고하기 유니티의 광고 프레임워크를 프로젝트에 적용하고 단순한 버전과 복잡한 버전의 광고를 어떻게 생성하는지 배운다.

6장, 인 앱 구매 적용하기 유니티의 인 앱 구매IAP, In-App Purchase 시스템을 프로젝트에 적용하고, 소모성 콘텐츠 및 영구적 언락 콘텐츠를 생성하는 법을 다룬다.

7장, 소셜 네트워크와 함께 프로젝트에 소셜 미디어를 적용하는 법을 배운다. 트위터에 하이 스코어를 공유하고 페이스북 SDK를 사용해 플레이어의 이름과 프로파일 이미지를 게임 내에서 표시한다.

8장, 알림으로 플레이어 잡아 두기 프로젝트에 알림을 구현한다. 구성으로 시작해 시간 예약된 기본 알림과 알림 표시 방식을 커스터마이징해본다.

9장, 유니티 애널리틱스 사용하기 유니티의 통계 툴을 프로젝트에 적용하는 몇 가지 방법을 다룬다. 커스텀 이벤트를 추적해보고, 리모트 세팅으로 게임을 스토어에서 다시 받지 않아도 게임플레이를 수정할 수 있는 법을 배운다.

10장, 게임을 매력 있게 프로젝트의 수준을 높일 수 있는 여러 방법을 배운다. 트윈 애니메이션, 머티리얼, 포스트 프로세싱 효과, 파티클 효과로 프로젝트를 더 흥미롭게 즐길 수 있도록 만든다.

11장, 게임 빌드와 제출하기 구글 플레이와 iOS 앱스토어에 게임을 제출하는 과정을 다루면서 더 원활하게 진행할 수 있는 팁과 트릭을 담았다.

12장, 증강 현실 게임에 증강 현실을 추가하는 과정을 배운다. 먼저 프로젝트를 구성하고, ARCore, ARKit, AR Foundation의 설치와 설정 과정을 다룬다. 그런 다음 현실 세계의 표면들을 감지하고, 유저가 해당 환경들과 상호작용이 가능하도록 만든 후 증강 현실 공간에 오브젝트를 생성해본다.

▌ 이 책의 활용 방법

이 책에서 사용하는 유니티 3D 게임 엔진은 http://unity3d.com/unity/download/에서 다운로드할 수 있다. 프로젝트는 유니티 2020.1.0f1로 만들어졌지만 향후 버전에서도 큰 문제없이 작동할 것이다. 만일 새로운 버전이 나왔음에도 이 책에서 이용한 버전을 사용하고 싶다면 유니티 다운로드 저장소(https://unity3d.com/get-unity/download/archive)에서 내려받을 수 있다. 유니티의 시스템 필수 사항은 https://docs.unity3d.com/2020.1/Documentation/Manual/system-requirements.html로 가서 Unity Editor system requirements 부분을 확인하면 된다. 게임을 배포하려면 안드로이드나 iOS 기기가 필요하다.

책의 단순화를 위해 안드로이드용으로 개발할 때는 윈도우 기반 컴퓨터를, iOS용으로 개발할 때는 맥 컴퓨터를 사용하고 있다고 가정하겠다. 이 책은 개발 언어로 C#을 사용한다.

만일 이 책을 디지털 버전으로 보고 있다면 코드는 직접 입력하거나 깃허브로(링크는 다음 절에서 제공한다) 얻기 바란다. 이렇게 해야 코드를 복사해 붙이는 과정에서 생기는 에러를 줄일 수 있다.

▌ 예제 코드 다운로드

이 책에서 사용된 예제 코드는 http://www.packt.com의 계정에서 다운로드할 수 있다. 이 책을 다른 곳에서 구입한 경우 http://www.packtpub.com/support를 방문해 등록하면 파일을 이메일로 받아 볼 수 있다.

또한 깃허브 https://github.com/PacktPublishing/Unity-2020-Mobile-Game-Development-Second-Edition에서도 예제 코드를 다운로드할 수 있으며, 에이콘출판사의 도서정보 페이지인 http://www.acornpub.co.kr/book/unity-2020에서도 동일한 예제 코드를 다운로드할 수 있다.

▌ 컬러 이미지 다운로드

이 책에서 사용된 스크린샷/다이어그램의 컬러 이미지를 포함하고 있는 PDF 파일을 제공한다. 컬러 이미지를 보면 내용을 이해하는 데 도움이 될 것이다. https://static.packt-cdn.com/downloads/9781838987336_ColorImages.pdf에서 해당 파일을 다운로드할 수 있다.

▌ 편집 규약

독자의 이해를 돕고자 다루는 정보에 따라 글꼴 스타일을 다르게 적용했다. 화면에 나타난 단어나 메뉴 또는 대화창에 나온 단어는 다음과 같이 표시한다.

문장과 같이 있는 코드: 문장 안에 있는 코드 단어, 데이터베이스 테이블 이름, 폴더 이름, 파일 이름, 파일 확장자, 경로 이름, 더미 URL, 유저 입력, 트위터 핸들 같은 것들을 말한다. 다음과 같은 예제와 같이 표기된다. "구체의 이름을 Player로 변경하고, Transform 컴포넌트의 위치를 (0, 1, -4)로 설정한다."

코드 블록은 다음과 같다.

```
/// <summary>
/// Update is called once per frame
/// </summary>
void Update ()
{
    // 타깃이 유효한 오브젝트인지 체크한다
    if (target != null)
    {
        // 우리 위치를 타깃의 오프셋만큼으로 설정한다
        transform.position = target.position + offset;

        // 타깃을 바라보도록 회전시킨다
        transform.LookAt(target);
    }
}
```

코드 블록 안에 특정 부분을 강조하고 싶을 때는 해당 라인들이나 일부분을 굵은 글씨로 처리한다.

```
[Tooltip("볼이 앞쪽으로 얼마나 빠르게 자동으로 움직이는지")]
[Range(0, 10)]
public float rollSpeed = 5;
```

굵은 글씨: 새로운 용어나 중요한 단어, 화면에 보이는 단어를 의미한다. 예를 들어 메뉴

의 이름이나 팝업 창에 뜨는 텍스트 등이다. 예제: "Administration 패널에서 System info를 선택한다."

 주의 사항이나 중요한 노트는 이렇게 표시한다.

 팁이나 유용한 방법은 이렇게 표시한다.

█ 고객 지원

오탈자

콘텐츠의 정확성을 위해 모든 노력을 기울였음에도 실수가 있을 수 있다. 이 책의 오류를 발견하고 전달해준다면 매우 감사할 것이다. https://www.packtpub.com/submiterrata에서 해당하는 도서명을 선택한 다음 정오표 제출 양식 링크를 클릭해 상세 정보를 입력하면 된다.

한국어판의 정오표는 에이콘출판사의 도서정보 페이지 http://www.acornpub.co.kr/book/unity-2020에서 찾아볼 수 있다.

저작권 침해

인터넷상에서 어떤 형태로든 당사 저작물의 불법적 사본을 발견한 경우, 해당 자료의 링크 또는 웹사이트 이름을 제공해주면 감사하겠다. 해당 자료의 링크를 포함해 copyright@packtpub.com으로 이메일을 보내주길 바란다.

문의 사항

이 책에 관한 질문은 questions@packtpub.com으로 하길 바라며, 팩트출판사는 문제 해결을 위해 최선을 다한다. 한국어판에 관한 질문은 이 책의 옮긴이의 이메일이나 에이콘출판사 편집 팀(editor@acornpub.co.kr)으로 문의해주길 바란다.

01

게임 구성하기

모바일 플랫폼에 관한 세부 사항을 알아보고 유니티 엔진을 사용해 모바일 게임을 만들기 전에 먼저 엔진에 익숙해져야 한다. 이미 게임을 개발하고 모바일로 옮겨 본 사람도 있겠지만, 유니티를 사용해본 적도 없거나 다뤄본 지 오래됐을 수도 있으니 필요한 과정이다. 1장은 새로 시작하는 사람에게는 소개의 역할을, 다시 시작하는 사람에게는 상기시켜주는 역할을 함과 동시에 이미 유니티에 익숙한 사람에게는 가장 효율적인 방법을 알려줄 것이다. 유니티 경험자들은 1장을 건너뛰고 싶을 수도 있지만 1장을 읽어보면서 프로젝트를 살펴보면 프로젝트가 만들어지는 과정과 그 깔려 있는 생각을 알 수 있고, 나중에 본인의 프로젝트에도 적용할 수 있을 것이다.

1장에서는 이만지 스튜디오스Imangi Studios LLC의 〈템플런Temple Run〉 시리즈와 같은 장르인 3D 엔드리스 러닝 게임을 만들 것이다. 우리 프로젝트에서 플레이어는 한 방향으로 지속적으로 달리면서 다가오는 장애물을 피해야 한다. 또한 새로운 기능들을 추가하기 쉬운 구조로 구성할 것이다.

1장은 여러 가지 주제로 나뉘어져 있고, 알기 쉬운 단계별 과정을 따라 하면 된다. 해야 할 작업들은 다음과 같다.

- 프로젝트 설정하기
- 플레이어 생성하기
- C# 스크립트로 플레이어 이동하기
- 어트리뷰트^{attribute}[1]를 사용해 스크립트 향상시키기
- 카메라가 플레이어를 따라다니게 하기
- 기본 타일 생성하기
- 게임을 무한하게 만들기
- 장애물 생성하기

▌ 기술적 필수 사항

이 책은 유니티 2020.1.0f1과 유니티 허브 2.3.1을 사용하고 있지만, 향후 버전에서도 큰 문제없이 적용될 수 있을 것이다. 만일 새로운 버전이 나왔음에도 이 책에서 이용한 버전을 사용하고 싶다면 유니티 다운로드 저장소(https://unity3d.com/get-unity/download/archive)에서 내려받을 수 있다. 유니티의 시스템 필수 사항은 https://docs.unity3d.com/2020.1/Documentation/Manual/system-requirements.html로 가서 Unity Editor system requirements 부분을 확인하면 된다. 1장에 기재된 코드 파일은 https://github.com/PacktPublishing/Unity-2020-Mobile-Game-Development-Second-Edition/tree/master/Chapter%2001로 가면 깃허브에서 받을 수 있다.

---

1 속성 - 옮긴이

프로젝트 설정하기

제작 목표가 생겼으니 프로젝트를 설정해보자.

1. 컴퓨터에서 유니티 허브^{Unity Hub}를 실행한다.

2. 새로운 프로젝트를 생성하기 위해 New 버튼을 클릭한다.

3. Project Name에 이름을 입력하고(나는 MobileDev라고 했다), Templates에는 3D가
   선택됐는지 확인한다. 그런 다음 CREATE를 클릭하고 유니티가 열리기를 기다
   린다.

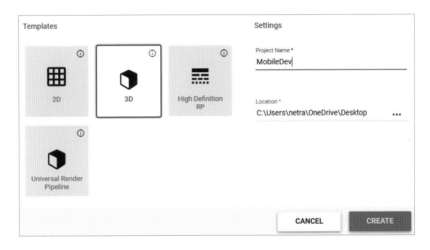

4. 모든 과정이 끝나면 유니티 에디터 화면이 나올 것이다.

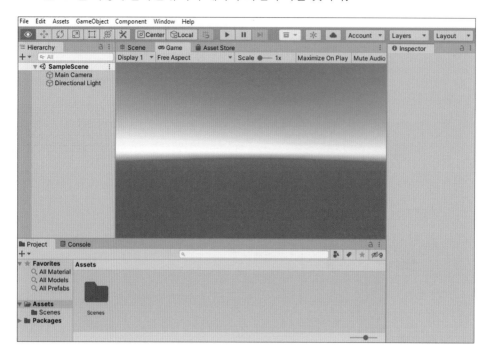

5. 만일 위 스크린샷과 같은 모습이 아닌 경우, 툴바의 오른쪽 상단에 있는 Layout 드롭다운 메뉴를 클릭한 뒤 나온 옵션들 중에 Default를 선택한다.

이 책에서 사용하는 유니티 버전에는 프리뷰 패키지Preview Packages가 포함돼 있다. 향후 버전에는 포함돼 있지 않을 것으로 보이지만 만일의 경우를 대비해 이 부분을 고쳐보자.

6. 만일 툴바에 Preview Packages in Use 버튼이 보인다면 클릭한 뒤 Show Preview Packages... 옵션을 선택한다.

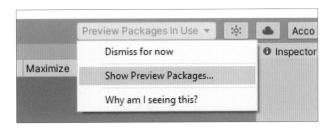

그러면 업데이트되지 않은 패키지 리스트를 보여주는 Package Manager 창이 뜰 것이다.

7. 오른쪽 메뉴에서 Update to 3.0.0 버튼을 클릭하고 완료되기를 기다린다.

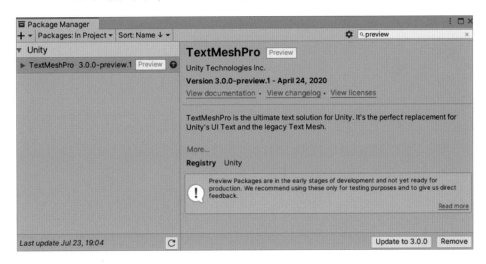

문제없이 진행됐다면 버튼은 사라질 것이다.

8. 그런 다음 Package Manager를 닫거나 Scene 탭을 클릭해 게임 에디터로 돌아온다.

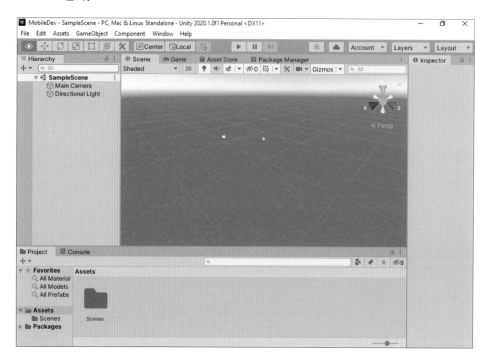

지금까지 처음으로 유니티를 열어보고 기본 레이아웃을 확인했다!

 만일 유니티를 처음 사용해본다면 공식 유니티 매뉴얼에서 '인터페이스 배우기(https:// docs.unity3d.com/Manual/LearningtheInterface.html)'를 꼭 읽어보기를 추천한다.

이제 유니티가 열렸으니 본격적으로 프로젝트를 구성해보자.

▌ 플레이어 생성하기

제일 먼저 앞으로 이동하는 플레이어를 구성해보자.

1. 플레이어가 이동할 바닥을 먼저 생성하자. 상단 메뉴에서 GameObject > 3D Object
   > Cube를 선택한다.
2. Inspector 창에서 오브젝트의 이름을 Floor로 변경한다. 그런 다음 Transform 컴
   포넌트의 Position을 (0, 0, 0)으로 설정한다. 값을 직접 입력하거나, Transform
   컴포넌트에 마우스 오른쪽 클릭 후 Reset Position 옵션을 선택해도 된다.
3. 오브젝트의 Scale 값을 (7, 0.1, 10)으로 설정한다.

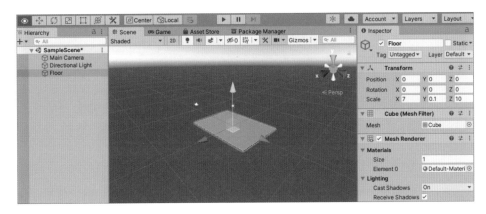

기본 설정상 유니티에서 1 유닛이란 현실 1미터를 의미한다. 따라서 바닥은 폭보다 길이
가 더 길고(X와 Z), 어느 정도 두께(Y)가 있는 모양이다. 이 오브젝트에 Box Collider 컴포넌
트가 첨부돼 있기 때문에 플레이어는 바닥과 충돌 상호작용이 가능해진다.

 Cube 오브젝트를 생성하면 다른 오브젝트들과 충돌이 가능하도록 Box Collider 컴포넌
트가 자동으로 추가된다. Box Collider 컴포넌트에 관해 더 알고 싶다면 https://docs.
unity3d.com/Manual/class-BoxCollider.html을 확인해보자.

4. 공^{sphere} 모양의 플레이어를 생성해보자. 메뉴에서 GameObject > 3D Object > Sphere를 선택한다.

5. Sphere의 이름을 Player로 변경하고, Transform 컴포넌트의 Position 값을 (0, 1, -4)로 설정한다.

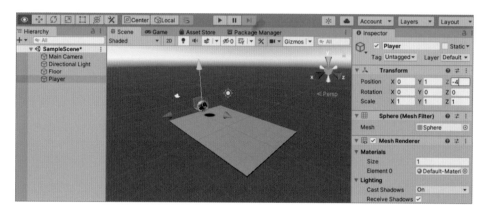

공의 위치는 게임 시작점에 가까우면서 바닥에서 조금 떨어져 있다. 카메라 오브젝트(카메라 아이콘)의 기본 위치가 (0, 1, -10)이기 때문에 공을 바라보고 있는 것을 알 수 있다.

6. 공이 움직여야 하기 때문에 물리 엔진으로 하여금 이 오브젝트가 힘^{force}에 반응할 수 있도록 설정해줘야 하고, 따라서 Rigidbody 컴포넌트를 추가할 필요가 있다. 메뉴에서 Component > Physics > Rigidbody를 선택한다. 이제 툴바의 중앙에 있는 Play 버튼을 클릭해 무슨 일이 일어나는지 확인해보자.

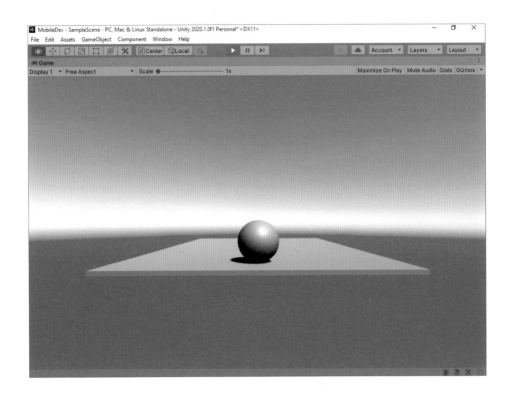

게임을 시작하면 위 스크린샷에서 보이는 바와 같이 공이 바닥에 떨어진다.

게임을 시작할 때 Game 탭이 화면 전체를 사용하는지 여부를 활성화/비활성화할 수 있다. 상단의 Maximize On Play 버튼을 클릭하거나 Game 탭을 마우스 오른쪽 클릭 후 Maximize를 선택한다.

7. Play 버튼을 다시 눌러 게임을 끄고 Scene 탭으로 돌아오자.

지금까지 바닥과 플레이어 오브젝트를 생성하고 플레이어가 물리 엔진에 반응하도록 만들었다! 다음은 코드를 사용해 플레이어에 상호작용을 추가해보자.

C# 스크립트를 사용해 플레이어 움직이기

플레이어를 움직이게 하려면 스크립트를 이용해 구현해야 한다. 이 과정은 커스텀 컴포넌트를 생성하는 것을 의미하기도 한다.

1. 스크립트를 생성하려면 Project 창의 왼쪽 상단에 있는 + 아이콘을 클릭한 뒤 Folder를 선택한다.

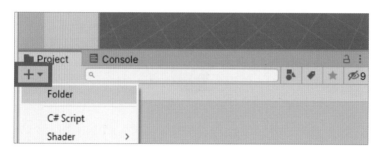

TIP

Project 창의 오른쪽 부분에 마우스 오른쪽 클릭을 해도 Create 메뉴에 접근할 수 있다. 이 방식을 사용한다면 마우스 오른쪽 클릭 후 Create > Folder를 선택하면 된다.

2. 이 폴더의 이름을 Scripts로 하자. 프로젝트 정리는 언제나 중요하기 때문에 알기 쉬운 폴더를 만들면 좋다.

TIP

이름을 잘못 입력했다면 오브젝트를 선택한 뒤 이름에 싱글 클릭을 하면 다시 이름을 입력할 수 있다.

3. 폴더를 더블클릭해 연 다음 Create > C# Script를 선택해 새로운 스크립트를 생성한다. 새로 생성한 스크립트의 이름은 PlayerBehaviour(빈칸 없이)로 설정하자.

올바른 철자인 "behavior"가 아닌 "behaviour"를 쓰는 이유는 유니티의 모든 컴포넌트가 MonoBehaviour라는 클래스의 자식(children)들이기 때문에 유니티의 표기를 따르는 것이다.

4. 스크립트를 더블클릭해 본인이 선택한 스크립트 에디터(IDE)를 연 다음 다음 코드를 입력한다.

```csharp
using UnityEngine;
public class PlayerBehaviour : MonoBehaviour
{
    // Rigidbody 컴포넌트 참조
    private Rigidbody rb;

    // 공이 좌우로 움직이는 속도
    public float dodgeSpeed = 5;

    // 자동으로 공이 앞으로 움직이는 속도
    public float rollSpeed = 5;

    // Start is called before the first frame update
    void Start()
    {
        // Rigidbody 컴포넌트에 접근한다
        rb = GetComponent<Rigidbody>();
    }

    // Update is called once per frame
    void Update()
    {
        // 양옆으로 움직이는지 확인한다
        var horizontalSpeed = Input.GetAxis("Horizontal") * dodgeSpeed;
        rb.AddForce(horizontalSpeed, 0, rollSpeed);
    }
}
```

앞의 코드를 보면 우리가 사용할 몇 가지 변수가 있다. 변수 rb는 이전에 게임 오브젝트에 추가한 Rigidbody 컴포넌트를 참조하기 위한 것이고, Update 함수 안에서 오브젝트를 움직이는 기능을 구현하는 데 사용된다. 다른 두 개의 변수 dodgeSpeed와 rollSpeed는 플레이어가 얼마나 빠른 속도로 오른쪽/왼쪽, 혹은 앞으로 움직이는지 정하는 데 쓴다.

우리 오브젝트는 하나의 Rigidbody 컴포넌트만 가지고 있기 때문에 Start 함수에서 rb를 한 번만 지정하며, 게임이 시작되며 GameObject가 씬scene에 불러들여질 때 호출된다.

Update 함수에서는 유니티의 Input Manager 시스템을 활용해 플레이어가 오른쪽이나 왼쪽 키를 눌렀는지 체크한다. 기본 설정상 Input.GetAxis 함수는 A키나 왼쪽 화살표를 누르면 -1까지의 값을, 오른쪽 화살표나 D 키를 누르면 1까지의 값을 반환한다. 아무것도 누르지 않으면 0을 반환한다. 그다음 쉽게 알아볼 수 있도록 이 값에 dodgeSpeed를 곱해 속도를 상승시킨다.

 Input Manager에 관해 더 알아보고 싶으면 https://docs.unity3d.com/Manual/class-InputManager.html을 확인해보자.

마지막으로 공의 X축에는 horizontalSpeed를, Z축에는 rollSpeed의 힘을 가한다.

5. 스크립트를 저장하고 유니티 에디터로 돌아온다.
6. 제작한 스크립트를 플레이어에 지정해보자. Hierarchy 창에서 Player 오브젝트를 선택하고, Project 창에 있는 PlayerBehaviour 스크립트를 Inspector 창 위로 끌어 놓는다. 문제없이 진행됐다면 다음과 같은 모습일 것이다.

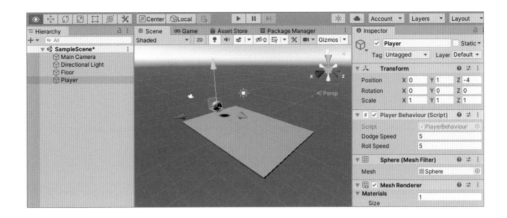

스크립트를 작성할 때 변수를 public으로 선언하면 Inspector 창에서 보이며 값 설정이 가능하다. 보통 게임 디자이너가 게임플레이를 조절하기 위해 값을 조절하고 싶을 때 public으로 설정하는데, 이렇게 하면 다른 스크립트에서도 코드를 통해 해당 변수에 접근이 가능해진다. 기본 설정상 변수와 메소드는 private이며, 클래스 내에서만 사용할 수 있다.

7. File > Save를 선택해 씬을 저장한다. 그런 다음 게임을 실행시키면 왼쪽/오른쪽 화살표로 플레이어를 움직일 수 있다. 하지만 입력에 상관없이 플레이어는 언제나 앞으로 이동한다.

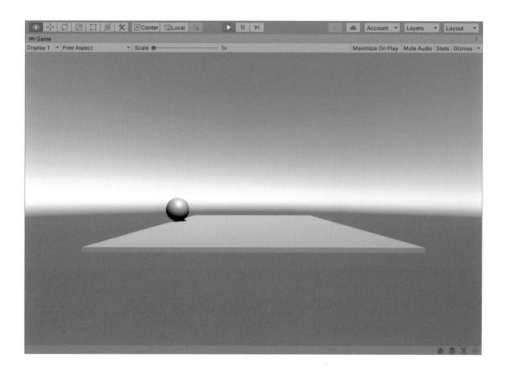

공이 자동으로 움직이고, 입력을 올바르게 받아들인다!

▌ 어트리뷰트와 XML 주석으로 스크립트 향상시키기

PlayerBehaviour 클래스 스크립트는 여기서 마무리하고 넘어갈 수 있지만 그 전에 스크립트의 품질과 스타일을 향상시키기 위해 몇 가지 짚고 넘어가고 싶은 것들이 있다. 특히 팀 단위로 프로젝트를 개발할 때 유용한 부분들이다. 코드를 같이 보는 사람들도 있을 것이고 코드를 직접 보지 않더라도 디자이너나 아티스트와 같이 코드를 사용하는 사람들이 있기 때문이다.

스크립트를 작성할 때는 최대한 에러 소지가 없게 해야 한다. 변수 rb를 private으로 만드는 방법이 있지만 이렇게 하면 클래스 밖에서 값을 변경하는 것을 차단하게 된다. 팀 사람들이 dodgeSpeed와 rollSpeed를 변경할 수 있게 하면서 이 값이 무엇이고 어떻게 사용되는지 알려주는 방법도 있는데, 어트리뷰트^{attribute}를 사용하면 Inspector 창에서 알려줄 수 있다.

어트리뷰트 사용하기

어트리뷰트는 변수, 클래스, 함수 선언 앞에 사용해 추가 기능을 더할 수 있게 해준다. 유니티를 사용할 수 있는 여러 가지 어트리뷰트가 있고 본인이 직접 어트리뷰트를 제작할 수도 있지만 지금은 가장 많이 사용되는 것들만 다뤄보자.

툴팁 어트리뷰트

유니티를 어느 정도 사용해왔다면 Inspector 창에서 보는 Rigidbody와 같은 컴포넌트들은 마우스를 변수 위에 올리면 변수가 무엇이며 어떻게 사용하는지 알려주는 설명이 나오는 것을 알고 있을 것이다. 이와 똑같은 기능을 Tooltip 어트리뷰트를 사용해 직접 제작한 컴포넌트에서도 구현할 수 있다. 이 기능을 dodgeSpeed와 rollSpeed에 적용하면 다음과 같다.

```
[Tooltip("공이 왼쪽/오른쪽으로 얼마나 빠르게 움직이는지")]
public float dodgeSpeed = 5;

[Tooltip("공이 자동으로 얼마나 빠르게 앞으로 움직이는지")]
public float rollSpeed = 5;
```

앞의 스크립트를 저장하고 에디터로 돌아오자.

이제 마우스로 변수를 하이라이트한 뒤 가만히 두면 지정된 텍스트가 보인다. 이렇게 설명을 추가하는 습관을 들이면 같이 일하는 팀원들이 쉽게 정보를 얻을 수 있으므로 매우유용하다.

 툴팁 어트리뷰트에 관해 더 알아보고 싶다면 https://docs.unity3d.com/ScriptReference/TooltipAttribute.html을 확인해보자.

Range 어트리뷰트

코드를 보호할 수 있는 또 다른 방법은 변수의 최소치와 최대치를 정해줄 수 있는 Range 어트리뷰트다. 플레이어는 항상 앞으로만 이동해야 하므로 뒤로 이동하는 것을 막을 필요가있다. 이렇게 구현하려면 다음의 강조된 코드를 추가한다.

```
[Tooltip("공이 자동으로 얼마나 빠르게 앞으로 움직이는지")]
[Range(0, 10)]
public float rollSpeed = 5;
```

스크립트를 저장하고 에디터로 돌아온다.

값 옆에 슬라이더가 생겼고, 마우스로 조작해 최소치와 최대치 사이의 값으로 지정할 수 있다. 이제 변수가 비정상적인 값으로 설정될 수 없게 보호됐고, 동시에 디자이너들이 마우스로 손쉽게 값을 조절할 수 있다.

RequireComponent 어트리뷰트

우리 스크립트는 Rigidbody 컴포넌트를 사용하고 있지만, 이 스크립트를 사용하는 다른 사람들은 스크립트 코드까지 읽어본다는 보장이 없다. 때문에 Rigidbody 컴포넌트를 제거하는 등 예상치 못한 행동을 할 수 있고, 스크립트에 에러를 일으키게 된다. 다행히 RequireComponent 어트리뷰트를 사용해 해결할 수 있다.

예제는 다음과 같다.

```
using UnityEngine;

[RequireComponent(typeof(Rigidbody))]
public class PlayerBehaviour : MonoBehaviour
```

위 어트리뷰트를 추가하면 해당 GameObject가 지정한 컴포넌트를 필수로 가져야 한다는 것을 의미하고, 만일 GameObject에 Rigidbody 컴포넌트가 없으면 자동으로 추가된다. 또한 해당 오브젝트에서 Rigidbody 컴포넌트를 제거하려고 하면 에디터가 경고와 함께 가능하지 않다고 알려주며, PlayerBehaviour 컴포넌트를 먼저 제거해야만 제거할 수 있다. 이 어트리뷰트의 사용은 MonoBehaviour에서 확장된 모든 클래스에 가능하며 Rigidbody

부분을 원하는 것으로 바꾸면 된다.

유니티 에디터로 돌아가, Inspector 창의 Rigidbody 컴포넌트에 마우스 오른쪽 클릭 후 Remove Component를 선택해 Rigidbody 컴포넌트를 제거하려고 하면 다음 메시지가 나올 것이다.

컴포넌트의 존재를 보장할 수 있는 원하는 결과가 나왔다. 이제 특정 컴포넌트를 사용하고 싶을 때 if 체크를 할 필요가 없다.

XML 주석

에디터에서 보여줄 필요가 없기 때문에 private 변수인 rb를 선언할 때는 Tooltip 어트리뷰트를 사용하지 않았다. 하지만 이 부분도 XML 주석comment을 통해 좀 더 향상시킬 수 있다. XML 주석은 일반 주석보다 더 나은 점을 몇 가지 가지고 있다. 비주얼 스튜디오Visual Studio에서 변수나 함수를 사용할 때 주석을 동시에 볼 수 있다. 이 기능을 통해 다른 프로그래머들이 본인의 코드를 올바르게 사용하게 할 수 있다.

XML 주석의 모습은 다음과 같다.

```
/// <summary>
/// A reference to the Rigidbody component
/// </summary>
private Rigidbody rb;
```

일반적인 주석보다 더 많이 입력해야 될 것처럼 보이지만 전체를 다 입력할 필요는 없다. XML 주석은 C#의 일반적인 기능이기 때문에 MonoDevelop이나 비주얼 스튜디오를 사용하고 있다면 ///만 입력하면 summary 블록을 자동으로 생성해준다(파라미터가 필요한 함수 같은 경우에는 param 태그도 같이 생성해준다).

근데 왜 이렇게까지 해야 할까? 이제 인텔리센스^{IntelliSense}에서 변수를 선택하면 다음과 같은 정보가 출력된다.

본인의 코드를 사용하고자 하는 다른 사람들에게 큰 도움이 되며, 유니티 직원들도 이런 방식으로 코드를 작성한다. 이 방법을 적극적으로 사용하면 코드를 설명하는 문서를 별도로 작성할 필요도 없어진다.

안타깝게도 XML 주석은 Inspector에서는 보이지 않으며, Tooltip 어트리뷰트를 통해 에디터에서도 보이지 않는다. 때문에 나는 Tootip은 Inspector 창에 보일 일반적인 정보로, XML 주석은 그 외 다른 모든 것에 사용한다.

 XML 주석에 관해 더 알고 싶다면 https://msdn.microsoft.com/en-us/library/ b2s063f7.aspx를 확인해보자.

Update와 FixedUpdate

다음은 이동과 관련된 코드를 둘러보자. 플레이어 이동과 관련된 기능은 Update 함수 안에 들어가 있다. 함수 바로 위에 있는 주석이 말해주는 것처럼 Update 함수는 게임이 실행되는 동안 한 프레임에 한 번씩 호출된다. 한 가지 유념해둘 부분은 호출의 빈도가 가변적이라는 것이다. 호출 빈도는 사용하는 하드웨어의 성능 같이 여러 가지 영향을 받는데, 달리 말하면 컴퓨터가 좋을수록 Update 함수의 호출이 더 많아진다. 우리는 모든 플레이어가 동일한 경험을 하기 원하므로 FixedUpdate를 사용할 것이다.

FixedUpdate는 Update와 비슷하지만 몇 가지 중요하게 다른 점들이 있다. 첫 번째는 호출 사이가 일정하다. 다시 말해 호출과 호출 사이의 시간이 동일하다. 한 가지 유념할 부분은 FixedUpdate는 모든 물리 계산이 끝난 후 호출된다. 따라서 점프와 같이 한 번씩 일어나는 이벤트를 제외한 물리 기반의 오브젝트들은 일반적으로 FixedUpdate에서 실행돼야 한다.

```
/// <summary>
/// FixedUpdate는 일정한 프레임레이트에 호출되며
/// 시간에 기반하는 기능들을 넣기 좋다.
/// </summary>
private void FixedUpdate()
{
```

```
    // 양옆으로 움직이는지 확인한다
    var horizontalSpeed = Input.GetAxis("Horizontal") * dodgeSpeed;
    rb.AddForce(horizontalSpeed, 0, rollSpeed);
}
```

FixedUpdate를 사용함으로써 공의 속도가 훨씬 일정해진다.

 FixedUpdate에 관해 더 알고 싶다면 https://docs.unity3d.com/ScriptReference/
MonoBehaviour.FixedUpdate.html을 확인해보자.

한곳에 모으기

위에서 이야기한 모든 것들을 한자리에 모은 스크립트의 최종 버전은 다음과 같다.

```
using UnityEngine;

/// <summary>
/// 플레이어 이동과 입력 감지 처리
/// </summary>
[RequireComponent(typeof(Rigidbody))]
public class PlayerBehaviour : MonoBehaviour
{
    /// <summary>
    /// Rigidbody 컴포넌트 참조
    /// </summary>
    private Rigidbody rb;

    [Tooltip("공이 왼쪽/오른쪽으로 얼마나 빠르게 움직이는지")]
    public float dodgeSpeed = 5;

    [Tooltip("공이 자동으로 얼마나 빠르게 앞으로 움직이는지")]
    [Range(0, 10)]
    public float rollSpeed = 5;
```

```
// Start is called before the first frame update
private void Start()
{
    // Rigidbody 컴포넌트에 접근한다
    rb = GetComponent<Rigidbody>();
}

/// <summary>
/// FixedUpdate는 일정한 프레임레이트에 호출되며,
/// 시간에 기반하는 기능들을 넣기 좋다
/// </summary>
private void FixedUpdate()
{
    // 양옆으로 움직이는지 확인한다
    var horizontalSpeed = Input.GetAxis("Horizontal") * dodgeSpeed;
    rb.AddForce(horizontalSpeed, 0, rollSpeed);
}
}
```

코드가 더 이해하기 쉽고 다루기 편해진 것에 공감했으면 좋겠다. 이제 게임에 추가 기능들을 구현해보자!

▌카메라가 플레이어를 따라다니게 하기

현재 카메라는 게임이 실행되는 동안 한자리에 머물러 있는데, 게임 중에는 플레이어가 계속 움직이고 있기 때문에 게임에 맞지 않다. 카메라가 움직이는 방법은 크게 두 가지가 있는데, 하나는 플레이어의 자식 오브젝트로 만드는 것이다. 하지만 이렇게 하면 카메라와 공이 같이 회전하면서 플레이어에게 멀미와 혼란을 일으킬 수 있다. 대신 스크립트로 이동시키면 쉽게 해결할 수 있다. 다음과 같이 해보자.

1. **Project** 창으로 가서 새로운 C# 스크립트 CameraBehaviour를 생성하고, 다음 코드를 입력한다.

```csharp
using UnityEngine;

/// <summary>
/// 카메라가 목표를 바라보면서 따라다니게 하기
/// </summary>
public class CameraBehaviour : MonoBehaviour
{
    [Tooltip("카메라가 바라보는 오브젝트")]
    public Transform target;

    [Tooltip("카메라와 목표 사이의 거리")]
    public Vector3 offset = new Vector3(0, 3, -6);

    /// <summary>
    /// Update is called once per frame
    /// </summary>
    private void Update()
    {
        // 목표가 올바른 오브젝트인지 확인
        if (target != null)
        {
            // 목표와의 거리를 두고 카메라 위치 설정
            transform.position = target.position + offset;
            // 목표를 바라보도록 회전 설정
            transform.LookAt(target);
        }
    }
}
```

위 스크립트는 스크립트가 첨부된 오브젝트의 위치를 목표와 일정한 거리를 둔 곳에 설정하고, 오브젝트의 회전 값이 목표를 바라보게 한다. 두 값 모두 public으로 선언돼 있으므로 Inspector 창에서 조절할 수 있다.

2. 스크립트를 저장하고 유니티 에디터로 돌아온다. Hierarchy 창에서 Main Camera 오브젝트를 선택한 뒤 Inspector 창에서 CameraBehaviour 컴포넌트를 추가한다. 추가하는 방법은 Project 창에서 해당 스크립트를 GameObject에 끌어 놓거나, Inspector 창 하단의 Add Component 버튼을 누르고 컴포넌트 이름을 입력한 뒤 하이라이트된 것을 확인하고 Enter를 누르면 된다.

3. Hierarchy 창에서 Player 오브젝트를 Inspector 창의 스크립트 컴포넌트 Target 속 성에 끌어 놓는다.

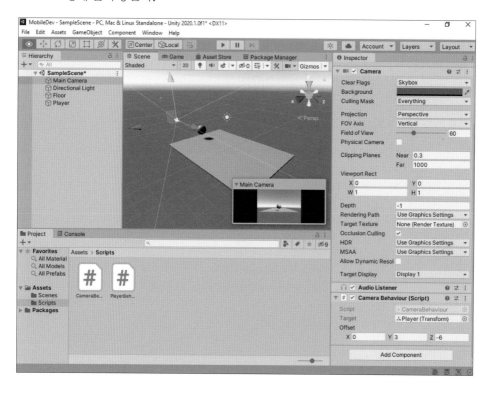

4. 씬을 저장하고 게임을 실행한다.

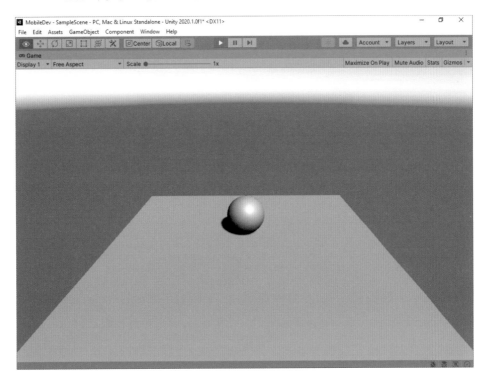

플레이어가 이동하면 카메라도 같이 이동한다. 변수들을 수정하면서 프로젝트에 가장 어울릴 만한 카메라 위치와 모습을 정해보자. 이제 다음 절에서 공이 움직일 영역을 다뤄보자.

█ 기본 타일 만들기

무한 러닝 게임을 만들기 위해서는 환경 구성이 필요하다. 다음 방법으로 만들어보자.

1. 처음에는 무한한 게임에서 지속적으로 반복될 부분을 만들어야 한다. 벽부터 만들어보자. Hierarchy 창에서 Floor 오브젝트를 선택한 뒤 Ctrl+D, 맥에서는 command+D를 눌러 복제한다. 새로 생성된 오브젝트의 이름을 Left Wall로 변

경한다.

2. Left Wall의 **Transform** 컴포넌트의 **Scale** 값을 (1, 2, 10)으로 변경한다. 그런 다음 툴바에서 화살표 모양을 한 버튼을 누르거나, W 키를 눌러서 Move 툴을 선택한다.

 유니티의 핫 키에 관해 더 알아보고 싶다면 https://docs.unity3d.com/Manual/UnityHotkeys.html을 확인해보자.

3. 바닥과 벽이 잘 맞아떨어져야 하므로 V 키를 누르고 있으면 Vertex Snap 모드로 들어갈 수 있다. Vertex Snap 모드에서는 메쉬의 아무 모서리나 선택하고 이동해 다른 오브젝트의 모서리 위치에 맞출 수 있다. 이 모드를 사용하면 오브젝트 사이에 공간이 생기는 것을 예방할 수 있다.

4. Vertex Snap 모드가 켜진 상태에서 안쪽 모서리를 선택하고, 바닥의 모서리에 맞춰질 때까지 이동시킨다. **Position** 값을 (3, 1.05, 0)으로 변경해도 된다.

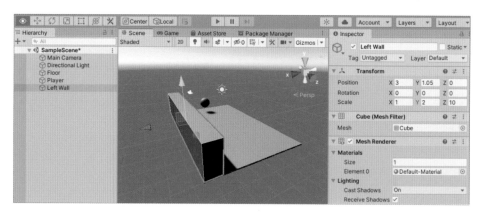

 Vertex Snap 모드를 포함해 씬에서 오브젝트를 이동하는 방법에 대해 알고 싶다면 https://docs.unity3d.com/Manual/PositioningGameObjects.html을 확인해보자.

5. 방금 만든 벽을 복제한 뒤, 복제한 오브젝트를 반대쪽 (-3, 1.05, 0)에 위치시키고 이름을 Right Wall로 변경한다.

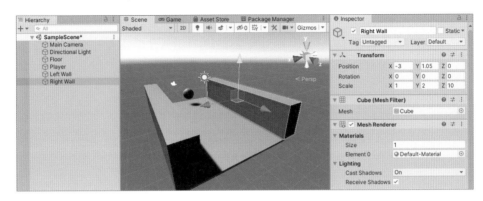

위 스크린샷에서 볼 수 있듯이 이제 플레이어는 플레이 영역의 오른쪽이나 왼쪽으로 떨어지지 않게 됐다. 벽을 구성한 방식 덕분에 바닥을 움직이면 벽도 같이 움직인다.

 유니티의 카메라나 씬 뷰에 대해 알고 싶다면 https://docs.unity3d.com/Manual/SceneViewNavigation.html을 확인해보자.

게임 디자인을 생각해보면 공이 한 개의 타일을 지나가고 나면 그 타일은 더 이상 필요 없어진다. 하지만 제거하지 않고 놔두면 게임 속에 수많은 오브젝트들이 존재하게 되고, 각각 메모리를 차지하기 때문에 게임이 느려지게 되므로 사용하지 않는 에셋들은 제거하는 것이 좋다. 또한 앞으로 플레이어가 이동할 새로운 타일들을 생성하는 타이밍 또한 고민해야 한다.

6. 타일의 끝이 어디인지 알기 위해 트리거 콜라이더trigger collider를 가진 오브젝트를 추가해보자. GameObject > Create Empty를 선택한 뒤 Tile End로 이름을 변경한다.

7. Tile End 오브젝트에 Box Collider 컴포넌트를 추가한다. Inspector 창 Box Collider

안의 Scale 값을 (7, 2, 1)로 변경해 플레이어가 이동하는 공간과 맞춘다. 이제 충돌이 일어날 영역을 보여주는 초록 상자가 보일 것이다. Position 속성을 (0, 1, 10)으로 변경해 타일 끝으로 이동시킨다. 마지막으로 Is Trigger 속성에 체크해 콜라이더를 트리거로 변경한다. 이제 플레이어가 충돌할 때 플레이어의 이동을 방해하는 것이 아니라 코드 이벤트를 발생시킬 수 있다.

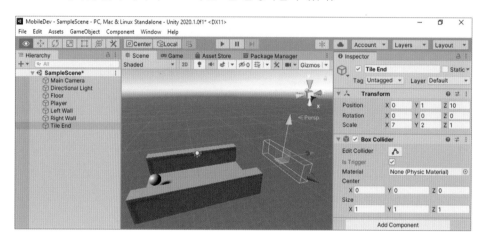

위에서 잠깐 언급한 바와 같이 이 트리거는 플레이어가 타일을 벗어났음을 알려주기 위해 존재한다. 트리거가 타일을 벗어나 있는 이유는 타일을 벗어난 후에도 카메라에 타일이 보이게 하기 위해서다. 트리거가 발생할 때 게임에서 해당 타일을 제거하는 방법은 조금 뒤에 다루도록 하겠다.

8. 이제 모든 오브젝트들을 생성했으니 복제해 사용하기 좋게 하나의 그룹으로 묶어보자. GameObject > Create Empty를 선택해 Empty GameObject를 생성한 뒤 Basic Tile로 이름을 변경한다. 새로운 오브젝트의 Position 값을 (0, 0, 0)으로 변경한다.

9. Hierarchy 창에서 Floor, Tile End, Left Wall, Right Wall 오브젝트들을 Basic Tile 오브젝트 위에 끌어 놓아 자식들로 만든다.

10. 카메라가 타일의 시작점까지 보여주고 있기 때문에 Basic Tile의 Position 값을 (0, 0, -5)로 변경한다. 다음 스크린샷에서 볼 수 있듯이 타일 전체가 뒤로 이동했다.

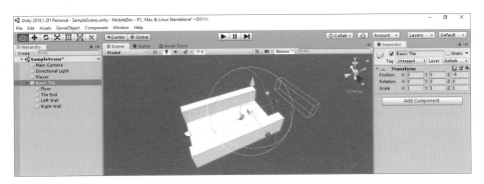

11. 마지막으로, 다음 타일이 생성될 위치를 알아야 한다. GameObject > Create Empty를 선택하거나 Ctrl+Shift+N을 눌러서 새로운 Empty GameObject를 생성한다. 새로 생성한 오브젝트를 Basic Tile의 자식으로 만든 후 Next Spawn Point로 이름을 변경한다. Position 값을 (0, 0, 5)로 변경한다.

> ℹ️ 부모가 있는 오브젝트의 위치를 변경하면 자식의 위치는 월드상의 위치가 아니라 부모의 상대적 위치가 된다.

다음 스크린샷에서 보듯이 생성 위치는 현재 타일의 가장자리가 됐다.

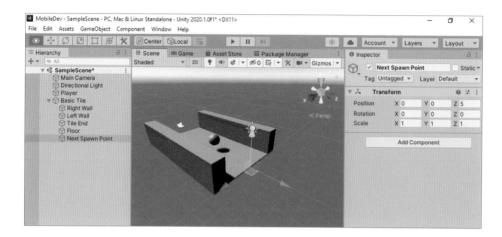

12. 이제 하나의 타일이 완성됐다. 하지만 수작업으로 복제해 배치하기보다는 유니티에서 제공하는 **Prefabs** 개념을 사용해보자. 프리팹Prefab은 prefabricated objects의 줄임말로 GameObject와 컴포넌트를 파일들처럼 사용할 수 있는 설계도라고 생각하면 된다. 프리팹이 갖고 있는 다른 흥미로운 기능도 있지만 그것들은 사용하게 될 때 다루겠다.

Project 창의 **Assets** 폴더로 가서 새로운 폴더 Prefabs를 생성한다. **Hierarchy** 창에 있는 Basic Tile 오브젝트를 Prefabs 폴더에 끌어 놓는다. **Hierarchy** 창의 Basic Tile 이름이 파란색으로 바뀌었다면 정상적으로 프리팹이 된 것이다.

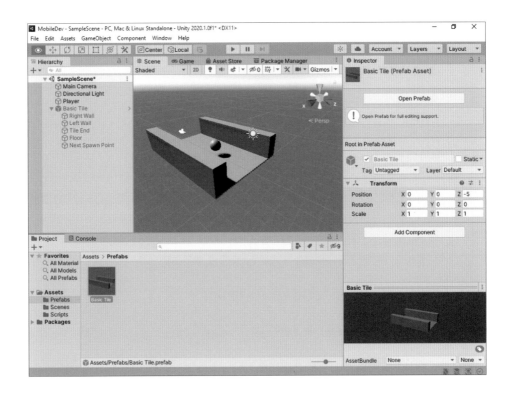

이제 코드를 통해 게임 환경을 확장할 수 있는 복제 가능한 타일 프리팹이 생겼다.

무한하게 만들기

기반이 준비됐으니 기본 타일을 전방에 생성해 무한하게 달릴 수 있게 만들어보자.

1. 프리팹을 만들었으니 처음 만든 Basic Tile을 제거하자. **Hierarchy** 창에서 선택한 뒤 Delete 키를 누른다.

2. 타일뿐만 아니라 플레이어 스코어 같은 게임에 대한 정보를 관리할 곳이 필요하다. 유니티에서는 일반적으로 GameController가 담당한다. **Project** 창의 Scripts 폴더로 가서 새로운 C# 스크립트 GameController를 생성한다.

3. 본인 IDE에서 스크립들을 열고 다음 코드를 입력한다.

```
using UnityEngine;

/// <summary>
/// 메인 게임플레이를 관리한다
/// </summary>
public class GameController : MonoBehaviour
{
    [Tooltip("생성하고자 하는 타일 참조")]
    public Transform tile;

    [Tooltip("첫 번째 타일이 생성되는 곳")]
    public Vector3 startPoint = new Vector3(0, 0, -5);

    [Tooltip("사전에 몇 개의 타일이 생성돼야 하는가")]
    [Range(1, 15)]
    public int initSpawnNum = 10;

    /// <summary>
    /// 다음 타일이 생성되는 곳
    /// </summary>
    private Vector3 nextTileLocation;

    /// <summary>
    /// 다음 타일의 회전은?
    /// </summary>
    private Quaternion nextTileRotation;

    /// <summary>
    /// Start is called before the first frame update
    /// </summary>
    private void Start()
    {
        // 시작 포인트 설정
        nextTileLocation = startPoint;
        nextTileRotation = Quaternion.identity;
```

```
    for (int i = 0; i < initSpawnNum; ++i)
    {
        SpawnNextTile();
    }
}

/// <summary>
/// 특정 위치에 타일을 생성하고 다음 위치를 설정한다
/// </summary>
public void SpawnNextTile()
{
    var newTile = Instantiate(tile, nextTileLocation, nextTileRotation);

    // 다음 아이템을 생성할 위치와 회전 값을 알아낸다
    var nextTile = newTile.Find("Next Spawn Point");
    nextTileLocation = nextTile.position;
    nextTileRotation = nextTile.rotation;

}
}
```

위 스크립트는 tile와 initSpawnNum 값에 따라 타일을 연속적으로 생성할 것이다.

4. 스크립트를 저장하고 유니티로 돌아오자. 새로운 Empty GameObject를 생성하고 이름을 Game Controller로 변경한 뒤 Hierarchy 창의 최상단으로 끌어 놓는다. 더 잘 보이게 하고 싶으면 포지션을 리셋해도 좋다. 그다음 오브젝트에 Game Controller 스크립트를 첨부한 뒤, Project 창에 있는 Basic Tile 프리팹을 Tile 속성에 끌어 놓아 Tile 슬롯을 설정한다.

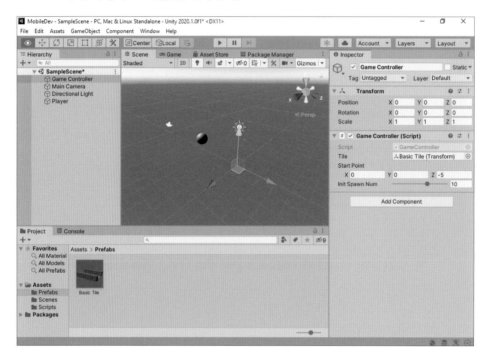

5. 씬을 저장하고 프로젝트를 실행해보자.

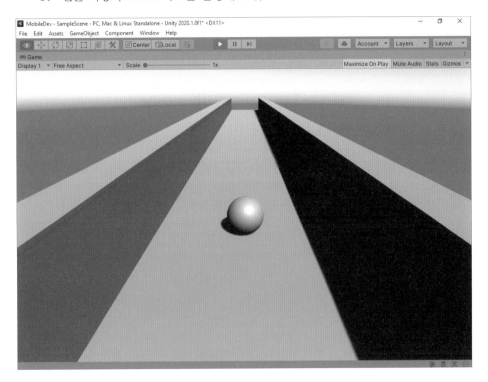

잘했다. 당연히 이 오브젝트들의 다음 오브젝트들도 생성해야 하지만 한꺼번에 엄청나게 많은 숫자를 생성하고 싶지는 않다. 타일의 끝에 다다르면 새로운 타일을 생성한 뒤 지나 온 것들을 제거할 것이다. 해당 작업은 뒤에 하겠지만, 이런 방식으로 구현하면 게임이 실행되는 동안 같은 숫자의 타일들만 존재하게 된다.

6. Project 창의 Scripts 폴더에 새로운 스크립트 TileEndBehaviour를 생성하고 다음 코드를 입력한다.

```
using UnityEngine;

/// <summary>
/// 플레이어가 끝에 다다랐을 때
/// 새로운 타일 생성과 해당 타일의 제거를 담당한다
```

```
/// </summary>
public class TileEndBehaviour : MonoBehaviour
{
    [Tooltip("끝에 다다랐을 때 제거하기 전 " + "얼마 동안 기다리는가")]
    public float destroyTime = 1.5f;

    private void OnTriggerEnter(Collider col)
    {
        // 먼저 플레이어와 충돌했는지 체크
        if (col.gameObject.GetComponent<PlayerBehaviour>())
        {
            // 충돌했다면 새로운 타일을 생성한다
            GameObject.FindObjectOfType<GameController>().SpawnNextTile();

            // 조금 기다린 후 현재 타일 전체를 제거한다
            Destroy(transform.parent.gameObject, destroyTime);
        }
    }
}
```

7. 이 스크립트를 프리팹에 지정해보자. **Project** 창의 Prefabs 폴더에서 Basic Tile 오브젝트에 더블클릭해 에디터를 연다. **Hierarchy** 탭에서 Tile End 오브젝트를 선택하고 **Tile End Behaviour** 컴포넌트를 추가한다.

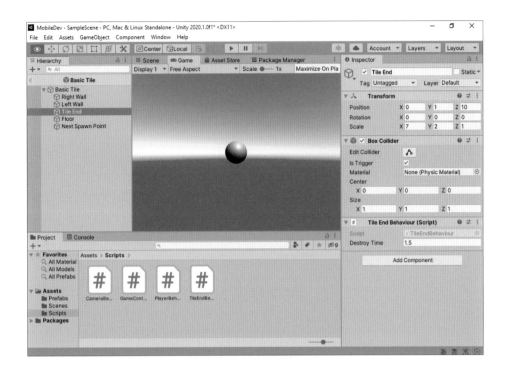

TIP

Project 창에서 프리팹 오브젝트를 선택한 뒤 Inspector 탭에서 Open Prefab 버튼을 클릭해 프리팹 에디터를 열 수도 있다.

8. 프리팹 이름 왼쪽에 있는 화살표를 클릭해 기본 씬으로 돌아온다.

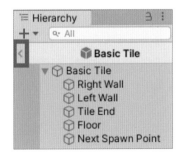

9. 씬을 저장하고 실행해보자.

이제 플레이어가 지속적으로 이동하면서 새로운 타일들이 생성된다. 실행 중에 Scene 탭으로 변환하면 공이 타일을 지나가면 스스로 제거되는 것을 볼 수 있다.

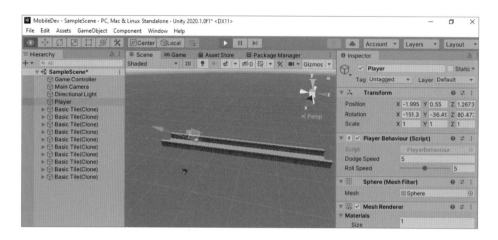

이제 플레이어 앞에 지나갈 수 있는 타일들이 생성된다! 지금은 무한한 일직선이라 재미는 없지만, 다음 절에서 좀 더 흥미롭게 만들어보자.

▌ 장애물 만들기

기본 타일 시스템을 만든 것은 좋지만 이제 플레이어가 할 일을 만들어줘야 한다. 우리의 경우는 장애물이다. 장애물은 플레이어에게 도전 요소를 주고, 기본적인 목표를 제공한다. 이번 절에서는 타일들을 커스터마이즈하면서 플레이어가 피할 장애물을 추가해볼 것이다. 다음 단계들을 따라 해보자.

1. 기본 타일용 프리팹을 만들었던 것과 같이 하나의 장애물을 코드로 생성할 예정이다. 장애물이 주위와 어우러져 보이면서 크기도 적당하도록 먼저 Basic Tile 프리팹을 씬에 꺼내 놓는다.

2. 다음은 GameObject > 3D Object > Cube를 선택해 정육면체를 생성한다. 이 오브 젝트의 이름을 Obstacle로 변경한다. Y Scale 값을 2로, Position 값을 (0, 1, 0.25)로 변경해 바닥 위에 올려놓는다.

3. 게임을 실행해보고 모습을 확인한다.

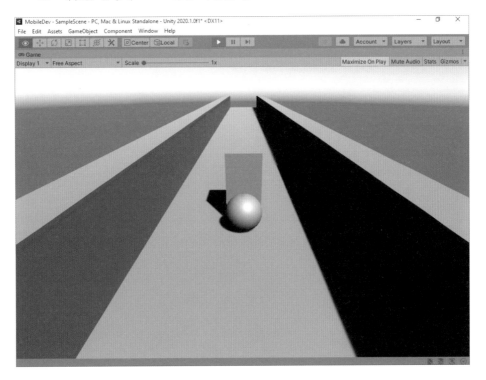

4. 위 스크린샷에서 보듯이 플레이어가 그냥 멈출 뿐 아무 일도 일어나지 않는다. 우리가 원하는 건 장애물과 충돌하면 플레이어가 지고 게임이 재시작되는 것이며, 이를 위한 코드를 작성해보자. **Project** 창의 Scripts 폴더에서 새로운 스크립트 ObstacleBehaviour를 생성하고 다음 코드를 입력한다.

```
using UnityEngine;
using UnityEngine.SceneManagement; // 씬을 불러오기 위해

public class ObstacleBehaviour : MonoBehaviour {

    [Tooltip("게임 재시작 전 대기 시간")]
    public float waitTime = 2.0f;

    private void OnCollisionEnter(Collision collision)
    {
        // 가장 먼저 플레이어와 충돌했는지 체크
        if (collision.gameObject.GetComponent<PlayerBehaviour>())
        {
            // 플레이어 제거
            Destroy(collision.gameObject);
            // 대기 시간이 지나면 ResetGame 함수 호출
            Invoke("ResetGame", waitTime);
        }
    }

    /// <summary>
    /// 현재 레벨을 다시 시작한다
    /// </summary>
    private void ResetGame()
    {
        // 현재 레벨을 재시작
        SceneManager.LoadScene(SceneManager.GetActiveScene().name);
    }
}
```

5. 스크립트를 저장하고 에디터로 돌아온 다음 위 스크립트를 Obstacle 게임 오브 젝트에 추가한다.

6. 씬을 저장하고 게임을 실행해보자.

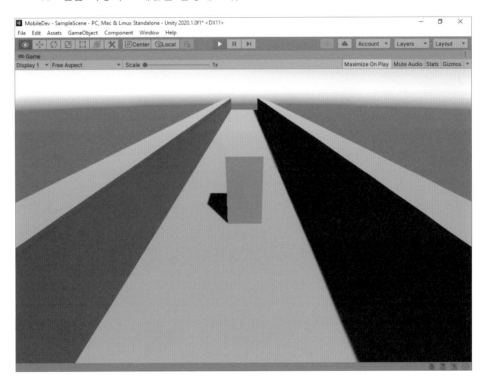

위 스크린샷에서 볼 수 있듯이 장애물과 충돌하면 플레이어는 제거되고 몇 초가 지난 후 게임이 재시작된다. 게임을 업그레이드할 수 있는 파티클 시스템 등은 나 중에 다루겠지만 일단 기능은 작동하고, 지금은 이 정도면 만족스럽다.

7. 올바르게 작동하는 걸 확인했으니 프리팹으로 만들어보자. 기본 타일 때처럼 Hierarchy 창에서 Project 탭의 Prefabs 폴더로 끌어 놓는다.

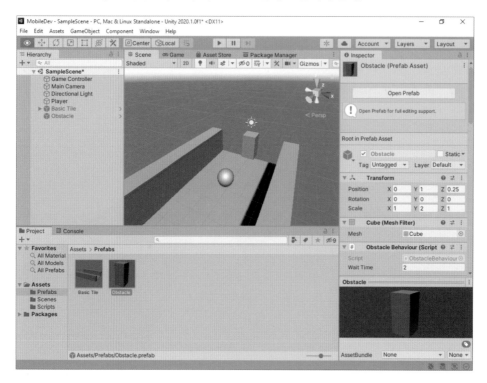

8. Obstacle 오브젝트는 생성하면서 배치할 것이기 때문에 지금은 제거하자. Hierarchy 창에서 Obstacle 오브젝트를 선택하고 Delete 키를 누른다.

9. 장애물들을 생성할 위치들은 마커로 지정할 예정이다. Basic Tile 오브젝트를 확장해 자식들을 볼 수 있게 만든 후 Next Spawn Point 오브젝트를 복제한다. 복제된 오브젝트의 Position을 (0, 1, 4)로 변경하고, 이름을 Center로 변경한다.

10. 해당 오브젝트가 Scene 창에서 잘 보일 수 있게 해보자. Inspector 창의 Select Icon 메뉴에 있는 회색 정육면체 아이콘을 클릭한 뒤 마음에 드는 컬러를 선택한다(나는 파란색을 선택했다). 에디터에서 오브젝트와 가까워지면 텍스트가 보일 것이다 (기본 설정상 Game 탭에서는 보이지 않는다).

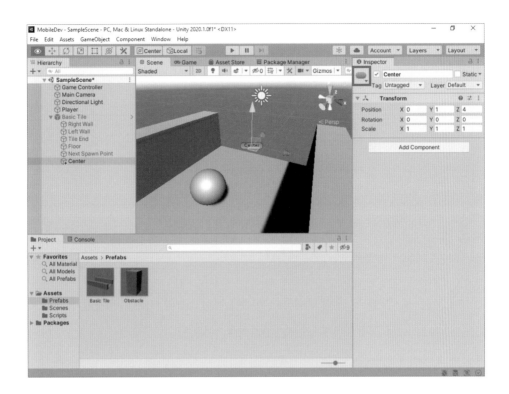

11. 미래에 프로젝트를 확장하는 경우에 대비하기 위해 모든 장애물 생성 포인트를 쉽게 찾아내고 인지할 수 있는 태그^tag를 지정해보자. Inspector 창 상단의 Tags 드롭다운 메뉴를 클릭한 다음 Add Tag…를 선택한다. 메뉴가 나오면 + 버튼을 누르고 ObstacleSpawn을 입력한다.

12. Center 오브젝트를 다시 선택한 뒤 **Tag** 속성을 ObstacleSpawn으로 지정한다.

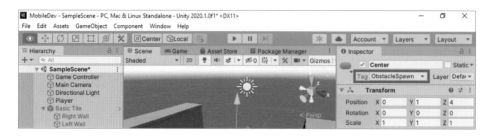

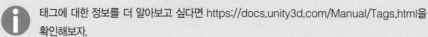
태그에 대한 정보를 더 알아보고 싶다면 https://docs.unity3d.com/Manual/Tags.html을
확인해보자.

13. 이 오브젝트를 두 번 더 복제하고, 이름을 각각 Left와 Right로 변경한다. 왼쪽으
로 두 유닛, 오른쪽으로 두 유닛 떨어지게 배치한다.

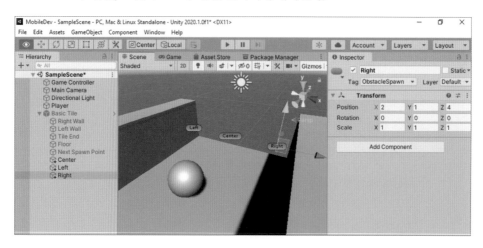

14. 지금까지의 변경 사항은 오리지널 프리팹에 적용되지 않았고 그래서 오브젝트의
이름이 검정으로 보인다. 적용하기 위해 Basic Tile을 선택하고, Inspector 창의
Prefab 섹션에 Overrides를 클릭한 뒤 Apply All을 선택한다.

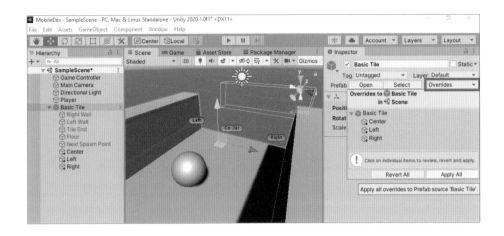

15. 프리팹 설정이 모두 끝났으니 Hierarchy 창에서 선택한 뒤 Delete 키를 눌러 제거한다.

16. 이제 GameController 스크립트에 몇 가지 수정을 적용해야 한다. 먼저 새로운 변수들부터 추가해보자.

```csharp
/// <summary>
/// 메인 게임플레이를 관리한다
/// </summary>
public class GameController : MonoBehaviour
{
    [Tooltip("생성하고자 하는 타일 참조")]
    public Transform tile;

    [Tooltip("생성하고자 하는 장애물 참조")]
    public Transform obstacle;

    [Tooltip("첫 번째 타일이 생성되는 곳")]
    public Vector3 startPoint = new Vector3(0, 0, -5);

    [Tooltip("사전에 몇 개의 타일이 생성돼야 하는가")]
    [Range(1, 15)]
    public int initSpawnNum = 10;
```

```
[Tooltip("장애물 없이 생성되는 초반 타일들의 숫자")]
public int initNoObstacles = 4;
```

첫 번째 변수는 복제할 장애물을 참조한다. 두 번째는 게임 초반에 장애물 없이 생성되는 타일들의 숫자를 나타내는 파라미터다. 장애물을 늦게 생성하면 플레이어가 장애물을 보고 피할 수 있는 여유를 줄 수 있다.

17. 다음은 장애물을 생성하기 위해 SpawnNextTile 함수를 수정해보자.

```
/// <summary>
/// 특정 위치에 타일을 생성하고 다음 위치를 설정한다
/// </summary>
/// <param name="spawnObstacles">장애물을 생성해야 하는가</param>

    public void SpawnNextTile(bool spawnObstacles = true)
    {
        var newTile = Instantiate(tile, nextTileLocation, nextTileRotation);
        // 다음 아이템을 생성할 위치와 회전 값을 알아낸다
        var nextTile = newTile.Find("Next Spawn Point");
        nextTileLocation = nextTile.position;
        nextTileRotation = nextTile.rotation;

        if (spawnObstacles)
        {
            SpawnObstacle(newTile);
        }
    }
```

수정된 SpawnNextTile 함수의 기본 설정이 true이고, 이를 통해 장애물을 생성할지 말지 판단하는 점을 눈여겨보자. 플레이어가 게임 시작부터 피하기를 원하지 않을 수도 있으며, 값을 변경하면서 늘리거나 줄일 수도 있다. 기본값이 true이기 때문에 원래 버전대로 Start 함수에서 호출해도 에러는 없겠지만 나중에 수정할 예정이다.

18. 값이 true일 경우 SpawnObstacle 함수를 호출하지만 아직 만들지 않았다. 이 함수를 만들기 전에 List 클래스를 사용해 컴파일러가 어떤 List 클래스를 의미하는지 알 수 있도록 파일 최상단에 using문을 추가해보자.

```
using UnityEngine;
using System.Collections.Generic; // List
```

19. SpawnObstacle 함수를 만들어보자. 다음 함수를 스크립트에 추가한다.

```
private void SpawnObstacle(Transform newTile)
{
    // 장애물을 생성할 수 있는 모든 위치가 필요
    var obstacleSpawnPoints = new List<GameObject>();

    // 타일의 모든 자식 게임 오브젝트를 확인
    foreach (Transform child in newTile)
    {
        // ObstacleSpawn 태그가 있는 경우
        if (child.CompareTag("ObstacleSpawn"))
        {
            // 장애물 생성이 가능한 곳으로 추가
            obstacleSpawnPoints.Add(child.gameObject);
        }
    }

    // 적어도 한 군데는 있는지 확인
    if (obstacleSpawnPoints.Count > 0)
    {
        // 확보한 곳들 중 하나를 무작위로 선택
        var spawnPoint = obstacleSpawnPoints[Random.Range(0, bstacleSpawnPoints.
Count)];

        // 해당 위치를 사용할 수 있도록 저장
        var spawnPos = spawnPoint.transform.position;

        // 장애물 생성
```

```
        var newObstacle = Instantiate(obstacle, spawnPos, Quaternion.identity);

        // 타일을 부모로 지정
        newObstacle.SetParent(spawnPoint.transform);
    }
}
```

20. 마지막으로 Start 함수를 업데이트하자.

```
/// <summary>
/// Start is called before the first frame update
/// </summary>
    private void Start()
    {
        // 시작 포인트 설정
        nextTileLocation = startPoint;
        nextTileRotation = Quaternion.identity;

        for (int i = 0; i < initSpawnNum; ++i)
        {
            SpawnNextTile(i >= initNoObstacles);
        }
    }
```

이제 i의 값이 initNoObstacles보다 낮으면 장애물이 생성되지 않아 4개 타일의
여유를 주게 되며, initNoObstacles 변수를 변경해 조절할 수 있다.

21. 스크립트를 저장하고 에디터로 돌아온다. Inspector 창에 있는 Game Controller (Script) 컴포넌트의 Obstacle 변수에 이전에 만든 Obstacle 프리팹을 지정한다.

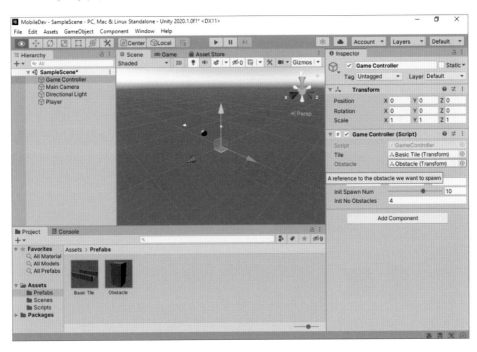

22. 기본 라이트 설정 때문에 잘 보이지 않으니 Hierarchy 창에서 Directional Light 오브젝트를 선택한다. 디렉셔널 라이트[2]는 일정한 위치에서 빛을 비추는 지구의 태양과 비슷하게 동작한다.

---

2 방향성 라이트 – 옮긴이

23. 기본 설정의 그림자는 너무 어둡다. Inspector 창에서 Realtime Shadows > Strength 값을 0.5로 변경한다.

24. 씬을 저장하고 게임을 실행한다.

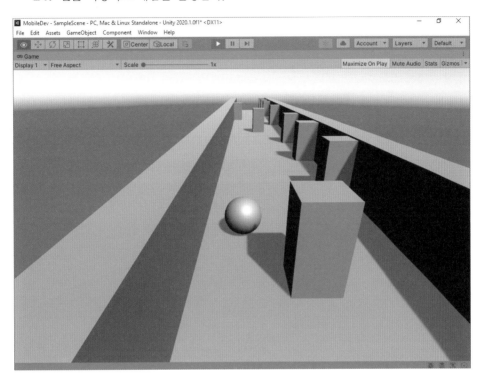

 디렉셔널 라이트 및 다른 라이트 타입에 대한 정보가 더 알고 싶다면 https://unity3d.com/learn/tutorials/topics/graphics/light-types?playlist=17102를 확인해보자.

위 스크린샷에서 보듯이 이제 플레이어가 피할 장애물이 생겼다!

▌요약

아직은 기본만 있지만 여러 부분을 다루며 탄탄한 기반을 만들었다! 유니티에서 새로운 프로젝트를 생성하고, 플레이어가 앞으로 지속적으로 움직이면서 횡 이동도 가능하게 구현했다. 유니티의 어트리뷰트 기능과 XML 주석을 사용해 팀 환경에 도움이 되는 코드 향상 방법을 다룬 다음 카메라 이동도 처리했다. 마지막으로 새로운 타일이 무한히 생성되고 장애물도 배치되는 타일 기반의 레벨 디자인 시스템을 구현했다.

이 책 전체에 걸쳐 이 프로젝트가 모바일 플랫폼에서 최선의 경험을 선사할 수 있도록 향상과 폴리싱을 거듭할 것이다. 하지만 그 전에 2장에서 우리 프로젝트를 어떻게 배포할지부터 논의해보자.

02

안드로이드와
iOS 개발 프로젝트 설정

시작을 알리는 프로젝트를 만들었지만 현재는 PC용이다. 하지만 이 책은 모바일 개발이기 때문에 더 개발을 진행하기 전에 게임이 모바일 기기에서 작동되는지 반드시 확인해야 한다.

2장에서는 현재 프로젝트를 모바일 기기에 배포할 수 있는 모든 단계를 다룰 예정이다. 이 책을 쓰는 시점에 대부분의 모바일 개발은 안드로이드나 iOS에서 이뤄지므로 이 두 가지를 알아보겠다.

2장은 다음과 같이 여러 가지 주제로 나뉘어져 있으며, 장 전체가 시작부터 끝까지 단계별로 따라 하면 되는 방식으로 다음과 같이 구성돼 있다.

- 빌드 설정 소개

- PC를 위한 프로젝트 빌드
- 안드로이드로 프로젝트 내보내기
- 안드로이드 기기에 프로젝트 집어넣기
- 유니티 iOS 설치와 Xcode 설정
- iOS를 위한 프로젝트 빌드

▍기술적 필수 사항

이 책은 유니티 2020.1.0f1과 유니티 허브 2.3.1을 사용하고 있지만, 향후 버전에서도 큰 문제없이 적용될 수 있을 것이다. 만일 새로운 버전이 나왔음에도 이 책에서 이용한 버전을 사용하고 싶다면 유니티 다운로드 저장소(https://unity3d.com/get-unity/download/archive)에서 내려받을 수 있다. 유니티의 시스템 필수 사항은 https://docs.unity3d.com/2020.1/Documentation/Manual/system-requirements.html로 가 Unity Editor system requirements 부분을 확인하면 된다.

안드로이드 기기에 배포하고 싶다면 맥, 리눅스, 윈도우를 사용할 수 있고 사용하고 싶은 기능에 따라 안드로이드 4.4 킷캣^{KitKat}과 그 이후 버전에서만 앱을 실행할 수 있게 내보내는 것도 가능하다.

 지원하는 안드로이드 버전에 관해 더 알고 싶다면 https://docs.unity3d.com/ScriptReference/AndroidSdkVersions.html을 확인해보자.

iOS 기기용으로 개발하려면 iOS 기기는 물론이고, OS X 10.11 이상의 버전을 지원하는 맥 컴퓨터도 필요하다. 나는 10.14.5 macOS 모하비^{Mojave}를 사용하고 있다. 맥 컴퓨터가 없다면 윈도우에서 게임을 개발하고나서 출시하고 싶을 때만 맥으로 프로젝트를 가져온 후 내보내기를 해도 된다.

> **ℹ** 윈도우상에서 iOS 앱을 빌드할 수 있는 방법들이 존재하지만 이 책의 범위를 벗어나는 주제다. 자동으로 빌드를 만들어주는 유니티 클라우드 빌드(Unity Cloud Build) 서비스도 방법 중 하나지만, 현시점에는 매월 미화 9달러씩 내야 한다. 더 알고 싶다면 https://unity3d.com/unity/features/cloud-build를 확인해보자.
>
> 또 다른 방법은 클라우드에서 맥을 빌려 직접 빌드하는 것이다. 이 외에도 더 많은 방법들을 알고 싶다면 https://mindster.com/how-develop-ios-apps-windows/를 확인해보자.

2장에 기재된 코드 파일은 https://github.com/PacktPublishing/Unity-2020-Mobile-Game-Development-Second-Edition/tree/master/Chapter%2002/Export로 가면 깃허브에서 받을 수 있다.

▌ 빌드 설정 소개

개발을 하다 보면 에디터가 아닌 다른 환경에서 게임을 확인하고 싶을 때가 있다. 무언가 이뤘다는 기분이 들게 되며 내 경우 콘솔 개발 키트에 처음 게임을 올렸을 때 이런 기분을 느꼈다. 배포 환경이 PC, 맥, 리눅스, 웹플레이어, 모바일, 콘솔이든 상관없이 같은 Build Settings 메뉴를,

1. 1장, '게임 구성하기'에서 개발한 프로젝트를 연 다음, 제작한 씬(Scenes 폴더에 있는 SampleScene.unity)을 연다.

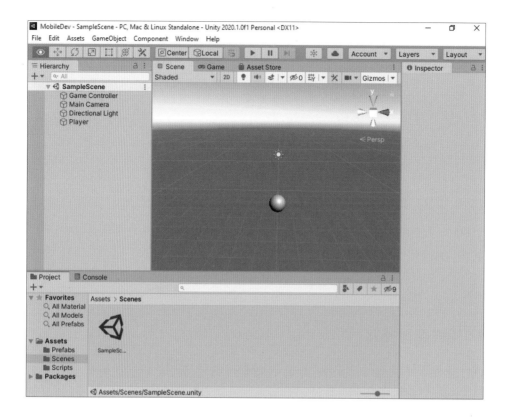

2. 현재 씬에서 게임플레이가 이뤄지므로 Project 창에서 해당 씬에 마우스 오른쪽 클릭 후 Rename을 선택해 Gameplay로 이름을 변경한다. 유니티가 다시 불러올지 여부를 물어보면 Reload를 클릭한다.

3. File > Build Settings로 가서 Build Settings 메뉴를 연다.

TIP   Ctrl+Shift+B나 command+Shift+B(맥)을 눌러 같은 메뉴를 열 수 있다.

위 스크린샷을 보면 Build Settings 메뉴를 볼 수 있고, 크게 세 가지 영역으로 나뉘져 있다.

- Scenes in Build: 프로젝트를 빌드할 때 포함될 씬을 지정하는 창이다. 별도로 지정해야 하므로 빌드에 테스트 레벨 같은 것들이 의도치 않게 포함되는 것을 방지할 수 있다.
- Platform: 게임을 배포할 수 있는 플랫폼의 리스트다. 컴파일링되는 현재 플랫폼 옆에 유니티 로고가 보인다. 플랫폼을 변경하고 싶으면 리스트에서 선택한 뒤 리스트 하단에 나타나는 Switch Platform 버튼을 클릭하면 된다.
- Options: Platform 섹션 오른쪽을 보면 선택한 플랫폼에 따라 빌드의 동작 방식들을 조절할 수 있는 옵션들이 있다.

4. 기본 설정상 빌드에 아무 씬도 포함돼 있지 않으므로 변경해보자. Add Open Scenes 버튼을 클릭하면 Gameplay 레벨이 인덱스 0으로 표기되는 것을 볼 수 있다. 게임 실행될 때 이 레벨을 가장 먼저 불러온다는 의미다.

 Project 창에서 Scenes in Build 섹션으로 직접 씬을 끌어 놓아 추가할 수도 있다. 같은 영역 안에서 씬들을 끌어서 순서를 변경할 수도 있다.

빌드 설정을 알아봤으니 모바일 게임으로 빌드하기 전에 프로젝트를 PC로 빌드하는 일반적인 경우부터 알아보자.

PC용으로 프로젝트 빌드하기

기본 설정상 현재 플랫폼은 PC, Mac & Linux Standalone다. 모바일 기기에 배포하기 전에 모든 것이 올바르게 작동하는지 확인하기 위해 PC용으로 프로젝트를 빌드해보자.

1. Build 옵션을 선택한다. 내 경우는 윈도우로 내보낼 것이지만, 맥과 리눅스도 과정은 비슷하다.

2. 빌드 과정이 끝나면 게임을 저장하기 위해 이름과 위치를 물어보는 팝업이 뜰 것이다. 나는 Assets와 Library 폴더가 있는 같은 폴더에 새로운 Export 폴더를 만들 것이다. 이렇게 하면 Project 창에서는 안 보이겠지만 같은 프로젝트 안에 넣어둘 수 있다.

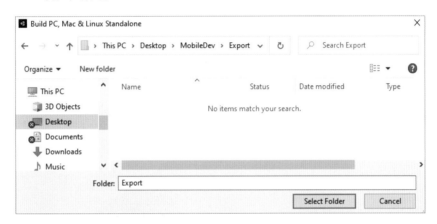

3. Select Folder를 클릭하고 끝나기를 기다리자. 끝나고 나면 다음과 같은 창이 나타날 것이다.

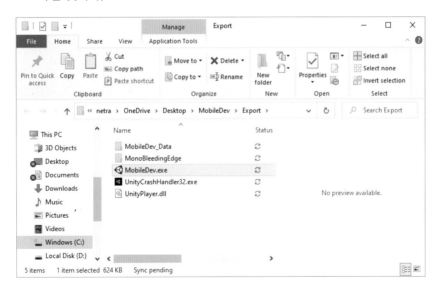

실행 파일과 함께 애플리케이션에 필요한 모든 에셋들이 들어 있는 데이터 폴더 (이름은 MobileDev_Data)도 보인다. 데이터 폴더는 물론 게임과 같이 생성된 다른 파일들이 모두 포함되지 않으면 게임은 실행되지 않는다.

맥의 경우는 앱과 데이터를 하나로 묶기 때문에 내보내기가 끝나면 애플리케이션만 제공하면 된다.

4. .exe 파일에 더블클릭해 게임을 실행하면 다음 스크린샷과 같은 게임 스크린이 나올 것이다.

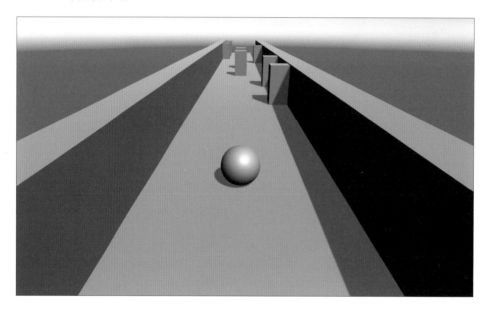

예전과 같이 게임을 즐길 수 있다. 잘했다!

 게임을 종료하려면 Alt+F4(맥은 command+Q)를 누르면 되고, 윈도우 모드로 변경하려면 Alt+Enter를 누르면 된다.

프로젝트를 빌드하는 일반적인 방법을 알아봤으니 이제 다른 플랫폼들을 다뤄보자. 다음 절에서는 안드로이드 기기로 프로젝트를 배포하는 방법을 알아볼 것이다.

▍ 안드로이드로 프로젝트 내보내기

기본적인 설정이 모두 끝났으니 이제 유니티에서 프로젝트를 열어 안드로이드 기기로 내보낼 수 있다. 여기서는 Android Build Support가 설치됐는지 먼저 확인하고, 그다음 빌드와 플레이어 설정을 업데이트해 빌드를 내보낼 것이다.

유니티용 Android Build Support 설치하기

유니티를 설치할 때 선택해 같이 설치하지 않았다면 Android Build Support를 따로 선택해 추가해야 한다. 이미 설치했다면 이 절은 건너뛰어도 된다. 처음 설치 때 설치하지 않았다면 다음 단계들을 따라 해보자.

1. 유니티 에디터를 닫고 Unity Hub를 연 다음 Installs 섹션을 선택한다.
2. 현재 유니티 버전의 오른쪽에 있는 세 개의 점을 클릭하고 Add Modules 옵션을 선택한다.

3. Android Build Support 옵션을 체크한다. Android SDK & NDK Tools와 OpenJDK 옵션들도 자동으로 체크될 것이다. NEXT 버튼을 클릭한다.

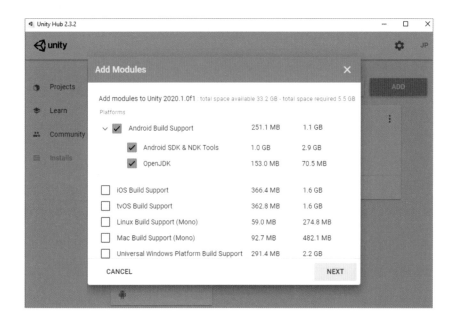

4. 라이선스 조건 페이지가 나온다. 읽어본 후 동의하면 동의한다는 박스에 체크한
뒤 DONE 버튼을 클릭한다.

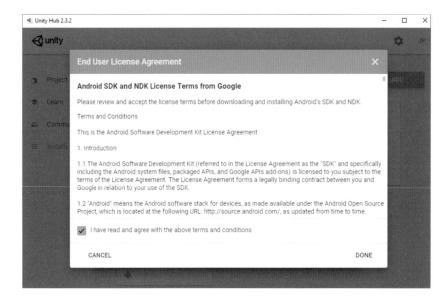

5. 설치가 끝나길 기다린다. 설치가 끝나고 나면 설치 버전 하단에 안드로이드 로고가 생긴 것을 볼 수 있다.

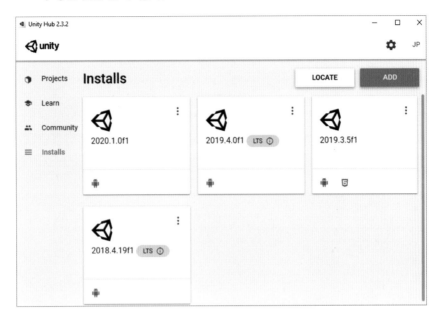

이제 설치된 해당 유니티 버전에 Android Build Support가 추가됐고, 유니티에서 안드로이드 빌드를 만들 수 있다. 다음에는 프로젝트를 안드로이드용으로 빌드하고, 이에 필요한 설정들이 무엇인지 알아보자.

안드로이드 프로젝트들을 위한 빌드 업데이트와 플레이어 설정

안드로이드 지원 기능을 추가했으니 프로젝트를 다시 열고 플랫폼을 변경해보자.

1. 유니티를 열고 File > Build Settings로 가서 Build Settings 메뉴를 연다.
2. Platform 리스트에서 Android 옵션을 클릭하고, Switch Platform을 클릭해 변경한다.

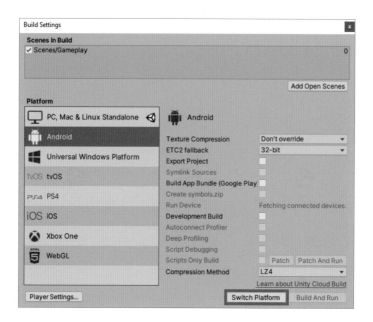

유니티가 게임에 존재하는 모든 에셋들을 다시 가져오는 것을 눈여겨보자. 대규모 프로젝트인 경우에는 이 단계가 오래 걸릴 수 있다. 완료되고 나면 유니티 로고가 이제는 Android 옆으로 이동한 것을 볼 수 있고, 해당 플랫폼으로 빌드할 수 있다는 뜻이다.

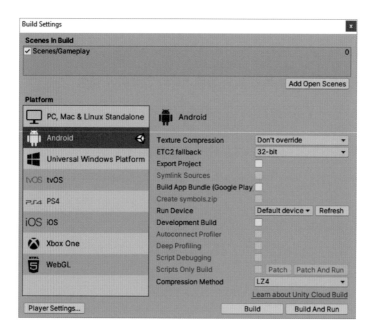

3. 프로젝트를 빌드하려면 앱을 나타내는 스트링인 bundle identifier를 설정해야만 한다. com.yourCompanyName.yourGameName[1]와 같은 구성으로서 URL을 거꾸로 쓴 것 같은 구조다. 설정하려면 Build Settings 메뉴 왼쪽 하단에 있는 Player Settings... 버튼을 클릭하거나 Edit > Project Settings > Player로 가서 Players Settings 메뉴를 연다. 메뉴가 새 창에서 열릴 것이다.

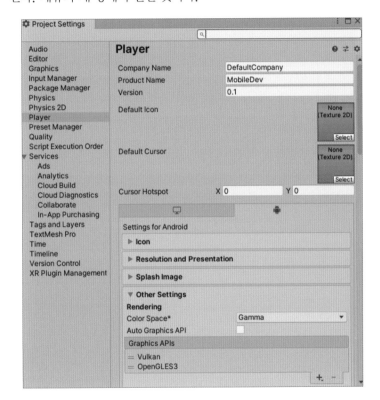

---

1 com.회사이름.게임이름 – 옮긴이

유니티 에디터 상단의 타이틀 바를 보면 Android 모드로 변경된 것도 확인할
수 있다.

4. 다른 옵션들은 2장 후반에서 다룰 예정이며, 일단 지금은 Other Settings 옵션이
   있는 곳으로 스크롤을 내리면 Package Name 속성이 보인다. 원하는 이름으로 변
   경한다. 나는 com.JohnPDoran.MobileDev로 변경했다. 본인의 기기에서 돌아갈 수
   있도록 Minimum API Level 옵션도 본인 기기 버전이나 그 이전 버전으로 설정한
   다. 지원하고 싶은 버전에 따라 설정해도 좋다. 한 가지 알아둘 것은 이전 버전
   으로 갈수록 사용할 수 있는 옵션이 적어지지만 더 많은 기기를 지원할 수 있다.

5. Project Settings 창을 닫고 File > Build Settings로 가서 Build Settings 메뉴를 연다. 이제 Build 버튼을 눌러 프로젝트를 이전에 생성한 Export 폴더에 저장해보자. 이번에는 확장자가 .exe가 아닌 .apk가 될 것이므로 나는 이전과 같이 MobileDev 파일 이름을 사용했다.

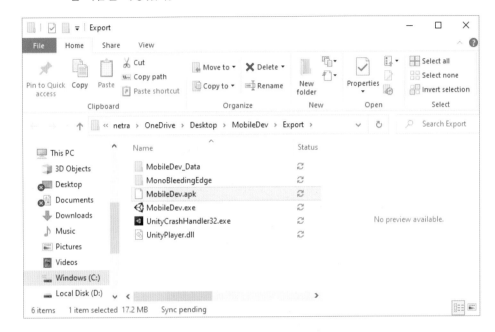

조금 기다리면 해당 폴더에 새로운 .apk 파일이 보일 것이다. 물론 APK 파일은 폰에 넣기 전까지는 아무 동작도 하지 않는다. 다음 절에서는 기기에서 게임을 테스트할 수 있도록 폰을 설정해보자.

▍ 안드로이드 기기에 프로젝트 넣기

본인의 안드로이드 버전에 따라 단계가 다를 수 있다. 안드로이드 오레오^{Android Oreo} 버전이나 그 이상이라면 5번 단계부터 시작하고, 버전 7 이하라면 1번부터 시작한다.

1. 안드로이드 기기의 **설정**^{Settings}으로 들어간다.

2. **설정 > 설정과 보안**^{Security > Security & location} 섹션(혹은 이와 비슷한 이름의)으로 스크롤을 내린 후 눌러서 메뉴로 들어간다.

3. **확인되지 않은 소스**^{Unknown sources}를 활성화한다.

이 옵션을 활성화했으니 이제 .apk 파일을 설치할 수 있다. 물론 그 전에 파일부터 기기로 옮겨야 설치가 가능하다. 가장 쉬운 방법인 USB를 통한 파일 전송을 해보자.

USB를 사용하고 싶지 않은 사람들은 드롭박스(Dropbox)와 같은 클라우드 저장소 앱을 통해 .apk 파일을 올리고 다운로드한 뒤 설치하는 방법을 추천한다. USB나 와이파이를 통해 파일을 옮길 수 있는 ADB라는 툴도 있다. 전송을 포함한 안드로이드 빌드 과정에 관해 더 알고 싶다면 https://docs.unity3d.com/Manual/android-BuildProcess.html을 확인해 보자.

4. USB를 통해 폰과 컴퓨터를 연결한다. 연결하고 나면 충전을 위해 USB가 연결됐다는 알림이 뜰 것이다. 알림을 클릭한 뒤 **파일 전송**^{File Transfer}으로 옵션을 변경한다.

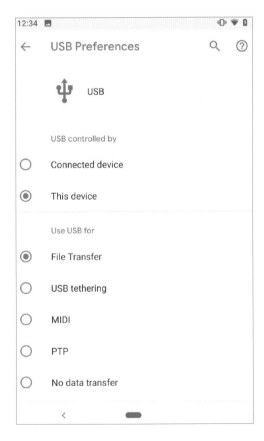

5. 컴퓨터로 가서 **탐색기**^{Windows Explorer}(맥은 파인더^{Finder})를 연 다음 **기기와 드라이브**
   Devices and Drives 섹션을 보면 본인의 기기가 생긴 것을 확인할 수 있다.

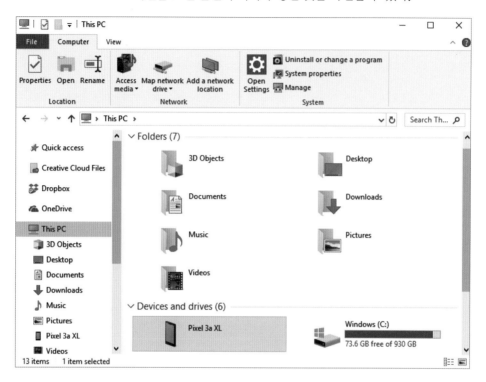

6. 기기에 더블클릭해 기기 내부에 있는 공유 저장 공간으로 들어간다. 그런 다음 이
   전에 생성한 .apk 파일을 이 폴더로 끌어온다.

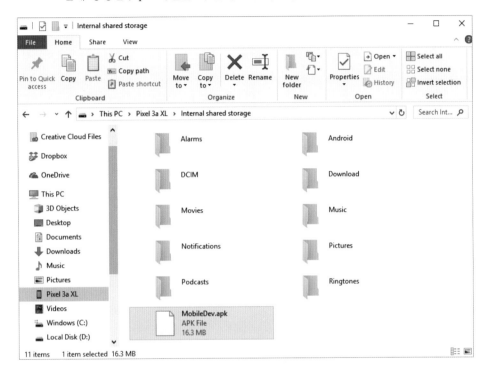

7. 폰으로 돌아가 내 **파일**Files/File Explorer 앱을 연다. 마우스 오른쪽 버튼을 클릭해 **내
   장 저장소 보이기**Show internal storage를 선택한다.

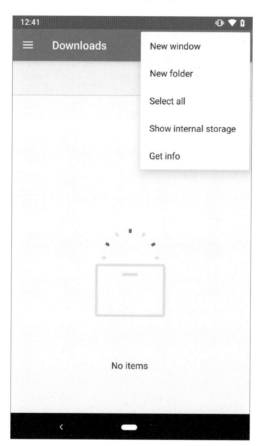

8. 왼쪽 상단에 있는 버튼을 클릭하고 본인의 폰 이름을 선택한다(내 경우는 Pixel 3a XL 이다).

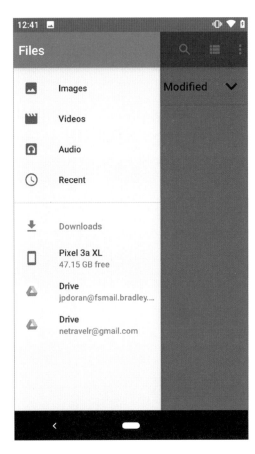

9. 그런 다음 이전에 옮긴 `.apk` 파일을 선택한다.

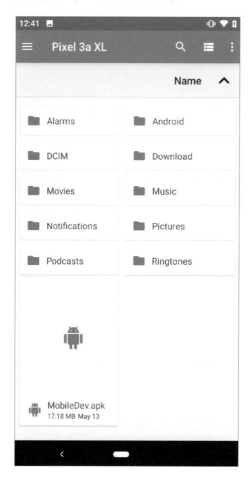

10. 설치를 확인하는 창이 나오면 **계속하기**^{Continue} 버튼을 누른다.

11. 설치 화면이 열리면 Install 버튼을 클릭한 뒤 설치가 완료되길 기다린다.

12. 개발자를 인지할 수 없다는 Play Protect[2] 창이 뜰 수 있는데, 이 문제는 11장, '게임 빌드와 제출하기'에서 해결하겠다. 일단은 INSTALL ANYWAY를 클릭하고 설치가 완료되길 기다린다.

---

2 보안 확인 – 옮긴이

당연한 얘기지만 기기에 따라 파일을 전송하기 위해 추가적으로 필요한 드라이버가 있거나 단계의 숫자나 모습이 다를 수 있지만, 이 책에서 모든 기기를 다 다룰 수는 없다. 만일 여기서 언급한 단계들이 동작하지 않거나 파일을 전송하고 접근하는 방법을 모르겠다면 검색 엔진에 '〈폰 이름〉 파일 전송'으로 검색해보자.

13. 모든 과정이 끝나면 Open 버튼을 클릭해 게임을 실행하자.

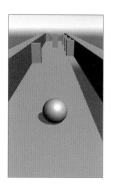

게임을 전송했고 실행되고는 있지만, 조작은 물론 없는 기능이 많다. 하지만 실행이 된다는 것은 안드로이드 기기를 올바르게 설정했다는 증거다. 안드로이드 기기에 게임을 올려 봤으니 다음 섹션에서는 iOS에서 동작하게 하는 법을 다뤄보자.

▌ 유니티에서 iOS 설정과 Xcode 설치

안드로이드에서는 설정에 필요한 과정이 많았지만 실제로 기기에 게임을 올리는 과정은 단순하다. 거꾸로 iOS는 설정 단계가 단순하고 대신 게임을 기기에 올리는 과정에 신경 쓸 부분이 많다.

예전에는 게임을 iOS 기기에 올리려면 애플 개발자 라이선스를 유료로 지불해야 했다. 하지만 이제는 게임을 앱스토어에 출시하는 것이 아니고 단순한 테스트라면 유료 계정이 필요 없다. 무료 계정은 인 앱 구매IAPs, In-App Purchases나 게임 센터 같은 기능들을 제공하지 않지만 기기에서 동작 여부는 문제없이 확인할 수 있다. 애플 개발자 포털의 프로젝트에 관련된 다른 기능들은 11장, '게임 빌드와 제출하기'에서 실제로 앱스토어에 프로젝트를 올릴 때 다루도록 하겠다.

iOS 기기를 위해 개발하려면 기기뿐만 아니라 OS X 하이 시에라 10.13+ 이상의 버전을 사용하는 맥 컴퓨터가 있어야 한다. 내 경우는 10.15.6 맥OS 카탈리나를 사용하고 있다. 안드로이드에서 했던 것처럼 프로젝트를 내보내기 위한 설정부터 구성해보자.

1. 유니티를 설치할 때 하지 않았다면 가장 먼저 iOS Build Support부터 추가하자. 유니티 첫 설치 때 하지 않았다면 유니티 허브를 연 다음 Installs 섹션에서 할 수 있다.

2. 해당 섹션에서 현재 설치된 유니티 버전의 오른쪽에 있는 세 개의 점을 클릭하고, Add Modules 옵션을 선택한다.

3. 메뉴 팝업이 나오면 iOS Build Support 옵션을 선택한다.

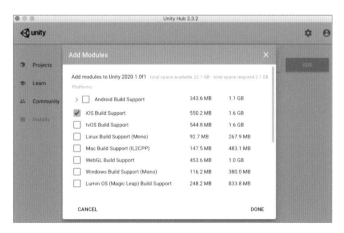

4. DONE 버튼을 클릭하고 설치가 끝나길 기다린다. 완료되면 iOS 지원을 알리는 아이콘을 볼 수 있다.

이제 프로젝트를 iOS로 내보낼 수 있다. 나는 주로 윈도우에서 작업하기 때문에 iOS 지원만 추가했지만, 맥 컴퓨터에서 iOS와 안드로이드 모두를 지원하는 것도 가능하다.

5. iOS 앱을 빌드할 때 사용되는 프로그램인 Xcode도 필요하다. 컴퓨터에 있는 앱스토어를 열고, 왼쪽 상단에 있는 검색바에 Xcode를 입력하고 Enter를 누른다.

6. 페이지 왼쪽 상단에 Xcode 프로그램이 보일 것이다. 클릭한 뒤 Install/Update 버튼을 누른다.

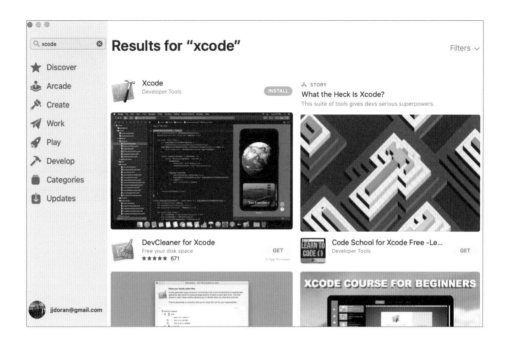

애플 ID 정보를 넣으라고 알림이 나오면 입력한 뒤 설치가 완료되기를 기다리자.

애플 ID가 없다면 http://appleid.apple.com/에서 생성한다.

7. Xcode 설치가 끝나면 실행해보자. Xcode와 iOS SDK에 관한 라이선스 동의
   서가 나오면 **Agree**를 클릭한다. 이제 동작에 필요한 컴포넌트를 설치할 것이다.

8. 모든 과정이 끝나면 환영 화면이 나온다. 하지만 그 전에 할 설정들이 있다. 상단
   메뉴 바에서 **Xcode > Preferences**(혹은 command+,)를 누른다. 그런 다음 **Accounts**
   버튼을 누르면 Xcode에서 사용할 수 있는 모든 애플 ID가 나올 것이다.

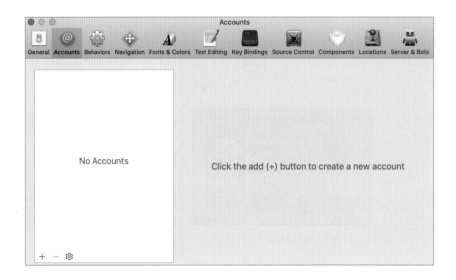

9. 왼쪽 하단에 있는 **플러스**(+) 아이콘을 클릭하고, 어떤 종류의 계정을 생성할지 물
    어보면 Apple ID를 선택한다.

10. 나온 팝업 메뉴에 본인의 애플 ID 정보를 추가하고 나면 화면에 나오는 것을 확
    인할 수 있다.

이름을 선택하면 오른쪽에 소속된 팀과 같은 추가 정보가 나온다. 애플 개발 개발자[Apple Developer Program]에 소속돼 있지 않다면 개인 팀[personal team]이라고 나올 것이다. 돈을 내고 있는 경우에는 추가적인 팀이 있을 수 있다.

이제 iOS와 Xcode의 설치와 설정을 마무리했으니 프로젝트를 빌드해보자.

▌ iOS용으로 프로젝트 빌드하기

안드로이드와 비슷한 점도 많지만, 매우 중요한 다른 부분도 많기 때문에 이번 절은 주의 깊게 읽어보기 바란다. 다음 단계에 따라 프로젝트를 iOS 기기용으로 빌드해보자.

1. 유니티를 열고 File > Build Settings로 가서 Build Settings를 연다.
2. Platform 리스트에서 iOS 옵션을 클릭한 뒤 Switch Platform 버튼을 눌러 변경한다.

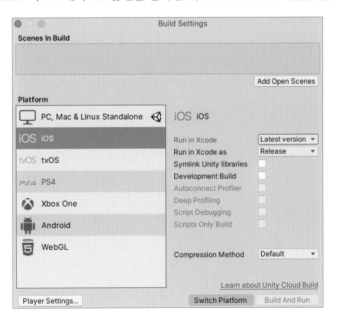

이 과정에서 유니티가 게임의 모든 에셋들을 다시 가져오는 것을 눈여겨보자. 프로젝트가 클수록 더 많은 시간이 걸리게 된다. 또한 이제는 프로젝트를 빌드하면 앱이 아니라 Xcode 프로젝트가 생성된다. 추후 이 프로젝트를 열어 거쳐야 할 작업들이 있다.

3. 빌드할 때 앱을 식별하는 스트링인 bundle identifier를 아직 지정하지 않았다면 지금 해보자. com.yourCompanyName.yourGameName[3]과 같은 구성으로서 URL을 거꾸로 쓴 것 같은 구조다. 설정하려면 **Build Settings** 메뉴 왼쪽 하단에 있는 **Player Settings...** 버튼을 클릭하거나 **Edit > Project Settings > Player**로 가서 **Players Settings** 메뉴를 연다.

4. **Other Settings** 섹션의 **Package Name** 부분에 원하는 값을 입력한다(나는 이전과 똑같이 com.JohnPDoran.MobileDev를 사용했다).

 TIP 안드로이드 빌드를 할 때 변경했다면 이미 돼 있을 것이다. 다시 할 필요는 없다.

5. 이제 **Build** 버튼을 클릭한 뒤, 이전에 생성한 Export 폴더에 저장하자. 나는 Mobile Dev_iOS 이름을 사용했다.

---

3 com.회사이름.게임이름 - 옮긴이

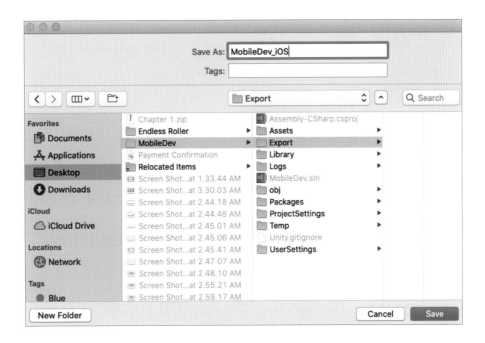

 파인더(Finder) 창에서 아래 화살표를 누르면 폴더를 검색할 수 있다.

6. 만일 유니티 허브^{Unity Hub}가 Xcode에 접근해도 되는지 묻는 창이 뜬다면 OK를 눌러 허락한다.

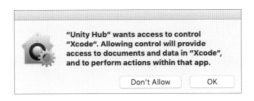

7. 프로젝트 빌드가 끝나면 프로젝트를 생성한 위치를 보여주는 파인더 창이 열린다. 그중 .xcodeproj 파일을 더블클릭해 Xcode로 프로젝트를 연다.

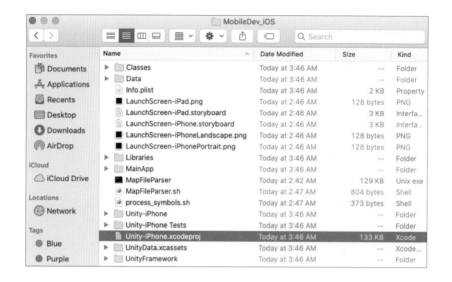

8. Xcode가 모든 것을 불러들이는 작업이 끝나고 나면 중앙 상단에 느낌표(!) 표시
   가 된 노란 삼각형이 보일 것이다. 클릭해보면 왼쪽에 추가 정보들이 나타난다.

9. 화면 왼쪽에 있는 Update to recommended settings 옵션에 더블클릭 후 나오는 팝
   업창의 Perform Changes 버튼을 클릭한다.

10. 그다음 창 중앙에 있는 드롭다운 메뉴를 열어 Targets 아래 Unity-iPhone 옵션을 선택한다.

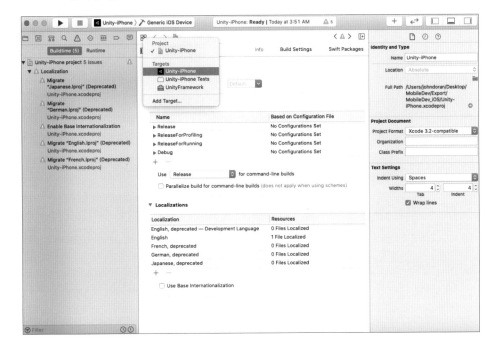

11. 그런 다음 Signing & Capabilities 섹션에 있는 Automatically manage signing 옵션에 체크한 다음 팝업이 뜨면 Enable Automatic에 클릭한다. 또 다른 팝업이 뜨면 프로파일에 본인의 팀을 지정한다.

12. 본인이 iOS 개발 계정이 있거나 아무런 에러도 나오지 않으면 13단계로 가도 되지만, iOS Developer에 code signing identity 값을 설정하라는 에러가 나올 수도 있다. 이 상황인 경우에는 Build Settings 섹션으로 가 중앙 상단의 Signing 섹션의 모든 Code Signing Identity 아이템들을 iOS Developer로 변경한다.

▼ Signing		
Setting		⚏ Unity-iPhone
Code Signing Entitlements		
▼ **Code Signing Identity**		**iOS Developer** ↕
Debug		**iOS Developer** ↕
	Any iOS SDK ↕	**iOS Developer** ↕
Release		**iOS Developer** ↕
	Any iOS SDK ↕	**iOS Developer** ↕
ReleaseForProfiling		**iOS Developer** ↕
	Any iOS SDK ↕	**iOS Developer** ↕
ReleaseForRunning		**iOS Developer** ↕
	Any iOS SDK ↕	**iOS Developer** ↕
Code Signing Inject Base Entitlements		Yes ↕
Code Signing Style		**Automatic** ↕

그런 다음 상단 툴바에서 Product > Clean 명령을 선택한다. 이제 다음 단계로 넘어갈 수 있을 것이다.

13. 여기까지 끝났으면 USB를 사용해 폰을 연결한다. 필요한 모든 심볼들을 다 불러오게 되면(중앙 상단 섹션이 Ready로 변하기를 기다린다) 오른쪽 상단의 Generic iOS Device를 연결 기기로 변경한다.

14. Play 버튼을 클릭하면 개발자 모드를 활성화할 것인지 물어보며, Enable을 선택하고 비밀번호를 입력해 활성화한다.

15. 폰이 다른 작업을 수행하고 있다면 기기로 빌드되는 데 시간이 좀 더 걸릴 수도 있다. 혹시 키 체인의 키 액세스에 접근 여부를 물어본다면 Allow를 클릭하자. 또한 설치를 위해 도중에 폰을 언락해야 할 수도 있다.

16. 다음 스크린샷과 같이 iOS 기기에 앱이 올라간 것을 볼 수 있다.

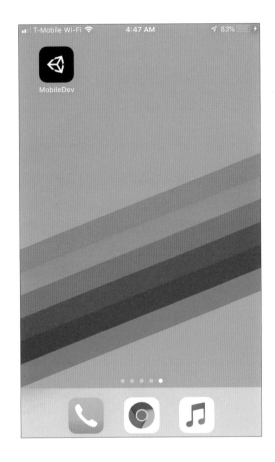

안드로이드와 마찬가지로 일반적인 유니티 아이콘이 나오지만, 책 후반에서 수정할 예정이다. 그보다 더 큰 문제가 있다. 게임이 실행되지 않는다.

앱을 실행하려면 보안적 이슈 예방 차원에서 해당 기기가 앱을 실행해도 된다고 확인해줘야 한다. Xcode에서도 실행할 수 없다고 알려줄 것이다.

17. iOS 기기에서 **설정**Settings 앱을 열고 **일반 > 프로파일**General > Profiles 혹은 **프로파일과 기기 관리**Profiles & Device Management로 간다. 그곳에서 나오는 팝업 메뉴에서 **Trust[개발자 이름]**을 설정해야 한다. **[개발자 이름]**은 본인의 애플 ID이다. 이 계정에서 제작한 앱을 신뢰한다고 다시 한 번 확인한 뒤에 동의를 누르면 끝이다.

18. 홈 버튼을 누르고 설정에서 나와 앱이 설치된 위치로 가서 실행시켜보자.

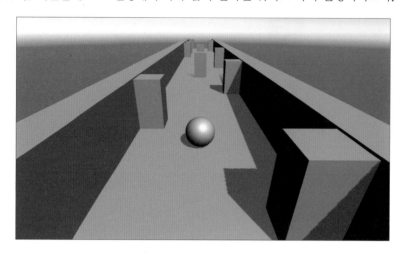

이제 iOS에서도 게임이 잘 실행된다.

 유료 라이선스가 없는 상태에서 위 방식으로서 빌드를 하면 제한된 기간 동안(최대 일주일 정도)만 앱이 동작한다. 게임이 잘 작동하다가 갑자기 안 된다면 이 문제일 가능성이 높다. 이 경우에는 다시 기기에 배포해 실제로 프로젝트 문제인지 기한 문제인지 확인할 필요가 있다.

▌ 요약

우리 게임은 이제 안드로이드와 iOS 기기 모두에서 동작하고 게임을 해당 기기에 배포하는 데 필요한 과정을 배웠다.

두 기기로 내보내는 과정에 대해서는 11장, '게임 빌드와 제출하기' 전까지 다시 다루는 일은 없겠지만, 프로젝트 개발을 해나가는 과정에서 양쪽 플랫폼에 테스트해보면서 제대로 동작하는지, 프레임레이트 등을 확인해보면 좋다.

에디터를 통한 PC나 에뮬레이터에서 실행한 프로젝트는 실제 기기에서 실행하는 모습과 같지 않을 수 있다는 것을 염두에 둘 필요가 있다. 생각지도 못했던 부분 때문에 특정 기기에서 느려지거나 끊기듯이 실행될 수 있고, 반대로 기기에서는 괜찮은데 PC에서 끊기는 경우도 있다. 다시 말해 실제 기기에서 테스트해보기 전까지는 절대 알 수 없기 때문에 실제 테스트가 매우 중요하다.

이제 게임이 모바일 기기에서 실행되고 있지만 입력 처리 코드를 만들지 않았기 때문에 아무런 반응도 하지 않는다. 3장에서는 입력 부분을 개발하고 입력 종류에 따라 게임에 미치는 변화들을 알아볼 것이다.

03

모바일 입력/터치 컨트롤

플레이어와 게임이 상호작용하는 방식이야 말로 프로젝트 요소 가운데 가장 중요하다고 할 수 있다. 플랫폼에 상관없이 모든 프로젝트가 입력 체계는 갖고 있지만 게임의 성공과 실패를 좌지우지할 수 있을 정도로 중요하기 때문에 제대로 구현해야 한다.

구현한 컨트롤 시스템이 게임과 맞지 않거나 조종하는 느낌이 어색하면 플레이어는 금방 게임을 접어버리고 만다. 예를 들어 락스타가 개발한 〈GTA^Grand Theft Auto〉 시리즈는 PC와 콘솔에서 훌륭한 경험을 선사하지만, 모바일에서는 경험이 크게 저하된다. 스크린을 차지하는 여러 가상 조이스틱과 버튼뿐만 아니라 누르는 느낌이나 진동도 없기 때문이다.

모바일과 태블릿용 게임들은 일반적으로 매우 간단한 컨트롤을 사용한 직관적인 게임 플레이를 가지고 있다. 동 응우옌^Dong Nguyen의 〈플래피 버드^Flappy Bird〉나 캐치앱^Ketchapp의 〈볼즈^Ballz〉와 같은 유명 게임들도 마찬가지다.

모바일 게임에서는 게임과 상호작용하는 여러 방법이 있는데, 그중 몇 가지를 알아볼 것이다.

3장에서는 모바일 기기에서 입력을 구현하는 몇 가지 방법을 다룬다. 우리 프로젝트에 이미 구현돼 있는 컨트롤을 마우스, 터치 이벤트, 제스처, 속도계로 구현하는 방법을 다루고, 마지막으로 Touch 클래스를 사용해 원하는 정보에 접근하는 방법도 배울 예정이다.

3장은 다음과 같이 여러 주제로 나뉘어져 있으며, 장 전체가 시작부터 끝까지 단계별로 따라 하면 되는 방식으로 구성돼 있다. 주제는 다음과 같다.

- 모바일 입력을 위한 마우스 입력
- 터치를 통한 이동
- 제스처 구현
- 핀치[1]를 사용한 플레이어 스케일 조절
- 속도계 사용하기
- 터치에 반응하기

▎기술적 필수 사항

이 책은 유니티 2020.1.0f1과 유니티 허브 2.3.1을 사용하고 있지만, 향후 버전에서도 큰 문제없이 적용될 수 있을 것이다. 만일 새로운 버전이 나왔음에도 이 책에서 이용한 버전을 사용하고 싶다면 유니티 다운로드 저장소(https://unity3d.com/get-unity/download/archive)에서 내려받을 수 있다. 유니티의 시스템 필수 사항은 https://docs.unity3d.com/2020.1/Documentation/Manual/system-requirements.html로 가서 Unity Editor system requirements 부분을 확인하면 된다. 3장에 기재된 코드 파일은 https://github.com/PacktPublishing/Unity-2020-Mobile-Game-Development-

---

1 꼬집기 - 옮긴이

Second-Edition/tree/master/Chapter%2003으로 가면 깃허브에서 받을 수 있다.

▍ 마우스 입력 사용하기

모바일에서만 사용할 수 있는 입력 체계를 다루기 전에 모바일과 PC에서 동시에 사용할 수 있는 입력 체계 구현이 마우스 컨트롤을 통해 가능하다는 것을 꼭 알려주고 싶다. 모바일 기기는 마우스 클릭을 스크린 탭으로 인식하는 기능을 지원하고 있고, 손가락으로 누른 곳이 탭 혹은 클릭한 위치가 된다. 이런 입력 방식은 터치가 일어난 위치와 터치 여부 정보만 제공하며, 다른 모바일 전용 입력 체계가 제공하는 기능들은 제공하지 않는다. 물론 3장에서 모바일 전용 입력에 대해 다룰 예정이지만, 데스크톱 환경에서도 클릭 이벤트가 어떻게 처리되는지 알 필요가 있다. 나는 개인적으로 데스크톱 환경에서 PC와 모바일 기기 테스트를 하기 때문에 프로젝트에 변경 사항이 생길 때마다 모바일 기기에 배포하는 번거로움을 줄이기 위함도 있다.

다음 단계를 따라 해보면서 플레이어 이동을 데스크톱 마우스 클릭 이벤트로 어떻게 구현하는지 알아보자.

1. 유니티에서 `PlayerBehaviour` 스크립트를 열고 `Update` 함수에 다음 강조된 코드를 추가한다.

```
/// <summary>
/// FixedUpdate는 일정한 프레임레이트에 호출되며
/// 시간에 기반하는 기능들을 넣기 좋다.
/// </summary>
private void FixedUpdate()
{
    // 양옆으로 움직이는지 확인한다
    var horizontalSpeed = Input.GetAxis("Horizontal") * dodgeSpeed;

    // 마우스를 누르고 있으면(혹은 모바일에서 스크린을 누르고 있으면)
```

```
    if (Input.GetMouseButton(0))
    {
        // 0과 1 스케일로 변환한다
        var worldPos = Camera.main.ScreenToViewportPoint(Input.mousePosition);
        float xMove = 0;

        // 스크린 오른쪽을 누른 경우
        if (worldPos.x < 0.5f)
        {
            xMove = -1;
        }
        else
        {
            // 다른 경우라면 왼쪽이 눌러진 것
            xMove = 1;
        }

        // horizontalSpeed 값을 새로운 값으로 지정
        horizontalSpeed = xMove * dodgeSpeed;
    }

    rb.AddForce(horizontalSpeed, 0, rollSpeed);
}
```

위 스크립트에 몇 가지를 추가했다. 가장 먼저 Input.GetMouseButton 함수를 사용
해 마우스 버튼이 눌러져 있는지 아닌지를 체크한다. 눌러져 있으면 함수는 true
를, 아니면 false를 반환한다. 이 함수는 체크하고 싶은 마우스 버튼을 지정할 수
있는 파라미터도 받아들인다. 0은 왼쪽 버튼, 1은 오른쪽, 2는 가운데 버튼이다.
모바일의 경우는 오직 0만 클릭으로 인식한다.

 Input.GetMouseButton 함수에 관해 더 알아보고 싶다면 https://docs.unity3d.com/
ScriptReference/Input.GetMouseButton.html을 확인해보자.

시작에 앞서 짚고 넘어가고 싶은 것이 있는데, Input.mousePosition 속성을 사용하면 마우스의 위치를 알 수 있다. 하지만 이 값은 스크린 스페이스^{screen space} 내의 값이다. 그렇다면 스크린 스페이스는 무엇일까? 먼저 월드 스페이스를 사용하는 유니티에서 일반적으로 어떻게 위치를 다루는지 알아보도록 하자.

유니티에서 Inspector 창을 통해 위치를 다룰 때 (0, 0, 0) 위치는 월드의 정중앙이다. 오리진이라 부르기도 하는 이 위치는 다른 모든 것들의 위치를 '중앙에서 이만큼 떨어져 있다' 방식으로 나타내는 기반이 된다. 이러한 방식의 위치 시스템을 흔히 월드 스페이스^{World Space}라 부른다. 만일 카메라가 오리진을 바라보고 있다고 가정하면 월드 스페이스의 모습은 다음과 같다.

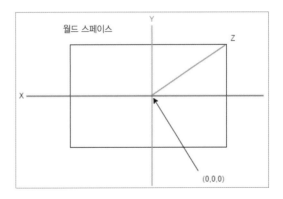

선들은 월드의 x, y, z축을 나타낸다. 이 공간에서 오브젝트를 오른쪽이나 왼쪽으로 이동하면 x축을 따라 양수와 음수 방향으로 움직이는 것과 같다. 학교에서 그래프 포인트를 배운 적이 있다면 그것과 매우 흡사하다.

 지금의 주제와는 조금 다른 얘기지만, 부모 오브젝트가 있는 자식 오브젝트는 Inspector에서 다른 위치 시스템을 사용한다는 것을 알아 둘 필요가 있다. 자식의 위치는 부모를 기준으로 정해지며, 이를 로컬 스페이스(local space)라 부른다.

유니티에서 마우스 입력 시스템을 사용하면 또 다른 공간인 **스크린 스페이스**^{Screen} ^{Space}의 정보를 준다. 이 공간은 카메라를 기반으로 하며, 실제 게임 공간과는 아무런 연관성이 없다. 2D 공간이기 때문에 x와 y 위치만 있고, z는 언제나 0이다.

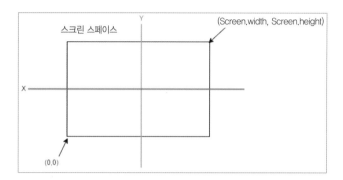

위 경우 스크린의 왼쪽 하단이 (0, 0)이 되고, 오른쪽 상단이 (Screen.width, Screen. height)이 된다. 유니티에서 Screen.width와 Screen.height의 값은 픽셀 단위의 스크린 사이즈와 같다.

제공되는 이 값들을 비교해 플레이어가 어느 쪽 스크린을 눌렀는지 알 수도 있지만, 나는 우리 프로젝트 상황에서 좀 더 다루기 쉽고 좌표가 (0, 0)부터 (1, 1)까지 가는 **뷰포트 스페이스**^{Viewport space}를 사용했다.

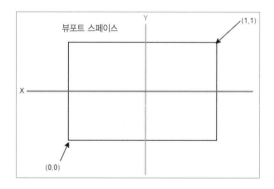

관련된 유니티 함수들 중에 3D 공간에서도 동작할 수 있도록 Vector2가 아닌 Vector3를 사용하는 함수들도 있다.

마우스 클릭의 x 좌표가 스크린 넓이의 반보다 작은지 체크하는 대신 0.5보다 작은지만 체크하면 된다. 값이 0.5보다 작으면 왼쪽 스크린이기 때문에 -1을 반환하고, 아니라면 오른쪽이기 때문에 1을 반환한다.

값을 알고 나면 horizontalSpeed 변수를 설정해 왼쪽이나 오른쪽으로 이동할 수 있다.

2. 스크립트를 저장하고 유니티로 돌아가면 다음의 화면을 볼 수 있다.

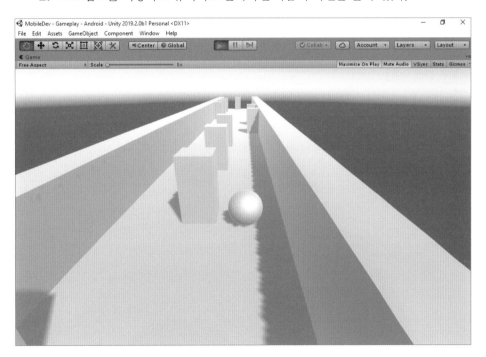

이제 마우스(Input.mousePosition)나 키보드(Input.GetAxis)를 통해 플레이어를 움직일 수 있다.

현재 상황에서는 우리가 구현한 입력 시스템이 충분하지만 모바일 기기에서만 구현할 수 있는 이동 방법도 궁금할 것이다. 다음 절에서는 같은 기능을 터치를 사용해 구현해보자.

▌ 터치 컨트롤을 사용한 이동

유니티 입력 엔진에는 Touch 오브젝트들의 어레이array인 Input.touches라는 속성이 있다. Touch 스트럭트struct는 발생한 터치에 대한 다양한 정보를 담고 있고, 터치의 강도나 몇 번을 터치했나 등도 담겨 있다. 당연히 마우스의 Input.mousePosition 같이 위치 속성도 가지고 있는데, 탭이 일어난 위치를 픽셀 값으로 알려준다.

 Touch 스트럭트에 관해 더 알고 싶다면 https://docs.unity3d.com/ScriptReference/ Touch.html을 확인해보자.

다음을 보고 마우스 입력 대신 터치를 사용하는 방법을 알아보자.

1. 다음 코드를 PlayerBehaviour 스크립트에 추가한다.

```
// 입력이 0개 이상의 터치를 감지했는지 체크
if (Input.touchCount > 0)
{
    // 첫 번째 터치를 저장한다
    Touch touch = Input.touches[0];

    // 0과 1 스케일로 변환한다
    var worldPos = Camera.main.ScreenToViewportPoint(touch.position);

    float xMove = 0;

    // 스크린 오른쪽을 누른 경우
    if (worldPos.x < 0.5f)
    {
```

```
      xMove = -1;
   }
   else
   {
      // 다른 경우라면 왼쪽이 눌러진 것
      xMove = 1;
   }

   // horizontalSpeed 값을 새로운 값으로 지정
   horiztonalSpeed = xMove * dodgeSpeed;
}
```

위 코드가 전 절에서 작성한 코드와 매우 흡사한 것을 볼 수 있다. 초보 프로그래머가 종종 하는 행동인 똑같은 코드를 여기저기 카피하지 말고, 비슷한 부분을 함수로 만들면 좋다. 다른 부분에 대해서는 파라미터를 사용해 값을 변화시킬 것이다.

2. PlayerBehaviour 클래스에 다음 함수를 추가해보자.

```
/// <summary>
/// 어느 방향으로 플레이어를 횡으로 이동시킬까
// </summary>
/// <param name="pixelPos">플레이어가 터치 혹은 클릭한 위치</param>
/// <returns>x축에서 움직일 방향</returns>
private float CalculateMovement(Vector3 pixelPos)
{
   // 0과 1 스케일로 변환한다
   var worldPos = Camera.main.ScreenToViewportPoint(pixelPos);

   float xMove = 0;

   // 스크린 오른쪽을 누른 경우
   if (worldPos.x < 0.5f)
   {
      xMove = -1;
   }
   else
   {
```

```
        // 다른 경우라면 왼쪽이 눌러진 것
        xMove = 1;
    }

    // horizontalSpeed 값을 새로운 값으로 지정
    return xMove * dodgeSpeed;
}
```

이제 Input.mousePosition이나 터치 위치를 사용하는 대신에 함수의 파라미터를 사용한다. 또한 이전에 작성한 함수들과는 달리 이번 함수는 값(이번 경우는 소수)을 반환한다. 이 함수를 호출할 때 반환된 값을 Update 함수 안에서 사용해서 horizontalSpeed를 새로운 값으로 설정한다.

3. Update 함수를 다음과 같이 변경해보자.

```
/// <summary>
/// FixedUpdate는 일정한 프레임레이트에 호출되며
/// 시간에 기반하는 기능들을 넣기 좋다
/// </summary>
private void FixedUpdate()
{
    // 양옆으로 움직이는지 확인한다
    var horizontalSpeed = Input.GetAxis("Horizontal") * dodgeSpeed;

    // 실행을 유니티 에디터에서 하는지, 독립 빌드에서 하는지 확인한다
#if UNITY_STANDALONE || UNITY_WEBPLAYER || UNITY_EDITOR
    // 양옆으로 움직이는지 확인한다
    horizontalSpeed = Input.GetAxis("Horizontal") * dodgeSpeed;

    // 마우스를 누르고 있으면(혹은 모바일에서 스크린을 누르고 있으면)
    if (Input.GetMouseButton(0))
    {
        horizontalSpeed = CalculateMovement(Input.mousePosition);
    }

    // 모바일 기기에서 실행되고 있는지 확인한다
```

```
#elif UNITY_IOS || UNITY_ANDROID
    // 입력이 0개 이상의 터치를 감지했는지 체크
    if (Input.touchCount > 0)
    {
        // 첫 번째 터치를 저장한다
        Touch touch = Input.touches[0];
        horizontalSpeed = CalculateMovement(touch.position);
    }
#endif

    rb.AddForce(horizontalSpeed, 0, rollSpeed);
}
```

위 예제에서 실행 플랫폼을 기반으로 하는 #if문을 사용했다. 우리가 배포하는 플랫폼에 따라 유니티가 자동으로 #define을 생성해준다. #if, #elif, #endif는 같이 사용한 심볼들의 기준에 따라 코드를 빼거나 포함시킬 수 있다.

안드로이드나 iOS용으로 빌드할 때, 비주얼 스튜디오상에서는 UNITY_IOS || UNITY_ANDROID 섹션에 포함돼 있는 코드는 호출되지 않는다는 의미인 회색으로 처리돼 있을 것이다. 이유는 현재 우리가 유니티 에디터에서 실행하고 있기 때문인데, 해당 플랫폼으로 코드를 내보내면 올바른 코드가 실행된다.

 다른 플랫폼 관련 #defines에 대해 알아보고 싶다면 https://docs.unity3d.com/Manual/PlatformDependentCompilation.html을 확인해보자.

다수의 플랫폼으로 개발할 때는 프로젝트 버전에 따라 실행할 코드를 지정해주는 기능이 매우 중요하다.

TIP 유니티에 내장돼 있는 #defines 외에도, Edit > Project Settings > Player로 가서 Inspector 창의 Other Settings 섹션의 Scripting Define Symbols를 변경해 본인만의 기능을 만들 수도 있다. 특정 기기나 특별한 디버그 정보를 보이고 싶을 때 등 유용하게 사용할 수 있다.

4. 스크립트를 저장하고 유니티로 돌아간다.

게임을 안드로이드에서 실행해보면 새로 만든 터치 코드가 정상적으로 동작하는 것을 확인할 수 있다. 이제 PC뿐만 아니라 모바일에서도 사용할 수 있는 방식을 손에 넣었다. 다음은 모바일에서만 사용할 수 있는 방법들을 알아보자.

▌ 제스처 구현하기

모바일 게임에서 볼 수 있는 또 다른 입력 방식은 Imangi Studios의 〈템플런Temple Run〉과 같은 게임에 적용돼 있는 스와이프swipe다. 이 방식은 터치의 방향성을 사용해 이동 방향을 판단할 수 있는데, 플레이어를 점프하게 만들거나 특정 방향으로 빠르게 이동시킬 때 주로 사용한다. 이제 다음 단계에 따라 이전 이동 시스템을 대체할 새로운 이동 시스템을 구현해보자.

1. PlayerBehaviour 스크립트에 새로운 변수들을 추가한다.

```
[Header("스와이프 속성들")]
[Tooltip("스와이프에 플레이어가 얼마만큼의 거리를 이동하는가")]
public float swipeMove = 2f;
[Tooltip("액션이 일어나기 위해 필요한 스와이프의 거리(인치)")]
public float minSwipeDistance = 0.25f;

/// <summary>
/// 픽셀로 변환한 minSwipeDistance 값을 저장
```

128

```
///  </summary>
private float minSwipeDistancePixels;

///  <summary>
///  모바일 터치 이벤트의 시작 포지션을 저장
///  </summary>
private Vector2 touchStart;
```

스와이프가 일어나고 있는지 판단하기 위해서는 움직임의 시작과 끝을 체크해야 한다. 시작 위치는 touchStart에 저장하고, swipeMove는 스와이프가 일어나면 얼마만큼의 거리를 이동하는지 정한다. 끝으로 minSwipeDistance 변수는 터치가 x축상에서 얼마만큼 이동해야 스와이프가 일어날 것인지 결정한다. 우리의 경우는 적어도 1/4인치 이상을 이동해야 스와이프로 인정된다.

첫 번째 변수 상단에 Header 어트리뷰트를 사용한 것도 볼 수 있는데, 이 기능을 사용하면 Inspector 창에서 헤더가 생성돼 본인 스크립트의 가독성을 높일 수 있다. 지금 스크립트를 저장하고 유니티로 돌아가면 헤더가 추가된 것을 볼 수 있다.

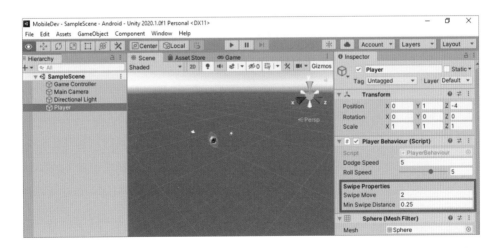

다음 단계는 인치로 설정된 MinSwipeDistance 값을 픽셀로 변환해 유저의 스와이프가 플레이어를 얼마나 이동시킬지 파악하는 것이다.

2. PlayerBehaviour 스크립트로 돌아가 Start 함수에 다음 코드를 추가한다.

```
// Start is called before the first frame update
private void Start()
{
    // Rigidbody 컴포넌트를 가져온다
    rb = GetComponent<Rigidbody>();

    minSwipeDistancePixels = minSwipeDistance * Screen.dpi;
}
```

Screen.dpi 값은 1인치당 점들의 숫자^{dots per inch}이며 일반적으로 화면의 1인치에 얼마나 많은 픽셀이 있는지를 나타낸다. 따라서 minSwipeDistance와 Screen.dpi 값을 곱하면 얼마나 많은 픽셀을 이동해야 스와이프로 판단할 것인지에 대한 기준을 알 수 있다.

 Screen.dpi 값에 관해 더 알고 싶다면 https://docs.unity3d.com/ScriptReference/ Screen-dpi.html을 확인해보자.

스와이프의 거리를 알았으니 액션을 발생시켜보자. 지금까지 플레이어 이동 처리를 위해 FixedUpdate 함수를 사용해왔다. 그 이유는 유니티 물리 엔진이 각 FixedUpdate 사이마다 업데이트되며 Update 함수보다 덜 호출되기 때문이다. FixedUpdate에서 Input.GetAxis와 Input.GetMouseButton은 버튼이 눌러져 있는 동안 계속 true를 반환하고, 반복될 때마다 반응한다. 이 방식은 일정 시간 동안 지속되는 이벤트에는 효과적이지만 FixedUpdate는 입력이 일어나는 시작 프레임 과 끝 프레임을 놓칠 가능성이 있으며, 스와이프나 점프 같은 타이밍을 요하는 액션에는 적합하지 않다. 따라서 입력이 시작되거나 끝나는 순간에 무언가 일어나길 원할 때는 Update 함수를 사용하는 것이 좋고, 우리 제스처도 Update를 사용할 것이다.

3. PlayerBehaviour 스크립트로 돌아가 다음 함수를 추가한다.

```
/// <summary>
/// Update is called once per frame
// </summary>
private void Update()
{
    // 모바일 기기에서 실행되고 있는지 확인한다
    #if UNITY_IOS || UNITY_ANDROID
        // 입력이 0개 이상의 터치를 감지했는지 체크
        if (Input.touchCount > 0)
        {
            // 첫 번째 터치를 저장한다
            Touch touch = Input.touches[0];

            SwipeTeleport(touch);
        }
    #endif
}
```

위 코드에서 모바일 기기에서 게임을 실행할 때만 호출될 새로운 SwipeTeleport를 추가했다. 아직 만들지는 않았지만 Touch 이벤트가 일어날 때 호출돼 스와이프가 일어나면 플레이어를 움직일 것이다.

4. 새로운 스와이프 액션을 담당할 함수를 다음과 같이 작성해보자.

```
/// <summary>
/// 왼쪽이나 오른쪽으로 스와이프가 일어나면 플레이어를 순간 이동시킨다
/// </summary>
/// <param name="touch">현재 터치 이벤트</param>
private void SwipeTeleport(Touch touch)
{
    // 터치가 시작됐는지 확인
    if (touch.phase == TouchPhase.Began)
    {
        // 그렇다면 touchStart 설정
```

```
        touchStart = touch.position;
    }

    // 터치가 끝났으면
    else if (touch.phase == TouchPhase.Ended)
    {
        // 터치가 끝난 위치 저장
        Vector2 touchEnd = touch.position;

        // x축상의 터치의 시작과 끝의 차이를 계산
        float x = touchEnd.x - touchStart.x;

        // 스와이프의 거리가 충분치 않으면 순간 이동을 하지 않음
        if (Mathf.Abs(x) < minSwipeDistancePixels)
        {
            return;
        }

        Vector3 moveDirection;

        // x축 음수 방향으로 이동했으면 왼쪽으로 이동
        if (x < 0)
        {
            moveDirection = Vector3.left;
        }
        else
        {
            // 그게 아니라면 오른쪽으로
            moveDirection = Vector3.right;
        }

        RaycastHit hit;

        // 충돌되는 것이 없을 때만 이동한다
        if (!rb.SweepTest(moveDirection, out hit, swipeMove))
        {
            // 플레이어를 움직인다
            rb.MovePosition(rb.position + (moveDirection * swipeMove));
        }
```

```
        }
}
```

이 함수에서는 현재 터치 위치를 사용하지 않고 터치가 시작되는 위치를 저장한다. 유저가 손가락을 띠면 그 위치도 저장한다. 그런 다음 움직임의 방향을 판단하고, 움직임에 의해 다른 것들과 충돌이 있는지 확인한 뒤에 공을 움직인다.

5. 스크립트를 저장하고 유니티로 돌아가 모바일 기기에 프로젝트를 내보내자.

이제 왼쪽이나 오른쪽으로 스와이프하면 플레이어도 똑같이 움직일 것이다. 다음 절에서는 게임을 하는 동안 사용할 또 다른 액션을 배워보자.

▌ 핀치로 플레이어 스케일 조절하기

게임에서 터치 이벤트를 통해 변화를 주는 개념은 핀치(꼬집기)를 사용해 축소나 확대를 하는 방식으로도 활용할 수 있다. 핀치 방식을 사용해 플레이어의 스케일을 줄이거나 늘려보자.

1. PlayerBehaviour 스크립트를 열고 다음 속성들을 추가한다.

```
[Header("스케일링 속성들")]

[Tooltip("줄어들 수 있는 플레이어 최소 사이즈(유니티 유닛)")]
public float minScale = 0.5f;

[Tooltip("늘어날 수 있는 플레이어 최대 사이즈(유니티 유닛)")]
public float maxScale = 3.0f;

/// <summary>
/// 플레이어의 현재 스케일
/// </summary>
private float currentScale = 1;
```

2. 다음 함수를 추가한다.

```
/// <summary>
/// 두 개의 터치 이벤트로 플레이어 스케일을 줄이거나 늘린다
/// </summary>
private void ScalePlayer()
{
    // 오브젝트를 스케일링한다면 두 개의 터치가 있어야만 한다
    if (Input.touchCount != 2)
    {
        return;
    }
    else
    {
        // 감지된 터치들을 저장
        Touch touch0 = Input.touches[0];
        Touch touch1 = Input.touches[1];

        // 이전 프레임에서 각 터치의 위치를 찾는다
        Vector2 touch0Prev = touch0.position - touch0.deltaPosition;
        Vector2 touch1Prev = touch1.position - touch1.deltaPosition;

        // 각 프레임 사이의 터치 규모를 찾는다
        float prevTouchDeltaMag = (touch0Prev - touch1Prev).magnitude;

        float touchDeltaMag = (touch0.position - touch1.position).magnitude;

        // 각 프레임에서 거리 차이를 찾는다
        float deltaMagnitudeDiff = prevTouchDeltaMag - touchDeltaMag;

        // 프레임레이트에 상관없이 변화를 일정하게 유지한다
        float newScale = currentScale - (deltaMagnitudeDiff * Time.deltaTime);

        // 새로운 스케일이 올바른 범주인지 확인한다
        newScale = Mathf.Clamp(newScale, minScale, maxScale);

        // 플레이어의 스케일 업데이트
        transform.localScale = Vector3.one * newScale;
```

```
    // 다음 프레임에 현재 스케일을 설정
    currentScale = newScale;

    }
}
```

한 개의 터치 이벤트 대신 두 개의 터치 이벤트를 사용한다. 양쪽 터치를 확인
해 이전 프레임과 현재의 차이(delta)를 계산한다. 그런 다음 차이만큼 플레이어
의 스케일을 변경한다. 그다음 Mathf.Clamp 함수를 사용해 변경 값이 minScale와
maxScale 사이에 들어오는 올바른 값으로 만든다.

3. 다음은 Update 함수에서 위 함수를 호출할 차례다.

```
/// <summary>
/// Update is called once per frame
/// </summary>
private void Update()
{
    // 모바일 기기에서 실행되고 있는지 확인한다
    #if UNITY_IOS || UNITY_ANDROID
        // 입력이 0개 이상의 터치를 감지했는지 체크
    if (Input.touchCount > 0)
    {
        // 첫 번째 터치를 저장한다
        Touch touch = Input.touches[0];

        SwipeTeleport(touch);

        ScalePlayer();
    }
    #endif
}
```

4. 스크립트를 저장하고 유니티 에디터로 돌아온다. 게임을 모바일 기기로 내보내

서 확인하면 플레이어 스케일링이 동작하는지 확인할 수 있다. 두 손가락으로 벌리면 커지고, 좁히면 작아진다.

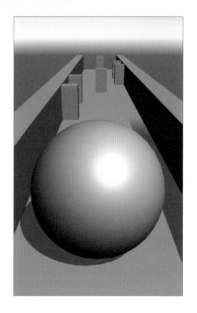

이렇게 멀티 터치를 사용하는 것이 단순한 마우스 클릭을 사용하는 것보다 더 강력한 경우가 있다는 것을 알아뒀으면 한다. 다음 절에서도 PC가 갖지 못한 다른 입력 방식을 알아보자.

▎속도계 사용하기

모바일 기기에는 있지만 PC에는 없는 또 다른 입력 방식은 속도계^{accelerometer}다. 폰의 물리적 위치를 기울여 게임 내의 움직임을 구현할 수 있다. 리마 스카이^{Lima Sky} 〈두들 점프 Doodle Jump〉나 게임로프트의 〈아스팔트^{Asphalt}〉 시리즈가 좋은 예제다. 우리도 이와 유사한 기능을 구현하려면 기기의 속도계 값을 Input.acceleration 속성을 통해 얻은 다음 이에 따라 플레이어를 움직이면 된다. 다음 단계들을 보자.

1. 게임 디자이너로 하여금 속도계 모드를 사용할지, 이전에 구현한 ScreenTouch를 사용할지 설정할 수 있게 해보자. PlayerBehaviour 스크립트에 가능한 값을 부여한 새로운 enum을 Swipe Properties 헤더 위에 만든다.

```
[Tooltip("공이 자동으로 얼마나 빠르게 앞으로 움직이는지")]
[Range(0, 10)]
public float rollSpeed = 5;

public enum MobileHorizMovement
{
Accelerometer,
  ScreenTouch
}

public MobileHorizMovement horizMovement = MobileHorizMovement.Accelerometer;

[Header("스와이프 속성들")]
[Tooltip("스와이프에 플레이어가 얼마만큼의 거리를 이동하는가")]
public float swipeMove = 2f;
```

위 스크립트는 enum을 사용해 Accelerometer나 ScreenTouch 값을 가지는 커스텀 타입 MobileHorizMovement를 선언한다. 다음은 이 타입의 새로운 변수 horizMovement를 생성한다.

2. PlayerBehaviour 스크립트를 저장하고 Inspector 탭으로 돌아가면 둘 중에 하나의 옵션(Accelerometer나 Screen Touch)을 고를 수 있다. 게임 디자이너는 드롭다운 메뉴를 사용해 어떤 방식을 사용할지 쉽게 선택할 수 있고, 향후에 이 부분을 확장하는 것도 가능하다.

3. 다음은 Update 함수에 다음 강조된 코드로 업데이트한다.

```
// 모바일 기기에서 실행되고 있는지 확인한다
#elif UNITY_IOS || UNITY_ANDROID

    if(horizMovement == MobileHorizMovement.Accelerometer)
    {
        // Move player based on direction of the accelerometer
        horizontalSpeed = Input.acceleration.x * dodgeSpeed;
    }

    // 입력이 0개 이상의 터치를 감지했는지 체크
    if (Input.touchCount > 0)
    {
        if (horizMovement == MobileHorizMovement.ScreenTouch)
        {
            // 첫 번째 터치를 저장한다
            Touch touch = Input.touches[0];
            horizontalSpeed = CalculateMovement(touch.position);
        }
    }
#endif
```

이제 스크린의 터치 위치가 아닌 기기의 속도계를 사용할 것이다.

4. 스크립트를 저장하고 프로젝트를 내보낸다.

스크린을 오른쪽이나 왼쪽으로 기울여 보면 플레이어가 해당 방향으로 움직이는 것을 확인할 수 있다.

유니티에서 속도는 지포스^{g-force, 중력} 값으로 측정되며, 1이 곧 1g의 힘을 뜻한다. 기기를 똑바로 세워 본인을 바라보게 들면(홈버튼이 아래에 위치하게), x축은 오른쪽으로 양수, y축은 위쪽으로 양수, z축은 본인 방향으로 양수다.

 속도계에 관해 더 많이 알고 싶다면 https://docs.unity3d.com/Manual/MobileInput. html을 확인해보자.

지금까지 일반적인 입력 방식들이 제대로 동작할 수 있게 구현했다. 하지만 게임에 있는 게임 오브젝트를 터치했을 때를 감지해 반응하는 것을 원할 수도 있다. 이 기능을 구현해보자.

▌ 게임 오브젝트 터치 감지하기

플레이어가 할 수 있는 액션을 더 부여함과 동시에 추가적인 입력 방식도 다뤄보자. 플레이어가 장애물을 터치하면 파괴될 것이다. 다음을 보고 현재 코드를 수정하면서 레이캐스트^{raycast} 개념을 이용하는 새로운 기능을 구현해보자.

1. PlayerBehaviour 스크립트에 다음의 새로운 함수를 추가한다.

```
/// <summary>
/// 게임 오브젝트를 터치했는지 판단하고, 그렇다면 이벤트를 호출한다
/// </summary>
/// <param name="touch">터치 이벤트</param>
private static void TouchObjects(Touch touch)
{
    // 위치를 광선(ray)으로 변환
    Ray touchRay = Camera.main.ScreenPointToRay(touch.position);

    RaycastHit hit;
```

```
// 가능한 모든 채널과 충돌할 LayerMask 생성
int layerMask = ~0;

// collider가 있는 오브젝트를 터치하고 있나?
if (Physics.Raycast(touchRay, out hit, Mathf.Infinity, layerMask,
        QueryTriggerInteraction.Ignore))
    {
        // 이 오브젝트에 컴포넌트로 추가돼 있다면 PlayerTouch 함수 호출
        hit.transform.SendMessage("PlayerTouch",
            endMessageOptions.DontRequireReceiver);
    }
}
```

이번에는 충돌 판단을 raycast라는 다른 방법으로 했다. Raycast란 특정 방향으로 나아가는 벡터vector를 말하며, 이 방법으로 씬에 존재하는 오브젝트와 충돌하는지 아닌지를 체크한다. 일반적으로 일인칭 슈터와 같은 게임에서 총알을 쏘지 않고도 플레이어가 적을 맞췄는지 아닌지 체크할 때 주로 사용된다.

우리가 사용한 Physics.Raycast 방식은 5개의 파라미터를 가지고 있다.

- 첫 번째는 사용하는 ray의 종류다.

- 두 번째는 hit로, 충돌이 일어났는지 아닌지 정보를 들고 있다.

- 세 번째는 충돌 체크를 위해 어느 정도까지의 거리를 확인할 것인지다.

- 네 번째는 레이어 마스크layer mask로, 특정 오브젝트들과의 충돌만 체크하고 싶을 때 사용한다. 우리의 경우 모든 콜라이더와 충돌하기 원하므로 비트 보수 연산자bitwise omplement operator인 ~를 사용해 0을 해당 숫자를 생성하기 위해 사용된 모든 비트를 넘겨 가며 변경한다.

- 마지막으로 이뉴머레이션enumeration QueryTriggerInteraction을 Ignore로 설정해 1장, '게임 구성하기'에서 제작한 Tile End 오브젝트가 터치 이벤트를 막지 않도록 한다. 처리해주지 않으면 보이지 않더라도 막게 돼 있다.

비트 보수 연산자(~)에 관해 더 알고 싶다면 https://docs.microsoft.com/en-us/dotnet/ csharp/language-reference/operators/bitwise-and-shift-operators#bitwise- complement-operator-를 확인해보자.

레이캐스팅을 더 알고 싶다면 https://docs.unity3d.com/ScriptReference/Physics. Raycast.html을 확인해보자.

무언가와 충돌하면 충돌한 오브젝트에 SendMessage 함수를 호출한다. 이 함수는 게임 오브젝트가 가진 컴포넌트 중에 같은 이름이 존재하는 경우, 첫 번째 파라 미터와 같은 이름의 함수를 호출하려고 시도한다. 두 번째 파라미터는 존재하지 않는 경우 에러를 표시할지 말지를 결정한다.

SendMessage 함수에 관해 더 알고 싶다면 https://docs.unity3d.com/ScriptRefer ence/GameObject.SendMessage.html을 확인해보자.

2. 이제 Update 함수에서 위에서 언급한 TouchObjects 함수를 호출해보자.

```
/// <summary>
/// Update is called once per frame
/// </summary>
private void Update()
{
    // 모바일 기기에서 실행되고 있는지 확인한다
    #if UNITY_IOS || UNITY_ANDROID
    // 입력이 0개 이상의 터치를 감지했는지 체크
    if (Input.touchCount > 0)
    {
        // 첫 번째 터치를 저장한다
        Touch touch = Input.touches[0];

        SwipeTeleport(touch);
```

```
            TouchObjects(touch);
                ScalePlayer();
        }
    #endif
}
```

3. PlayerBehaviour 스크립트를 저장한다.

4. 마지막으로, 존재할 경우 PlayerTouch 함수를 호출한다. ObstacleBehaviour 스크립트를 열어 다음 코드를 추가한다.

```
public GameObject explosion;

/// <summary>
/// 오브젝트가 탭됐으면 폭발을 생성하고 이 오브젝트를 제거한다
/// </summary>
private void PlayerTouch()
{
    if (explosion != null)
    {
        var particles = Instantiate(explosion, transform.position,
        Quaternion.identity);
        Destroy(particles, 1.0f);
    }

    Destroy(this.gameObject);
}
```

이 함수는 부착돼 있는 오브젝트를 제거하고, 1초 후에 제거될 폭발도 같이 생성한다.

앞서 언급했듯이 모바일 개발에서도 마우스 이벤트를 사용할 수 있기 때문에 유니티의 OnMouseDown 함수를 사용해 흡사한 결과를 낼 수도 있다. 하지만 앞서 제시한 방법보다 더 많은 계산이 필요한 방법이다.

그 이유는 스크린을 탭할 때 OnMouseDown 메서드를 가진 모든 오브젝트와 레이캐스트 체크를 하게 되기 때문이다. 화면에 수많은 오브젝트가 있는 경우, 레이캐스트를 1개와 할 때와 100개와 할 때는 매우 큰 성능 차이가 생기게 된다. 모바일로 개발할 때는 언제나 성능에 신경을 써야 한다. 이에 관해 더 알고 싶다면 http://answers.unity3d.com/questions/1064394onmousedown-and-mobile.html을 확인해보자.

5. 스크립트를 저장하고 유니티로 돌아간다.

폭발 효과가 없으니 파티클 시스템^{particle system}을 활용해 만들어보자. 10장, '게임을 매력 있게'에서 파티클 시스템에 관해 더 다루겠지만, 지금은 게임 성능에 큰 영향을 미치지 않으면서 스크린에 많은 숫자를 생성할 수 있는 게임 오브젝트라는 정도로만 이해하자. 보통 연기나 불 같은 효과에 많이 쓰이지만 우리는 장애물을 폭발시키는 데 사용할 것이다. 다음 단계에 따라 폭발 파티클 효과를 만들어보자.

1. GameObject > Effects > Particle System으로 가서 파티클 시스템을 생성한다.
2. Hierarchy 창에서 게임 오브젝트를 선택하고, Inspector 탭에서 Particle System 컴포넌트를 연다. Renderer 섹션을 클릭해 확장 후 이름 옆에 원을 클릭하고 팝업된 메뉴에서 RenderMode를 Mesh로, Material을 Default-Material로 변경한다.

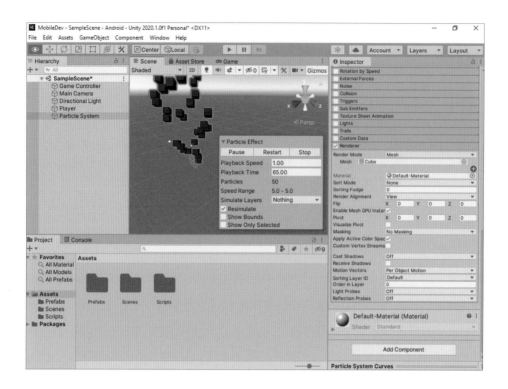

이렇게 하면 파티클의 모습이 이전에 기본 머티리얼^{material}을 가지고 만들었던 장애물 박스와 비슷해 보일 것이다.

3. 다음은 Particle System 섹션 아래 Gravity Modifier 속성을 1로 변경한다. 이제 리지드바디^{rigid body}를 가진 일반 오브젝트처럼 시간이 지나면서 아래로 떨어지지만 계산이 훨씬 가볍다.

4. Start Speed 옆 아래 화살표를 클릭해 Random Between Two Constants를 선택한다.

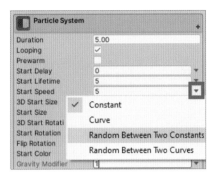

5. 이제 하나의 창이 두 개의 창으로 바뀌어서 이 속성에 사용되는 최소와 최댓값을 지정할 수 있다. 두 값을 0과 8로 변경한다. 오브젝트가 생성될 때 속도가 이제 0과 8 사이의 값이 된다.

6. 다음은 Start Size를 0과 0.25 사이로 변경한다. 우리가 대체하려고 하는 큐브들보다 작은 큐브들이 무더기로 생성되게 한다.

7. Duration을 1로 변경하고 Looping 옵션의 체크를 해제한다. 이제 파티클이 1초 동안만 존재하며, 루핑을 해제했으니 파티클 시스템이 한 번만 발생한다.

Particle System 오브젝트가 선택된 상태에서 Scene 창에 오른쪽 하단 메뉴에 있는 Play 버튼을 클릭하면 적용하고 있는 변경 사항의 모습을 확인할 수 있다.

8. Start Lifetime을 1로 변경해 게임 오브젝트가 제거되기 전에 파티클이 먼저 제거될 수 있도록 하자.

9. Emission 섹션 아래 Rate over Time을 0으로 변경하고, Bursts 아래 + 버튼을 클릭해 Count를 50으로 설정한다.

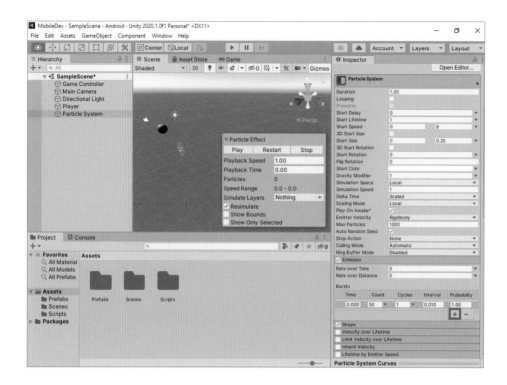

이제 파티클 시스템이 생성될 때 폭발 같은 느낌으로 50개의 파티클이 생성된다.

10. 다음은 Size over Lifetime을 체크하고, 체크 마크 옆 텍스트를 클릭해 세부 사항을
    연다. 이제 Size 속성의 커브를 모두가 결국 0이 되는 커브로 선택해보자. 먼저 커
    브를 선택한 뒤 Inspector 창 하단의 Particle System Curves 섹션으로 간다. 만일
    다음 스크린샷과 같은 모습이 보이지 않는다면 이름을 클릭해 위로 끌면 튀어나
    온다. 그런 다음 하단에 있는 옵션 중 아래로 내려가는 커브를 클릭한다.

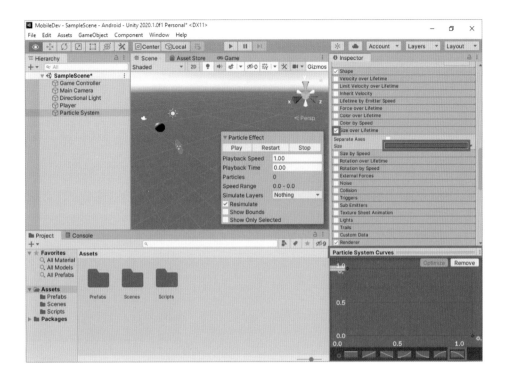

이제 시간이 지나면서 파티클이 작아지고, 작아져서 안 보일 때(스케일 0) 스스로를 제거한다.

11. 마지막으로 Collision 속성을 체크하고 연 다음, Type 속성을 World로 설정하면 파티클이 바닥과 충돌한다.

12. 이 파티클 시스템의 이름을 Explosion으로 변경한 뒤, 오브젝트를 Hierarchy 창에서 Project 창의 Assets/Prefabs 폴더로 끌어와 프리팹prefab으로 만든다. 프리팹이 생성되고 나면 씬에 있는 오브젝트를 선택하고 Delete 키를 눌러 원본을 제거한다.

13. 다음은 Obstacle 프리팹의 Obstacle Behaviour (Script)에 있는 Explosion 속성에 Explosion 프리팹을 끌어 놓는다.

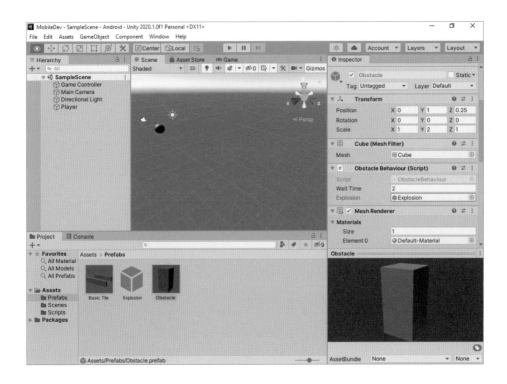

14. 프로젝트를 저장하고 본인의 모바일 기기에 내보낸다.

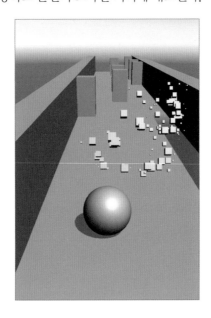

이제 모바일 기기상에서 장애물에 탭할 때마다 파티클 효과와 함께 제거될 것이다.

요약

3장에서는 모바일 기기상에서 게임을 조종하는 여러 방법을 배웠다. 마우스 입력, 터치 이벤트, 제스처, 속도계를 사용해 플레이어가 게임과 상호작용을 했다.

4장에서는 플레이어가 게임과 상호작용할 수 있는 또 다른 방식인 유저 인터페이스를 알아보고, 플레이어가 게임을 즐기는 기기의 종류에 관계없이 사용할 수 있는 메뉴를 만들어볼 예정이다.

04

해상도에 독립적인 UI

모바일 기기용으로 개발할 때 비교적 많은 시간을 들여야 하는 부분이 **유저 인터페이스**UI, User Interface다. PC로 개발할 때는 한 가지의 해상도나 하나의 화면 비율만 생각하면 되지만 모바일은 다양한 해상도와 화면 비율을 가진 기기들이 존재한다. 간단한 예로 폰은 주머니에 들어갈 정도로 작지만 태블릿은 크며, 모바일 게임은 횡방향이나 종방향으로 플레이가 가능하다.

그래픽 유저 인터페이스GUI, Graphical User Interface는 플레이어가 게임과 상호작용하는 방법 중 하나다. 3장에서도 유니티 에디터의 GUI를 사용했고 운영체제도 GUI를 통해 작동시켰다. GUI가 없다면 DOS와 UNIX처럼 커맨드 프롬프트를 통해 컴퓨터와 상호작용해야 한다.

GUI를 구성할 때는 최대한 직관적이고 필요할 때 적절한 정보만 보여주도록 노력해야 한다. 업계에서는 UI 디자인과 프로그램을 병행하거나 혹은 별개로 하는 직업군이 존재하며, 해당 분야에 대학 전공마저 존재할 정도로 중요한 영역이다. 물론 여기에서 GUI에 관한 모든 부분을 다루지는 않겠지만 향후 본인의 프로젝트에서도 유용하게 써먹을 수 있는 부분들은 다루고 넘어가려 한다.

모바일 프로젝트에서는 해상도와 독립된 UI를 디자인하는 것이 중요하다. 다시 말해 어떤 스크린 사이즈에서도 UI가 어울리게 변화하게 구성해야 한다는 것이다. 현재 우리 프로젝트뿐만 아니라 미래에도 매우 중요하다.

4장에서는 타이틀 스크린을 시작으로 우리 게임에 필요한 UI를 구성하고, 이후 장들을 위한 다른 메뉴들도 만들 것이다. 4장은 여러 주제로 나눠져 있고, 알기 쉬운 단계별 과정을 따라 하면 된다. 해야 할 작업들은 다음과 같다.

- 타이틀 스크린 만들기
- 스크린에 UI 요소 추가하기
- 멈춤 메뉴 적용하기
- 게임 멈추기
- 노치[notch] 기기에 반응하는 GUI 만들기

▌ 기술적 필수 사항

이 책은 유니티 2020.1.0f1과 유니티 허브 2.3.1을 사용하고 있지만, 향후 버전에서도 큰 문제없이 적용될 수 있을 것이다. 만일 새로운 버전이 나왔음에도 이 책에서 이용한 버전을 사용하고 싶다면 유니티 다운로드 저장소(https://unity3dcom/getunity/download/archive)에서 내려받을 수 있다. 유니티의 시스템 필수 사항은 https://docs.unity3d.com/2020.1/Documentation/Manual/system-requirements.html로 가서 Unity Editor system requirements 부분을 확인하면 된다. 4장에 기재된 코드 파일은 https://github.com/PacktPublishing/Unity-2020-Mobile-Game-Development-Second-Edition/

tree/master/Chapter%2004로 가면 깃허브에서 받을 수 있다.

┃ 타이틀 스크린 만들기

게임에 UI 요소들을 넣기 전에 당장 필요하진 않지만 기반 작업 역할과 바탕이 되는 지식들을 함께 다룰 수 있는 타이틀 스크린을 만들어보자.

1. 가장 먼저 File > New Scene으로 가 새로운 씬을 생성하자. UI를 작업할 때는 스크린에 보여지는 시각적 부분들의 체크가 중요하기 때문에 2D 모드를 사용해 게임의 최종 버전에 UI가 어떻게 보일지 확인하는 것이 좋다.

2. Scene 뷰 탭으로 가면 컨트롤 바 메뉴 바로 아래 2D 버튼이 보일 것이다. 버튼을 클릭하면 다음 스크린샷과 같은 모습으로 카메라가 이동할 것이다.

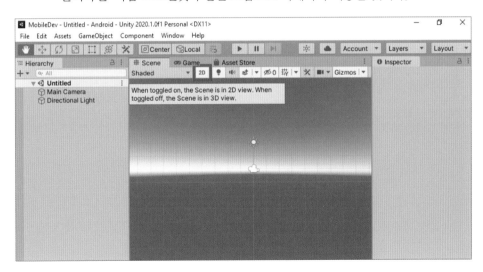

2D 버튼은 카메라를 2D와 3D뷰 두 가지 중 하나로 전환한다. 2D 모드에서는 XY 면(x축은 오른쪽, y축은 위)밖에 볼 수 없기 때문에 씬 **기즈모**^{Gizmo}가 사라지고, 카메라는 오소그래픽^{orthographic, 직각 투영} 뷰로 변한다.

3. 게임의 이름을 보여줄 Text 오브젝트를 생성해보자. 메뉴에서 GameObject > UI > Text를 선택한다.

> 이 책은 유니티에 기본 탑재된 UI 시스템과 Text 오브젝트를 사용하지만, 텍스트메쉬 프로 (TextMesh Pro, 널리 알려진 유니티 텍스트 에셋) 오브젝트도 똑같이 사용할 수 있다. 언급 될 개념들도 두 시스템 모두에 적용 가능하다. 프로젝트에 텍스트메쉬 프로를 사용하고 싶고, 프로젝트로 가져와 사용하는 방법 및 더 많은 정보를 알고 싶다면 https://learn.unity.com/ tutorial/quickstart-to-textmesh-pro-2019-3을 확인해보자.

4. Hierarchy 창에 동시에 3개의 새로운 오브젝트가 생성될 것이다.

- Canvas: 모든 UI 요소들이 들어갈 영역이다. Canvas가 없는 상태에서 UI 요소를 생성하면 방금과 같이 유니티가 자동으로 생성해준다. Scene 뷰를 보면 자신의 크기를 나타내는 하얀 직사각형이 보이고, Game 뷰의 크기에 따라 변화한다.

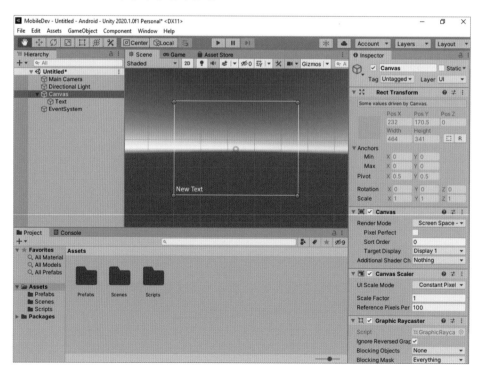

이 게임 오브젝트는 이미지의 렌더 방식을 결정하는 Canvas 컴포넌트, 게임 실행되는 기기의 해상도에 따라 아트를 스케일해주는 Canvas Scaler 컴포넌트, Canvas 안에 있는 오브젝트와 충돌이 일어났는지 판단해주는 Graphic Raycaster 컴포넌트를 가지고 있다. Canvas Scaler는 절 후반에서 다룰 예정이다.

- Text: 이 오브젝트가 실제 텍스트 오브젝트다. Canvas 오브젝트상에서 위치, 텍스트 내용, 컬러, 사이즈 등을 조절할 수 있다.
- EventSystem: 이 오브젝트는 키보드 입력, 터치 이벤트, 게임 패드 입력과 같은 다양한 입력 타입 이벤트들을 오브젝트로 보낼 수 있게 해준다. 오브젝트의 속성들을 보면 유저가 UI와 어떻게 상호작용을 하는지 정할 수 있다. EventSystem이 없이 UI 요소를 생성하면 유니티가 자동으로 생성해준다. 버튼, 슬라이더와 같은 상호작용을 하는 유니티 UI 시스템을 사용하고자 하면 반드시 레벨 안에 EventSystem 컴포넌트가 있어야 하며, 없으면 이벤트가 트리거되지 않는다.

5. 기본 설정에 따라 텍스트 박스가 생성된 위치가 보일 수도, 안 보일 수도 있다. 보이지 않는다면 Hierarchy 창에서 Text 오브젝트에 더블클릭한다. 다음과 같은 화면이 보일 것이다.

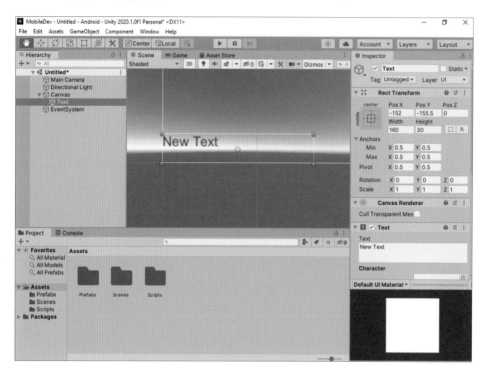

6. 다음은 오브젝트를 알아보기 쉽게 Text 오브젝트가 선택된 상태에서 Inspector 창으로 가서 이름을 Title Text로 변경한다.

해당 오브젝트가 게임에 보일지 말지는 Canvas의 하얀 박스 안에 존재하는지 아닌지 여부에 달려 있다. 한 가지 알아둘 점은 지금까지 다룬 게임 오브젝트들은 전부 Transform 컴포넌트를 가졌지만, Text 오브젝트는 해당 자리에 Rect Transform 컴포넌트를 갖고 있다.

Rect Transform 컴포넌트

UI 시스템을 다룰 때 여느 부분과 가장 다른 점 가운데 하나가 Rect Transform 컴포넌트일 것이다. 그러니 충분히 숙지하자. Rect Transform이 다른 일반 Transform과 가장 다른 점은 Transform은 하나의 점, 보통 오브젝트의 중심을 의미하지만, Rect Transform은 UI 요소가 존재하는 직사각형을 의미한다. 만일 Rect Transform을 가진 오브젝트에 Rect Transform을 가진 부모가 있다면 자식의 위치는 부모의 기반으로 상대적으로 표시한다.

 Rect Transform과 오브젝트 위치에 관해 더 알고 싶다면 http://docs.unity3d.com/ Manual/UIBasicLayout.html을 확인해보자.

Rect Transform 컴포넌트 속성들의 의미를 더 잘 파악하기 위해 Pos X와 Pos Y값을 0으로 변경해 오브젝트의 앵커anchor에 오브젝트 중심을 위치시켜보자. 다음 Hierarchy 창에서 해당 오브젝트를 더블클릭해 카메라를 새로운 위치로 옮기고, 마우스 휠로 줌 인/줌 아웃을 해보자.

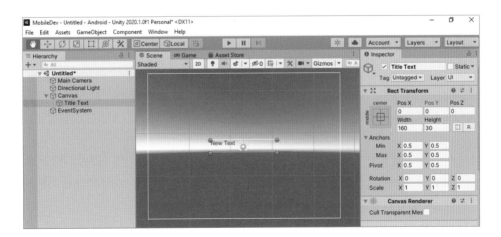

Title Text 오브젝트가 선택돼 있는 상태에서(더블클릭해 스크린 중심에 위치시키면) Scene 창을 보면 오브젝트의 앵커는 4개의 삼각형이 Scene 창의 중심에 X자 모양으로 돼 있는 것

을 볼 수 있다.

 앞서 언급했지만 본인의 Game 창 뷰의 화면 비율에 따라 Canvas의 하얀 박스의 모양이 달라 보일 수 있다. 나는 공간을 가득 채우는 Free Aspect로 설정돼 있는데, 똑같이 하고 싶 다면 Game 탭에서 왼쪽에 있는 드롭다운 메뉴를 열어 선택하면 된다.

다음은 Rect Transform에서 또 다른 새로운 개념으로 동작하는 두 개의 요소인 앵커anchor 와 피봇pivot에 대해 알아보자.

앵커

Rect Transform 컴포넌트 안에 있는 앵커anchor는 해당 오브젝트가 캔버스의 한곳 혹은 일정 부분에 고정되게 만들어 캔버스가 움직이거나 변해도 UI가 올바른 위치에 존재할 수 있게 만들어주는 기능이다. 앵커는 부모의 크기에 비례한 비율을 사용해 해당 UI 요소의 가장 자리를 지정한다. 예를 들어 Rect Transform 컴포넌트의 Anchors 속성을 열어 Min X 속성 을 0으로 설정하면 UI 요소는 부모의 왼쪽 가장자리에 고정된다.

앵커 위에 있는 속성들은 설정된 앵커에 상대적인 위치를 뜻한다. 이런 구조는 아트 에셋 의 크기를 변경하지 않고 다양한 해상도를 지원해야 할 때 유용하게 사용된다. 우리 경우 는 타이틀의 위치를 카메라 상단과 상대적인 위치에 설정할 것이다. 앵커를 다루는 방법 을 다음 단계들을 통해 알아보자.

1. Rect Transform 컴포넌트 왼쪽 상단에 있는 Anchor Presets 메뉴(Pos X와 Width 값 옆에 있는 박스)를 클릭한다. 게임에서 자주 사용되는 일반적 앵커 위치가 선택하 기 쉽게 나열돼 나온다. 상단 중앙 옵션을 선택하자.

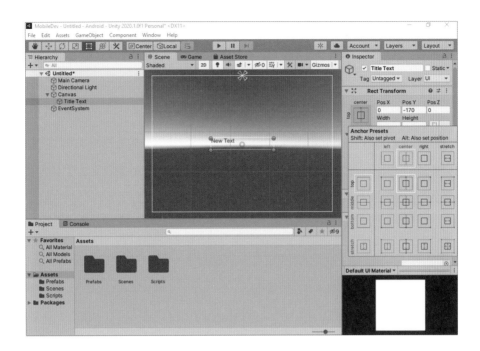

2. 선택하고 나면 Pos Y 값이 변경된 것을 볼 수 있다(내 경우는 -170). 해당 오브젝트
   가 앵커의 Y 위치에서 170 유닛 아래(스크린 스페이스에서 1 유닛은 1 픽셀)에 있다는
   뜻이다. Pos Y 값을 0으로 변경하면 오브젝트가 앵커 y축의 중심에 위치할 텐데,
   이러면 오브젝트의 반이 화면 밖으로 나가버리게 된다. 다음 예제에서 보듯이 우
   리가 원하는 결과가 아니다.

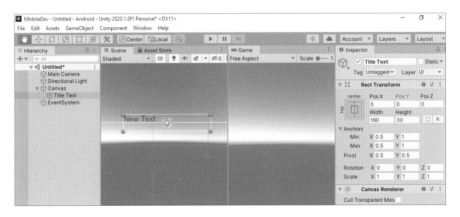

비교해볼 수 있도록 Scene 창과 Game 창을 양옆으로 배치했는데, 같은 모습으로
보고 싶다면 Game 탭을 화면 가장자리로 끌어오면 된다.

TIP 변경된 레이아웃을 리셋하고 싶으면 화면의 오른쪽 상단에 있는 Layout 메뉴로 가서 Default
를 선택한다.

Title Text 오브젝트의 Pos Y 값을 -15(오브젝트 Height 값의 반)로 변경하면 원하는
위치에 있겠지만, 이렇게 하드코딩을 해버리면 추후에 Height 값을 변경할 때마
다 위치도 같이 변경해야 한다는 것을 기억하고 있어야 한다. 따라서 오브젝트의
Height 값에 따라 화면 가장자리에 Pos Y가 0의 값으로 붙어 있으면 편할 것이다.
다행히 Pivot 속성으로 할 수 있다.

3. Pivot Y의 값을 1로 변경한다. 위에서 변경하지 않았거나 자동으로 변경되지 않으
   면 Pos Y 값을 0으로 변경한다.

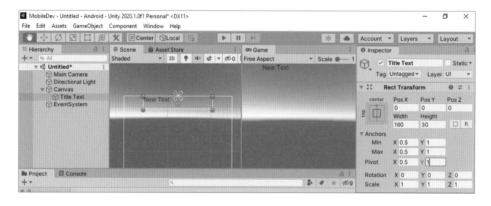

위에서 보듯이 피봇 설정을 변경했기 때문에 텍스트가 상단에 제대로 붙어 있는 것을 확
인할 수 있다.

피봇

피봇pivot이란 오브젝트에 관계된 움직임의 기준이 되는 마커 같은 것이다. 피봇의 위치에 따라 오브젝트가 움직이고, 회전되고, 스케일된다. 피봇이 동작하는 모습을 보려면 Pivot Y 값을 0, 0.5, 1로 변경하고 Rotation Z 속성을 이리저리 바꿔 보면서 무엇이 달라졌는지 확인해보자.

 Anchors Preset 메뉴에서 Alt+Shift 키를 누른 상태에서 클릭하면 오브젝트의 Pivot, Position, Anchor를 한꺼번에 설정할 수 있다. 지금까지 다룬 내용이 한꺼번에 이뤄져서 편하긴 하지만 숏컷을 사용하기 전에 구조를 먼저 이해하고 넘어가는 것이 중요하다.

이제 Rect Transform에 대한 기본적인 이해가 생겼으니 Title Text 오브젝트를 마무리해보자.

타이틀 텍스트 조정과 사이즈 조절

텍스트를 올바른 곳에 배치했으니 다음 단계에 따라 텍스트를 꾸며보자.

1. Hierarchy 창에서 Title Text 오브젝트를 선택하고, Inspector 창의 Text 컴포넌트로 내려온다. Text 속성을 Endless Roller로 변경하고, 오브젝트의 Alignment 속성을 수평 중앙 정렬과 수직 중앙 정렬로 선택한다. 그런 다음 Font Size를 35로 변경한다. 변경하면 텍스트가 보이지 않는데, 위에서 설정한 Rect Transform 크기보다 텍스트가 더 크기 때문이다.

2. Rect Transform으로 올라가서 Width 값을 300, Height 값을 50으로 변경한다. 변경된 크기에 따라 위치도 바꿔줘야 하니 Pos Y도 -30으로 변경한다.

현재 화면 크기에서는 적당해 보이지만 더 큰 해상도에서는 다음과 같은 모습이다.

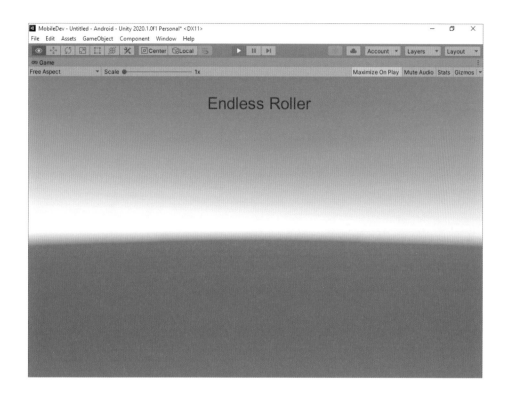

만일 HUD^{Heads-Up Display}[1]라면 문제없지만 타이틀 스크린이라면 화면 크기에 따라 크게 보이는 것이 좋다. 따라서 Canvas Scaler 컴포넌트를 사용해 변화하는 해상도에 따라 같이 변하게 해보자.

3. Hierarchy 창에서 Canvas 오브젝트를 선택한 뒤 Inspector 창의 Canvas Scaler 컴포넌트로 간다. UI Scale Mode를 Scale with Screen Size로 변경한다.

   여기서 중요한 속성은 Reference Resolution이다. 이 해상도^{resolution}가 게임 메뉴들의 기반이 된다. 이 값을 기반으로 해상도가 더 커지면 커지고, 작아지면 같이 작아진다. 게임을 제작하면서 미리 예상해둔 해상도나 만들어 둔 이미지 파일이 있을 텐데, 참고를 위해 현시점에서 가장 많이 사용되는 스크린 해상도를 나열해봤다.

---

1 생명력, 총알 수와 같이 게임 플레이 중 항상 표시되는 UI의 통칭 – 옮긴이

다음은 애플 기기들의 해상도다.

기기 이름	해상도
iPhone 11 Pro Max	2688 × 1242
iPhone 11 Pro	2436 × 1125
iPhone 11	1792 × 828
iPhone SE (2020)	1334 × 750
iPhone XS Max	1242 × 2688
iPhone XS	1125 × 2436
iPhone XR	828 × 1792
iPhone X	2436 × 1125
iPhone 7 Plus/8 Plus	1080 × 1920
iPhone 7/8	750 × 1334
iPhone 6 Plus/6S Plus	1080 × 1920
iPhone 6/6S	750 × 1334
iPhone 5	640 × 1136
iPod Touch	640 × 1136
iPad Pro	2048 × 2732
iPad 3/4	1536 × 2048
iPad Air 1 & 2	1536 × 2048
iPad Mini	768 × 1024
iPad Mini 2 & 3	1536 × 2048

다음은 안드로이드 기기들의 해상도다.

기기 이름	해상도
Samsung Galaxy S20 Ultra	3200 × 1440
Samsung Galaxy S20	2400 × 1080
Samsung Note 10+	2280 × 1080
Google Pixel 4 XL	1440 × 2960

Google Pixel 4	2280 × 1080
Samsung Galaxy S10/S10+	3040 × 1440
Google Pixel 3 XL	2960 × 1440
Google Pixel 3/3a XL	2160 × 1080
Google Pixel 3a	2220 × 1080
Samsung Galaxy S8/S8+	2960 × 1440
Google Pixel 2 XL	2560 × 1312
Nexus 6P	1440 × 2560
Nexus 5X	1080 × 1920
Google Pixel/Pixel 2	1080 × 1920
Google Pixel XL/Pixel 2 XL	1440 × 2560
Samsung Galaxy Note 5	1440 × 2560
LG G5	1440 × 2560
One Plus 3	1080 × 1920
Samsung Galaxy S7	1440 × 2560
Samsung Galaxy S7 Edge	1440 × 2560
Nexus 7 (2013)	1200 × 1920
Nexus 9	1536 × 2048
Samsung Galaxy Tab 10	800 × 1280
Chromebook Pixel	2560 × 1700

 인기 모바일 기기의 해상도 목록을 보고 싶다면 http://screensiz.es/phone을 확인해보자.

나는 2160×1080 해상도를 가진 Google Pixel 3a XL과 1920×1080 해상도를 가진 iPhone 6S Plus를 보유하고 있어서 작업에 부족함이 없지만, 아트 에셋들을 만들 때는 지원할 최대 해상도에 맞춰 제작 후 다른 해상도에 맞춰 조정하는 것이 좋다.

유니티의 Game 창의 드롭다운 메뉴를 보면 가장 많이 사용되는 해상도가 리스트 돼 있어 쉽게 변경할 수 있다.

4. Inspector 창의 Canvas Scaler 컴포넌트로 가서 Reference Resolution 값을 1920x 1080으로 변경한다.

5. Match 값은 Height의 최댓값으로 지정한다. 이제 스크린의 **높이**^{height}가 변경될 때 UI의 스케일이 변경될 것이다.

6. 텍스트의 크기를 조금만 더 키워 보자. Title Text 오브젝트를 선택하고 Rect Trans form의 Width 값을 1000으로, Height 값을 200으로 변경한다. 그다음 Text 컴포넌 트의 Font Size 값을 130으로 변경한다.

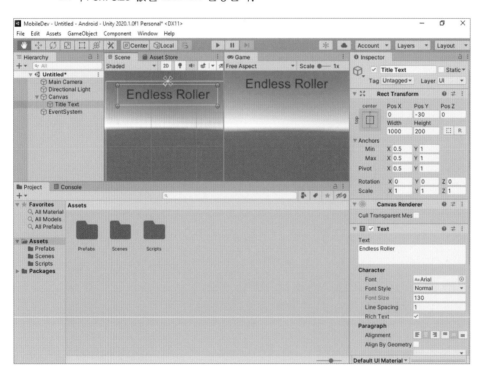

7. 이제 더 높은 해상도에서 게임을 실행해도 커진 만큼 타이틀이 같이 커지면서 멋지게 나온다.

8. Game 창의 컨트롤 바로 가서 **800x480 Landscape (800x480)** 같은 작은 해상도를 선택해보면, 텍스트가 변경된 해상도에 맞춰 스케일이 작아지는 것을 볼 수 있다.

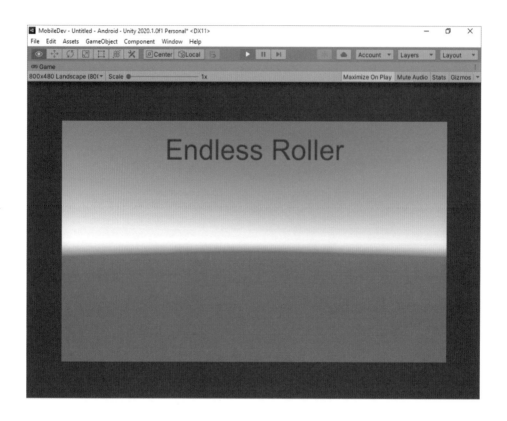

 Canvas Scaler 컴포넌트에 관해 더 알고 싶다면 http://docs.unity3d.com/Manual/
script–CanvasScaler.html을 확인해보자.

Canvas Scaler 컴포넌트는 기기의 해상도에 따라 텍스트의 크기를 변경해준다. 다음은 다
른 해상도들을 얼마나 빠르게 테스트해볼 수 있는지 알아보자.

다른 화면비 선택하기

Game 창의 컨트롤 바로 가서 첫 번째 옵션을 클릭하면 다양한 해상도를 선택해 테스트할 수 있는 드롭다운 메뉴가 있다. 이 기능을 통해 기기로 내보내기 전에 혹시 있을지 모르는 문제들을 발견할 수 있다.

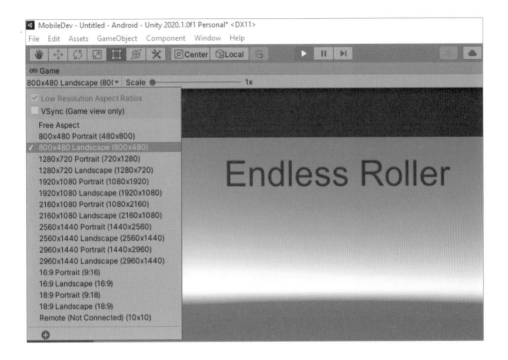

기본으로 제공되는 해상도들이 있지만 아래에 있는 + 버튼을 사용해 사용자가 원하는 해상도를 만들 수도 있다. 만일 지원하고 싶은 해상도가 기본에 포함돼 있지 않다면 랜드스케이프 모드landscape와 포트레이트portrait 모드 두 개를 만들어놓기를 추천한다. 내 경우는 1920×1080, 1080×1920, 2160×1080, 1080×2160이다.

1. 랜드스케이프 비율에서는 올바르게 동작하게 만들었으니 포트레이트를 보자.

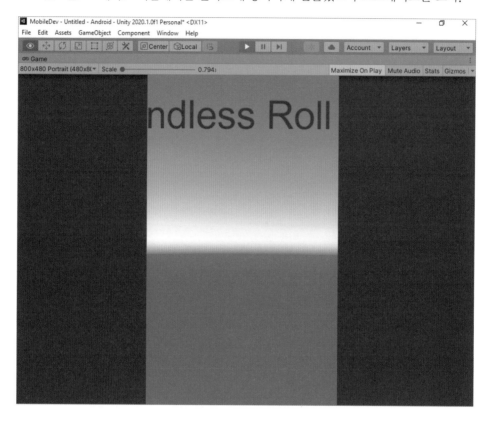

앗! 텍스트가 화면 밖을 벗어나버린다. 고쳐보자.

2. Title Text 오브젝트를 선택하고 Inspector 창 Text 컴포넌트의 Best Fit 속성을 체크한다. 이렇게 하면 높이와 넓이가 변경될 때마다 텍스트가 지정된 공간에 맞게 자동으로 조절된다. 지금 당장은 작동하지 않으니 다음 단계에서 수정해보자.

3. Rect Transform 컴포넌트의 Anchors로 가서 Min X값을 0.25로, Max X값을 0.75로 변경한다.

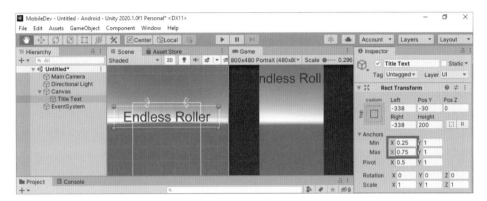

Rect Transform의 Pos X와 Width 속성이 Left와 Right 속성으로 변경돼 각각 -338과 -338로 변한 것을 볼 수 있다. 이 의미는 차지한 공간이 25% 상태일 때 앵커로부터 -338 유닛 떨어져 있고, 맥스 앵커가 75% 상태일 때 -338 유닛 떨어져 있다는 말이다. 우리는 이 앵커들이 스크린에 맞춰 변하기 원하기 때문에 Left와 Right 값 모두 0으로 변경한다.

4. 씬을 Scenes 폴더 안에 새로운 파일 MainMenu로 저장하고 게임을 실행한다.

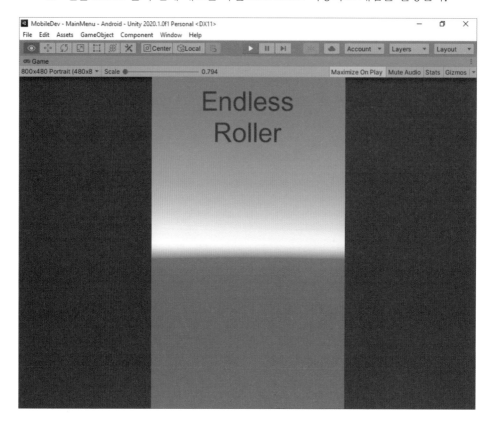

위 스크린샷에서 보듯이 텍스트가 보기 좋게 나온다. 이제 어떤 해상도를 사용하더라도 게임 타이틀에 어울리는 크기로 텍스트가 출력된다. 이제 텍스트 출력을 해결했으니 메인 메뉴에서 게임으로 들어갈 수 있는 기능을 구현해보자.

▌ 버튼 사용하기

타이틀과는 달리 플레이어가 터치하는 것들은 기기에 상관없이 같은 사이즈로 만드는 것이 좋다. 기기와 별개로 손가락 크기는 똑같기 때문이다. 이렇게 구성하기 위해 다른 스케일 방식을 사용하는 새로운 Canvas를 생성해보자.

1. 게임이 계속 실행 중이라면 일단 멈추자. 이전 Canvas 오브젝트의 이름을 Canvas - Scale w/Screen으로 변경한다. 이름을 변경해 놓으면 올바른 캔버스를 다루고 있는지 아닌지 알 수 있다.

2. 이제 새로운 캔버스를 만들어보자. 상단 메뉴에서 GameObject > UI > Canvas를 선택한다. 이 캔버스의 이름을 Canvas - Scale Physical로 변경한다. 그런 다음 Canvas Scaler 컴포넌트에서 UI Scale Mode를 Constant Physical Size로 변경한다.

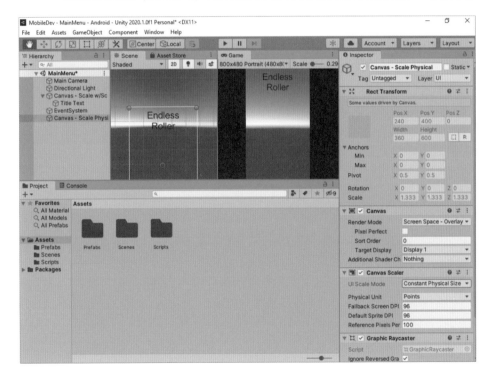

이 방식을 사용하면 해상도에 상관없이 캔버스에 포함된 요소들이 같은 물리적 사이즈를 가질 수 있게 된다. 버튼은 손가락으로 누르는 것이기 때문에 상식적으로 맞는 방식이다.

3. Hierarchy 창에서 캔버스(Canvas - Scale Physical)를 선택하고, 메뉴에서 **Game Object > UI > Button**을 선택해 캔버스에 새로운 버튼을 생성한다.

 Hierarchy 창에서 Canvas - Scale Physical 오브젝트에 마우스 오른쪽 클릭 후 UI > Button을 선택해도 된다.

이제 **Canvas**의 자식 오브젝트로 **Button**이 보일 것이고, 이 오브젝트를 확장하면 또 다른 자식 오브젝트 **Text**가 있는 것을 알 수 있다.

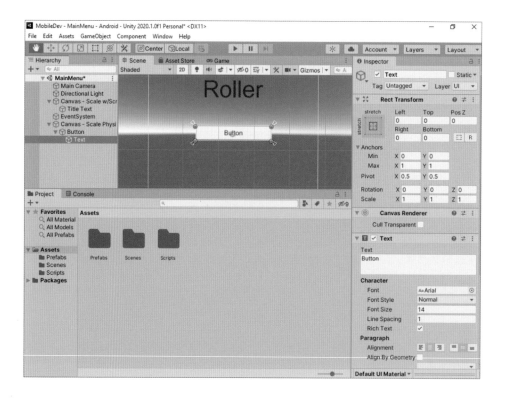

버튼의 크기는 어느 정도 돼야 할까? 구글이 제공하는 안드로이드를 위한 머티리얼Material 가이드라인을 보면 적어도 밀도에 독립적인 픽셀 크기dp, density-independent pixels 48×48을 제안한다. 그리고 애플은 Worldwide Developers ConferenceWWDC에서 적어도 44dp×44dp를 추천했다. 어쨌든 간에 실제 크기로 따져보면 대략 8mm×8mm(0.3inch×0.3inch) 정도가 된다.

 머티리얼 가이드라인에 관해 더 알고 싶다면 https://material.io/design/layout/spacing-methods.html#touch-click-targets를 확인해보자.

지금 게임을 보면서 여러 가지 해상도 옵션을 체크하다 보면 특정 해상도의 버튼의 사이즈에 깜짝 놀랄 수도 있을 것이다.

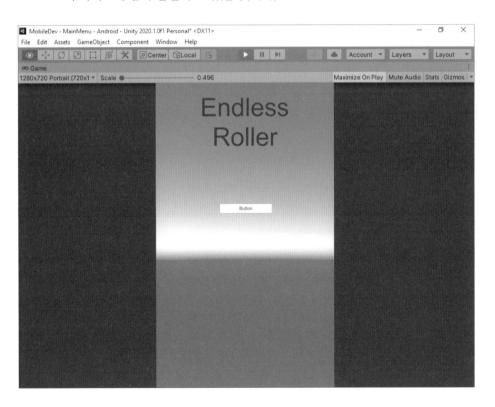

이런 현상은 버튼 사이즈가 Dots per Inch^{DPI}를 96으로 가정하고 있기 때문인데, Google Pixel 3a XL이나 iPhone 6/7/8 Plus 같은 기기는 400 정도 된다. 일단 지금은 Aspect Ratio 값을 16:9 Landscape로 변경해 우리가 기기에서 실행할 때의 모습과 비슷하게 만들어 놓자.

 본인 기기의 DPI를 알아보고 싶다면 http://dpi.lv/를 확인해보자.

4. 게임이 실행 중이라면 멈춘 후 Hierarchy 창의 Button 오브젝트를 확장하고, 자식 오브젝트 Text를 선택한다. Inspector 창의 Text 컴포넌트의 Text 값을 Play로 변경한다.

5. 다음은 Button 오브젝트를 조절해보자. Hierarchy 창에서 Button 오브젝트를 선택한다. Inspector 창에서 Play Button으로 이름을 변경해 버튼의 목적을 확실히 한다.

6. Rect Transform 컴포넌트에서 Pos X와 Pos Y의 값을 0으로 변경해 버튼을 화면 정가운데로 위치시킨다. 버튼의 크기가 좀 크기 때문에 Width 값을 75로 변경한다.

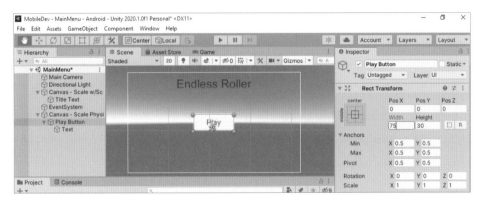

이제 버튼이 생겼지만 아무 기능도 하지 않는다. 기능을 넣어보자.

7. 구현할 기능을 가진 스크립트를 생성해보자. Project 창에서 Scripts 폴더를 열고 새로운 C# 스크립트 MainMenuBehaviour를 생성한다.

8. IDE가 열리면 다음 코드를 입력한다.

```csharp
using UnityEngine;
using UnityEngine.SceneManagement; // 씬 불러오기

public class MainMenuBehaviour : MonoBehaviour
{
    /// <summary>
    /// 호출되면 새로운 씬을 불러온다
    /// </summary>
    /// <param name="levelName">이동하기 원하는 레벨의 이름</param>
```

```
    public void LoadLevel(string levelName)
    {
        SceneManager.LoadScene(levelName);
    }
}
```

코드 최상단에서 선언해 해당 네임스페이스에 접근할 수 있는 유니티 Scene Manager의 LoadLevel 함수는 지정된 이름의 레벨을 불러온다.

9. 스크립트를 저장하고 유니티로 돌아온다. 에디터에서 유니디 UI 이벤트를 호출 하려면 MainMenuBehaviour 컴포넌트가 첨부된 게임 오브젝트가 필요한데, 현재 존재하는 아무 오브젝트를 써도 상관없지만 향후 쉽게 찾을 수 있도록 새로운 오 브젝트를 생성하자.

10. Game Object > Create Empty...를 선택해 새로운 게임 오브젝트 Main Menu를 생성 한 뒤 MainMenuBehaviour를 첨부한다. 그런 다음 Hierarchy 창 상단으로 끌어 놓아 보기 쉽게 만들고, 정리 차원에서 위치를 리셋한다.

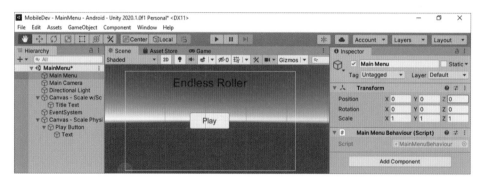

11. Hierarchy 창에서 Play Button 오브젝트를 선택한 뒤 Inspector 창 Button 컴포넌트 로 간다. On Click () 섹션에서 + 아이콘을 클릭해 버튼이 할 일을 추가한다.

12. Hierarchy 창의 Main Menu 오브젝트를 None (Object)라고 써 있는 영역에 끌어와 리스트에 추가한다.

13. No Function이라고 돼 있는 드롭다운에 클릭한 뒤 MainMenuBehaviour.LoadLevel 을 선택한다. 바로 밑에 텍스트 박스가 나오면 우리의 게임 레벨 이름인 Gameplay 를 입력한다.

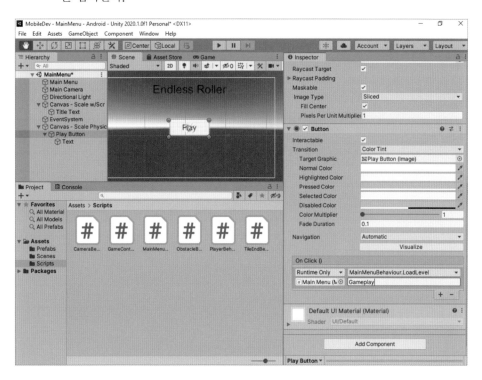

14. File > Save를 선택해 씬을 저장한다. File > Build Settings로 가 Build Settings를 열
고, Add Open Scenes를 누른 후 MainMenu 레벨을 상단으로 끌어와 MainMenu
를 인덱스 0으로 리스트에 추가한다. 이제 게임이 시작될 때 가장 먼저 시작되는
씬이 될 것이다.

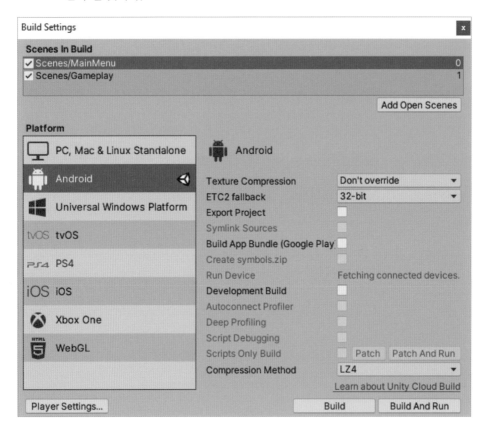

15. 프로젝트와 씬을 저장하고 Play 버튼을 누른다.

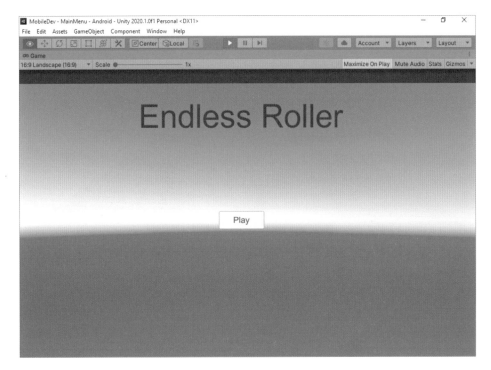

이제 메인 메뉴가 정상적으로 작동하고, Play 버튼을 눌러서 문제없이 게임을 시작할 수 있다.

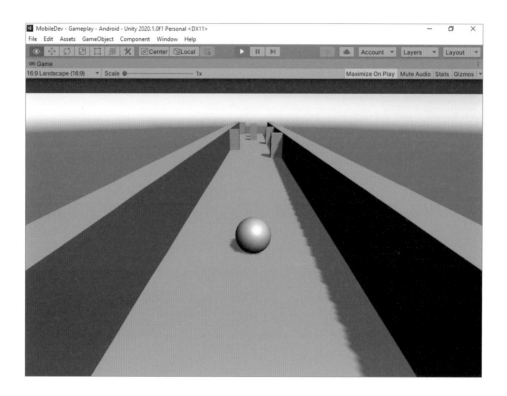

메인 메뉴가 생겼으니 거의 모든 게임이 필요한 메뉴인 멈춤 메뉴를 구성해보자.

▌ 멈춤 메뉴 만들기

PC 게임에서의 멈춤 메뉴는 일반적으로 Esc 키로 발동되지만, 모바일 게임에서는 별도의
버튼이 필요하다. 우리 프로젝트에서는 두 가지 모두 지원하게 해보자.

1. Project 창의 Assets/Scenes 폴더로 가서 Gameplay에 더블클릭해 Gameplay 씬을
   열자. 혹시 MainMenu 레벨을 저장하지 않았다면 지금 저장하자.

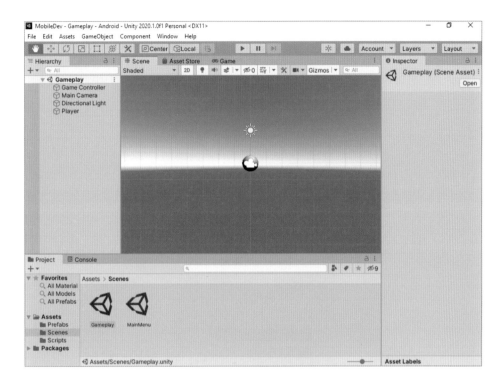

멈춤 메뉴를 여는 버튼을 만들기 전에 먼저 멈춤 메뉴부터 만들자.

2. 가장 먼저 할 일은 멈춤 메뉴에 들어왔을 때 스크린이 어두워지는 기능이다. 쉬운 방법은 화면 전체를 덮는 이미지가 자동으로 커버되게 하는 것인데, Panel 오브젝트를 사용해 손쉽게 할 수 있다. Game Object > UI > Panel을 선택해 생성한다. Canvas와 EventSystem이 씬에 존재하지 않으므로 Panel 오브젝트와 함께 생성될 것이다.

3. Panel 오브젝트의 이름을 Pause Menu로 변경한다. 그런 다음 오브젝트가 선택된 상태에서 Inspector 창의 Image 컴포넌트로 가서 Color 속성을 검정으로 선택하고, 알파 채널(A)을 178로 변경한다.

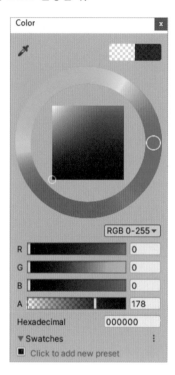

Image 컴포넌트는 그릴 이미지와 같이 쓸 색을 사용하는 2D 게임들에 사용되는 Sprite Renderer와 비슷하게 동작한다.

4. Game 창으로 가서 Panel 오브젝트를 살펴보자. 현재 이미지는 얇은 가장자리가 있는데 개인적으로 그다지 좋아하지 않는다. 본인이 원한다면 그대로 놔둬도 되지만 나는 Source Image 값을 현재 있는 것을 선택하고 Delete 키를 눌러 None (Sprite)으로 변경해 제거했다.

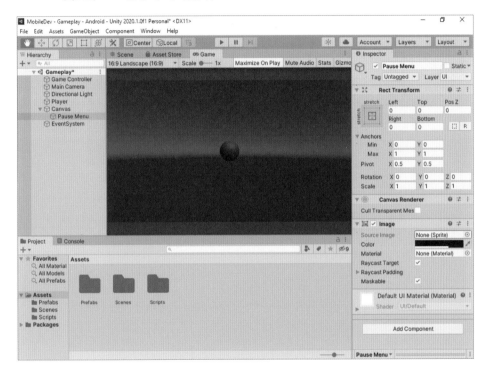

공간을 구성했으니 이제 안을 채워보자. 우리의 경우는 게임이 멈췄음을 알려주는 Text 오브젝트와 플레이어가 계속하기[resume], 재시작[restart], 메인 메뉴로 가기[main menu]를 할 수 있는 버튼들을 만들 예정이다.

5. 멈춤 메뉴의 내용물을 담을 또 다른 패널을 만들자. 이 패널은 Pause Menu 오브젝트의 자식이었으면 하므로 Hierarchy 창에서 Pause Menu에 마우스 오른쪽 클릭 후 UI > Panel을 선택하면 한 번에 처리할 수 있다.

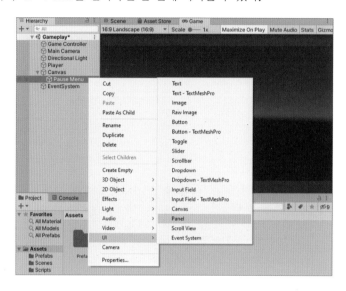

이 패널은 화면 전체를 덮게 하지 않을 것이므로 이번에는 해상도에 따라 크기를 조절해주는 다른 컴포넌트 중 하나인 Aspect Ratio Fitter를 사용할 것이다.

6. Inspector 창의 최하단에서 Add Component를 선택하고 Aspect를 입력한다. 나오는 옵션 중에서 Aspect Ratio Fitter를 선택하고 Enter 키를 누른다.

7. 새로 추가한 컴포넌트의 Aspect Mode 값을 Fit In Parent로 변경해 패널이 언제나 스크린 안에 맞을 수 있게 하고, Aspect Ratio를 0.5로 변경한다. 0.5의 의미는 넓이에 비해 두 배가 높다는 뜻이다(넓이 나누기 높이: 1/2이 곧 0.5).

> ℹ️ Game 창으로 가서 여러 화면비로 변경해보면 메뉴가 비슷한 모양을 유지하는 것을 볼 수 있다. Aspect Ratio Fitter 컴포넌트에 관해 더 알고 싶다면 https://docs.unity3d.com/Manual/script-AspectRatioFitter.html을 확인해보자.

8. 딱 좋게 됐지만 패널이 스크린 가장자리에 붙어 있는 것을 원하지 않으므로 Image 컴포넌트 옆에 있는 체크 표시를 클릭해 오브젝트를 안 보이게 하자. 이렇게 하면 컴포넌트가 비활성화되고 컴포넌트의 기능이 멈추게 된다.

9. 다음은 Panel 오브젝트에 마우스 오른쪽 클릭을 하고 UI > Panel을 선택해 또 다른 패널을 생성한다. 이 오브젝트의 이름을 Pause Menu Contents로 변경하고 Rect Transform의 left, right, top, bottom 값을 10으로 설정해 스크린 주위의 가장자리를 만든다.

10. 지난번과 같이 물리적 버튼을 사용할 예정이므로 Canvas 오브젝트로 가서 Canvas Scaler 컴포넌트의 UI Scale Mode를 Constant Physical Size로 변경한다.

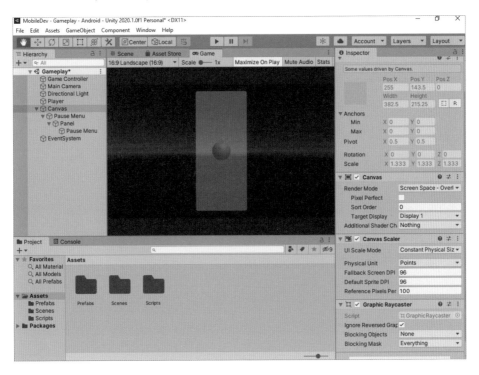

이전에 했던 것처럼 내부 요소들을 직접 배치할 수 있지만 이번에는 유니티 UI의 또 다른 기능인 레이아웃 그룹^{layout groups}을 사용해보자.

Layout groups 컴포넌트는 자식 오브젝트들의 크기가 부모의 영역에 맞을 수 있도록 자동으로 조절해준다. 레이아웃 그룹 컴포넌트는 그리드 기반^{grid-based}, 수평^{horizontal}, 수직^{vertical} 등 다양하게 존재한다.

 레이아웃을 자동으로 생성해주는 유니티 기능들에 관해 궁금하다면 https://docs.unity3d.com/Manual/UIAutoLayout.html을 확인해보자.

11. Hierarchy 창에서 Pause Menu Contents 오브젝트를 선택하고 Inspector 창으로 간다. 최하단의 Add Component를 선택한다. Vertical Layout Group을 입력하고 Vertical Layout Group을 선택한 뒤 Enter 키를 누른다.

12. 이제 메뉴에 들어갈 자식들을 만들어보자. Hierarchy 창에서 Pause Menu Contents 오브젝트에 마우스 오른쪽 클릭 후 UI > Button을 선택한다.

13. 일반적인 버튼이 생성되면, 자식 오브젝트 Text를 열고 텍스트를 Resume으로 변경한다.

14. Pause Menu Contents 오브젝트를 선택하고 Inspector 창의 Vertical Layout Group (Script) 컴포넌트로 가서 Child Alignment 값을 Middle Center로, Child Control Size 값에 Width를 체크한다.

15. Vertical Layout Group 컴포넌트로 가서 Padding 속성 왼쪽에 있는 화살표를 클릭해 열고, 모든 값을 5로 설정한다.

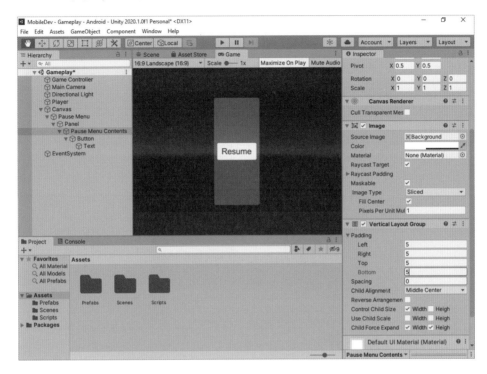

이렇게 설정하면 레이아웃 그룹에 있는 모든 자식들의 네 방향에 5픽셀의 공간을 둔다.

16. 이 버튼을 두 번 복제한 뒤에 각각의 텍스트를 Restart와 Main Menu로 변경한다. 그런 다음 총 3개의 오브젝트 이름을 알아보기 쉽도록 Resume Button, Restart Button, Main Menu Button으로 변경한다.

17. 다음은 Pause Menu Contents 오브젝트에 마우스 오른쪽 클릭 후 UI > Text를 선택한다. 오브젝트의 텍스트를 Paused로 변경하고, 정렬은 중간, 폰트 크기는 본인의 취향에 맞게 변경한다. 자식 오브젝트들의 정렬 상태를 눈으로 확인하고 Text 오브젝트를 상단으로 끌어올린다.

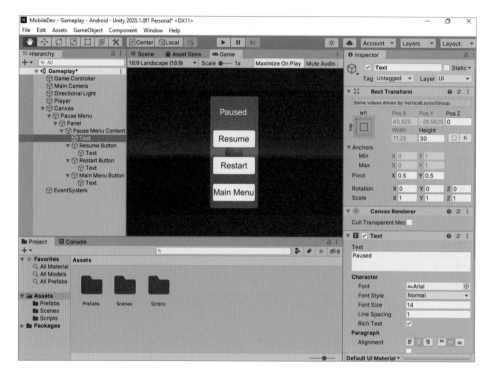

나쁘지 않은 모습이지만 사이 공간이 너무 많다. 원한다면 메뉴 내용들을 줄여서 알맞게 조절할 수 있다.

18. Hierarchy에서 Pause Menu Contents 오브젝트를 선택하고 Content Size Fitter 컴포넌트를 추가한다. 추가되고 나면 Horizontal Fit과 Vertical Fit을 Preferred Size로 변경한다.

19. 이렇게 하면 모든 버튼들의 위치가 이상하게 되는데, Vertical Layout Group의 Spacing 속성을 5로 변경해 버튼 사이에 공간을 주면 해결된다.

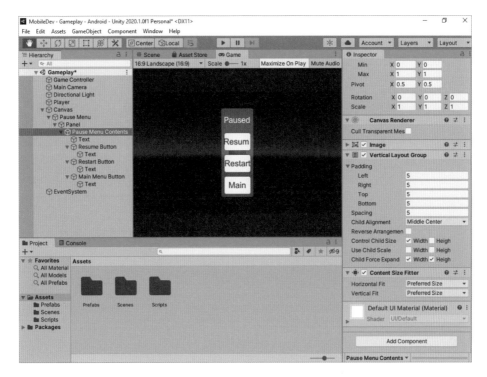

이제 버튼들이 모두 같은 크기에다 사이 공간들도 있지만 각 버튼들이 의도한 것 보다 작게 보일 것이다.

20. 크기에 상관없이 버튼들이 들어맞게 하기 위해 각 버튼을 선택한 뒤(Hierarchy 창에서 각 오브젝트를 Ctrl+클릭) Horizontal Layout Group (Script)을 추가한다. Child Controls Size의 Width와 Height에 체크한 뒤 Padding에 각각 5로 설정한다.

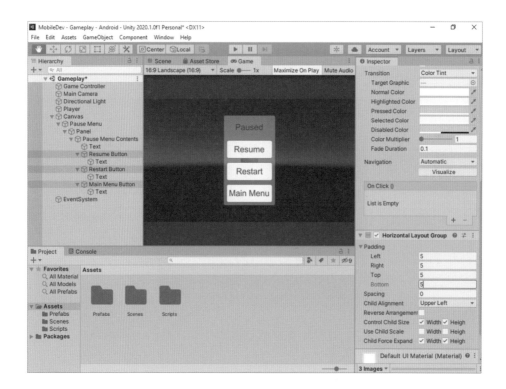

이번 경우 Child Controls Size 속성이 텍스트의 크기에 맞춰 버튼의 사이즈가 늘어나게 만들어준다.

TIP

한꺼번에 처리하는 것이 싫다면 하나의 오브젝트에 Horizontal Layout Group (Script)을 생성한 뒤 마우스 오른쪽 클릭을 하고 Copy Component를 선택한다. 그런 다음 다른 두 버튼으로 가서 Inspector 창의 Rect Transform 컴포넌트에 마우스 오른쪽 클릭 후 Paste Component As New를 선택한다.

21. 이제 멈춤 메뉴 Text 오브젝트로 가서 Text 컴포넌트의 Font Size 값을 25로 변경해 공간을 채우면서 멈춤 메뉴의 존재감을 높이자.

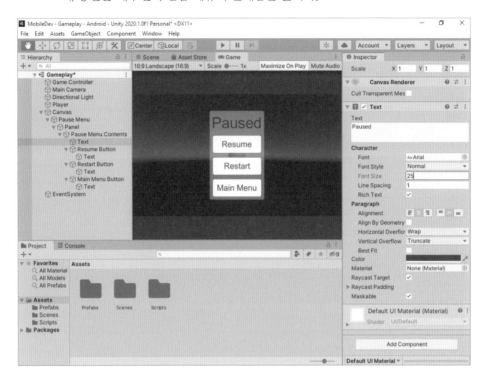

22. 버튼들이 다 만들어졌으니 기능을 구현해보자. Project 창에서 Scripts 폴더를 열고 새로운 C# 스크립트 PauseScreenBehaviour를 생성하고 더블클릭해 본인이 사용하는 IDE로 열자.

23. 열리면 다음 코드를 입력한다.

```
using UnityEngine;
using UnityEngine.SceneManagement; // SceneManager

public class PauseScreenBehaviour : MainMenuBehaviour
{

    public static bool paused;
```

```
[Tooltip("멈춤 메뉴 오브젝트를 켜고 끄기 위한 레퍼런스")]
public GameObject pauseMenu;
/// <summary>
/// 현재 레벨을 다시 불러와서 게임을 "재시작"한다
/// </summary>
public void Restart()
{
    SceneManager.LoadScene(SceneManager.GetActiveScene().name);
}


/// <summary>
/// 멈춤 메뉴를 켜고 끈다
/// </summary>
/// <param name="isPaused"></param>
public void SetPauseMenu(bool isPaused)
{
    paused = isPaused;

    // 게임이 멈춰져 있으면 timeScale은 0이며, 그 외는 1
    Time.timeScale = (paused) ? 0 : 1;
    pauseMenu.SetActive(paused);
}

void Start()
{
// 시작 시에 리셋하지 않으면 게임이 멈춘 상태로 시작하게 된다
    paused = false;
}
}
```

처음으로 paused라는 static 변수를 사용했다. 변수를 static으로 선언하면 클래스 안에서 변수는 하나만 존재할 수 있다는 의미이며, 모든 인스턴스instance들이 공유한다. 이런 방식의 장점 중 하나는 다른 스크립트에서 클래스 이름과 점(.), 속성의 이름만 가지고도 접근이 가능하다는 것이다(지금 경우는 PauseScreenBehaviour. paused). 추후에 코드를 통해 메뉴를 열려고 할 때 이 개념을 사용할 것이다.

그다음 UI 요소들에서 호출할 두 개의 퍼블릭 함수가 있다. 첫 번째는 유니티의 Scene Manager를 통해 현재 레벨을 불러들여서 실제로는 게임을 재시작하는 Restart 함수다. 한 가지 유념할 부분은 static 변수는 유니티를 재시작해도 리셋되지 않기 때문에 Start 함수에서 paused를 false로 설정해 레벨로 들어왔을 때 멈춰 있지 않은 상태이게 한다.

마지막으로 isPaused 값에 따라 멈춤 메뉴를 켜고 끌 SetPauseMenu 함수다. Time. timeScale 속성도 설정하는데, 0은 아무것도 일어나지 않고 1은 시간이 평소대로 흐른다. 이 속성은 Time.deltaTime 변수를 변화시키기 때문에 해당 변수를 사용하는 움직임을 모두 무력화시킨다.

24. 스크립트를 저장하고 유니티로 돌아온다.

25. GameObject > Create Empty로 가서 새로운 빈 게임 오브젝트를 생성한다. 이름을 Pause Screen Handler로 변경하고 Pause Screen Behaviour (Script) 컴포넌트를 추가한다.

26. Hierarchy 창에 있는 Pause Menu 게임 오브젝트를 Pause Menu 변수에 지정한다.

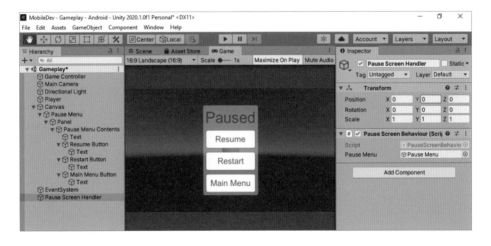

27. 스크립트가 생겼으니 이제 버튼 기능을 구현할 수 있다. Resume Button 오브젝트가 선택된 상태에서 Inspector 창의 Button 컴포넌트의 On Click () 섹션으로 가 + 버튼을 클릭해 일어날 액션을 추가한다.

28. Hierarchy 창에서 Pause Menu Handler 오브젝트를 Inspector 창의 On Click () 액션의 왼쪽 하단에 있는 박스에 끌어 놓는다. 그런 다음 드롭다운 메뉴에서 Pause Screen Behaviour ＞ SetPauseMenu를 선택한다. 기본 설정상 체크가 돼 있지 않은데, 우리가 원하는 상태이다.

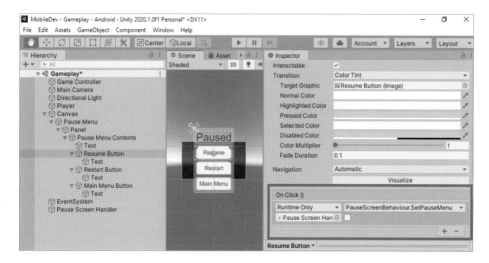

29. Restart 버튼 오브젝트에도 똑같은 과정을 반복한다. 이번에는 Restart 함수를 호출한다.

30. Main Menu Button 오브젝트도 반복하는데, LoadLevel 함수를 호출하면서 문자열 공간에는 메인 메뉴 레벨 이름을 입력한다(내 경우는 MainMenu).

TIP PauseScreenHandler 스크립트가 이미 LoadLevel 함수를 포함하고 있는 이유는 MainMenuBehaviour 클래스에서 상속받기 때문이다.

31. 게임을 저장하고 실행해보자.

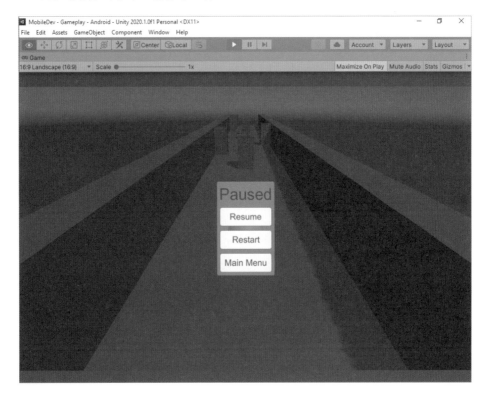

위 스크린샷에서 보듯이 게임을 시작하면 메뉴가 정상적으로 나타난다. Main Menu 버튼을 누르면 메인 메뉴로 가고, Resume은 게임으로 돌아간다.

이 시점에서 문제는 메뉴가 사라지고 나면 다시 메뉴를 불러올 방법이 없다는 것이다. 게임은 멈추지 않은 상태로 시작돼야 하고, 실제로 멈출 수 있어야 한다. 이 문제들을 해결해보자.

게임 멈추기

제대로 게임을 멈추려면 이전에 작성한 스크립트들을 다음과 같이 수정해야 한다.

1. PlayerBehaviour 스크립트를 열고 다음 볼드로 강조된 코드를 FixedUpdate에 추가한다.

```
/// <summary>
/// FixedUpdate은 일정한 프레임레이트에 호출되며
/// 시간에 기반하는 기능들을 넣기 좋다.
/// </summary>
private void FixedUpdate()
{
    // 게임이 멈춘 상태이면 아무것도 하지 않는다
    if (PauseScreenBehaviour.paused)
    {
        return;
    }

    // FixedUpdate 함수 나머지 내용…
```

추가한 위 코드는 게임이 멈춘 상태면 함수가 아무것도 하지 않는다.

2. 같은 스크립트의 Update 함수에도 같은 코드를 추가한다.

```
/// <summary>
/// Update is called once per frame
/// </summary>
private void Update()
{
    // 게임이 멈춘 상태이면 아무것도 하지 않는다
    if (PauseScreenBehaviour.paused)
    {
        return;
    }
```

```
// 모바일 기기에서 실행되고 있는지 확인한다
#if UNITY_IOS || UNITY_ANDROID

// FixedUpdate 함수 나머지 내용…
```

3. 기본적으로 게임이 멈춰 있지 않은 상태이어야 하므로 Hierarchy 창에서 Pause Menu 오브젝트를 선택하고, Inspector 창에서 활성화 버튼을 클릭해 비활성화시킨다.

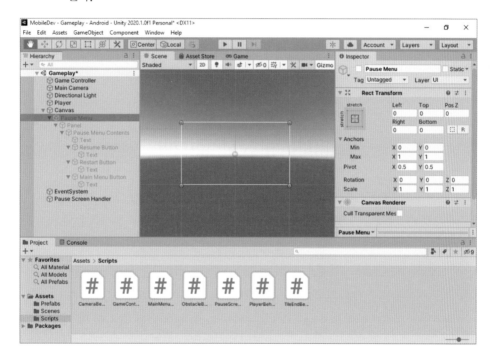

4. 이제 활성화시킬 방법이 필요하다. PC 게임에서는 일반적으로 ESC 버튼을 사용하지만, 모바일에서는 플레이어를 클릭해 메뉴를 열 수 있는 버튼이 필요하다. Hierarchy 창의 Canvas 오브젝트에 마우스 오른쪽을 클릭한 뒤 UI > Button을 선택한다.

5. 새로운 오브젝트의 이름을 Show Pause Button으로 변경한 뒤 Anchor Presets 메뉴를 사용해 스크린의 왼쪽 하단에 오브젝트를 위치시킨다(Alt+Shift를 사용해 Pivot과 Position도 같은 변경한다).

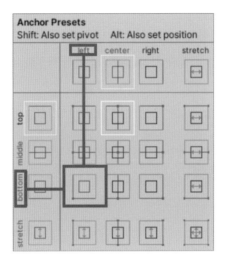

6. RectTransform 컴포넌트의 Width 값을 30으로 변경해 적당한 크기로 만든다.

7. Text 컴포넌트의 Text 속성을 | |로 변경해 멈춤 버튼처럼 보이게 만든다.

8. Show Pause Button 오브젝트를 선택하고 On Click () 이벤트를 생성하는데, Pause Screen Handler 오브젝트의 Pause Screen Behaviour 컴포넌트 SetPauseMenu 함수를 사용한다. 그다음 체크박스를 클릭해 멈춤으로 설정한다.

9. 멈춤 버튼을 클릭하면 사라지게 만들어야 한다. 코드로 할 수도 있지만 에디터에서도 가능하다는 것을 보여주기 위해 +를 다시 클릭하고 On Click ()에 새로운 액션을 추가하자.

10. 그다음 실제 Show Pause Button을 끌어온 후 GameObject > SetActive 함수를 호출한다. 그리고 체크를 해제해 오브젝트를 끈다.

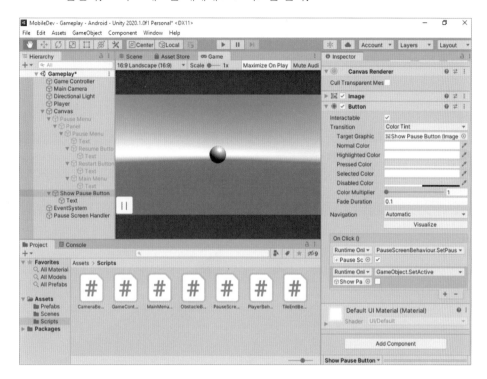

11. Resume Button으로 가서 Show Pause Menu 버튼을 다시 켜지게 만들 이벤트를 위에서도 사용한 SetActive를 사용해 만들어보자.

위에서 언급했듯이 레벨을 새로 시작해보지 않으면 알 수 없는 문제들이 있는데, static 변수는 새로 게임을 시작해도 값이 유지된다는 것이다. 우리 경우는 paused를 설정하면 Time.timeScale이 0이 되는데, 손쉽게 고칠 수 있다.

12. PauseScreenBehaviour 스크립트를 열고 Start 함수를 다음 내용으로 대체한다.

```
void Start()
{
    // Start에서 리셋을 해야 재시작 때 게임이 멈추지 않는다
    SetPauseMenu(false);
}
```

13. 스크립트와 씬을 저장하고 게임을 실행한다.

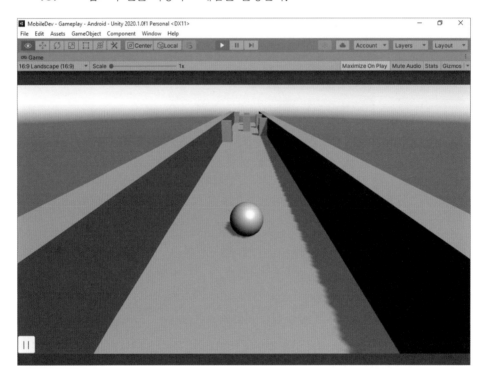

이제 멈춤 메뉴가 정상적으로 동작하고, 대부분의 모바일 기기에서 UI가 동작할 것이다. 하지만 특정 폰들은 '노치notch'를 가지고 있는데, 다음 절에서 UI를 어떻게 조절해 대응하는지 알아볼 것이다.

▎노치 기기에 GUI 대응하기

이 책의 초판이 나왔을 때부터 시장에는 '노치'라고 부르는 부분을 가진 폰들이 많이 출시됐다. iPhone X를 시작으로 이제는 많은 폰들의 일부가 됐고, iPhone XS, XR, Google Pixel XL, One Plus 7, Huawei P20, Xiaomi Mi 8, Vivo V9, and Samsung Galaxy S10 등이 대표적인 예라 할 수 있다. 어떤 사람들은 노치가 없는 전체 스크린이 미래라고 하지만 지금 이 시점에는 iOS 기기, 9.0 이상의 안드로이드 기기, 유니티 모두 노치가 있는 기기를 지원하고 있다. 유니티의 Screen.safeArea 속성을 사용하면 우리의 콘텐츠가 가리지 않도록 할 수 있다.

일단 메인 메뉴로 가서 메뉴 텍스트를 조절하자.

1. Project 창으로 가 Scenes 폴더의 MainMenu 씬을 연다. 멈춤 메뉴 추가하기 섹션에서 Panel 오브젝트를 사용해 우리가 표시하기 원하는 콘텐츠를 담는 것을 봤듯이, 같은 개념을 안전 영역을 설정하는 데 사용하겠다.

2. 레벨이 열린 상태에서 Hierarchy 창에서 Canvas – Scale w/Screen 오브젝트에 마우스 오른쪽 클릭 후 UI > Panel을 선택해 타이틀 스크린에서 사용할 자식 패널을 생성한다.

3. Title Text를 새로 생성한 패널로 끌어와 새로운 Panel의 자식 오브젝트로 만든다.

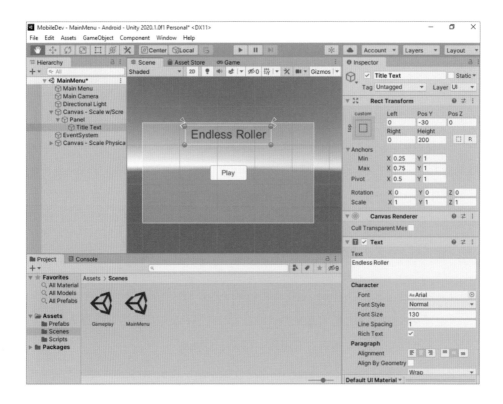

4. Project 창의 Scripts 폴더에서 새로운 C# 스크립트 UISafeAreaHandler를 생성한다. 더블클릭해 코드 에디터에서 연 뒤, 다음 코드를 입력한다.

```csharp
using UnityEngine;

public class UISafeAreaHandler : MonoBehaviour
{
    RectTransform panel;

    // Start is called before the first frame update
    void Start()
    {
        panel = GetComponent<RectTransform>();
    }
```

```
// Update is called once per frame
void Update()
{
    Rect area = Screen.safeArea;

    // 화면 전체의 픽셀 사이즈
    Vector2 screenSize = new Vector2(Screen.width, Screen.height);

    // 사용되는 스크린 비율의 앵커를 설정
    panel.anchorMin = area.position / screenSize;
    panel.anchorMax = (area.position + area.size) / screenSize;
}
}
```

Screen.safeArea 속성은 Rect 타입의 변수를 반환한다. 3장에서 다뤘던 Rect Transform 컴포넌트와 같은 X, Y 위치와 넓이^{width}, 높이^{height}를 가진다. 이 Rect Transform은 노치가 없는 안전한 영역의 정보를 담는다. 유념해둘 것은 스크린 영역은 픽셀 단위로 제공된다. 따라서 8.1 이하를 운영하고 있는 안드로이드폰의 Screen.safeArea는 노치가 없기 때문에 Rect(0, 0, Screen.width, Screen.height)을 반환한다.

Screen.safeArea는 현재 기기의 방향(횡방향과 종방향)에 따라 변화한다. 우리는 모든 방향을 지원하고 싶기 때문에 실행 중에 안전 영역을 체크해야 하고, 그래서 Update 함수에서 조절하는 것이다.

이전에도 배웠듯이 패널의 사이즈를 정하기 위해 앵커를 사용할 수 있다. 앵커는 뷰포트^{viewport} 영역에서 동작하므로 값은 (0, 0)과 (1, 1) 사이가 된다. Screen.safeArea에서 반환되는 Rect는 픽셀 단위의 스크린 영역이므로 스크린 사이즈를 픽셀로 나눠 뷰포트 영역 안의 한 점을 구할 수 있다.

5. 스크립트를 저장하고 유니티 에디터로 돌아온다. 그런 다음 UI Safe Area Handler 컴포넌트를 조금 전에 생성한 Panel 오브젝트에 추가한다.

6. UISafeAreaHandler 스크립트를 다음과 같이 업데이트한다.

```
// Update is called once per frame
void Update()
{
    Rect area = Screen.safeArea;

    // 화면 전체의 픽셀 사이즈
    Vector2 screenSize = new Vector2(Screen.width, Screen.height);

    // 테스트용
    if (Application.isEditor && Input.GetButton("Jump"))
    {
        // iPhone XS Max의 노치 속성을 사용
        if(Screen.height > Screen.width)
        {
            // Portrait - 종모드
            area = new Rect(0f, 0.038f, 1f, 0.913f);
        }
        else
        {
            // Landscape - 횡모드
            area = new Rect(0.049f, 0.051f, 0.902f, 0.949f);
        }

        panel.anchorMin = area.position;
        panel.anchorMax = (area.position + area.size);

        return;
    }

    // 사용되는 스크린 비율의 앵커를 설정
    panel.anchorMin = area.position / screenSize;
    panel.anchorMax = (area.position + area.size) / screenSize;

}
```

이 스크립트는 유니티 에디터상에서 스페이스바를 누르면 영역의 값을 변경시켜 패널의 앵커 값을 변화하게 만드는 기능을 가지고 있다. 이 경우는 iPhone XS Max에서 Screen.safeArea를 호출했을 때 반환됐을 값을 사용했다. 유니티 에디터에서는 방향을 설정하지 않기 때문에 종모드인지 횡모드인지는 스크린 사이즈로 체크한다.

7. 스크립트를 저장하고 에디터로 돌아온다. 게임을 실행한 뒤 스페이스바를 누르면 패널의 크기가 알맞게 조절되는 것을 볼 수 있다.

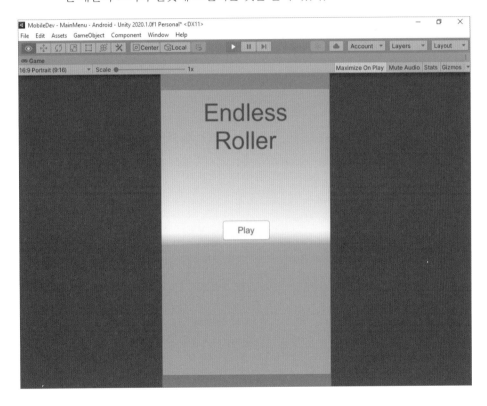

종^{portrait}모드에서는 노치를 고려해 스크린 상단이 잘려 있고, 하단은 홈 버튼을 고려해 잘려 있다.

횡^{landscape}모드로 바꾸면 노치 때문에 오른쪽이나 왼쪽이 잘린다. iOS에서는 반대쪽도 같이 잘린다. 종모드와 마찬가지로 상단은 홈 키를 고려해 잘려 있다.

이제 메뉴가 사이즈에 따라 올바르게 변화한다! 하지만 Play 버튼이 작동하지 않을 가능성이 있다. 두 개의 Canvas 오브젝트가 동시에 그려져서 어느 것이 위로 올지 모르기 때문이다. 2D 게임을 개발해본 경험이 있다면 z축의 우선순위 문제를 경험해봤을 것이다. 하지만 이 문제는 쉽게 해결이 가능하다.

8. Canvas – Scale w/Screen 오브젝트를 선택한다. Inspector 창의 Canvas 컴포넌트로 가서 Sort Order를 -1로 설정한다. 해당 Canvas에서 Sort Order 값이 0인 버튼이 언제나 최상위에 위치한다.

반투명한 하얀 패널은 개념을 설명할 때 좋은 도구지만 게임을 즐기는 유저가 볼 필요는 없으니 꺼 보자.

9. Panel 오브젝트를 선택하고 Image 컴포넌트에서 컴포넌트 이름 왼쪽 체크박스를 해제해 비활성화시킨다.

위 이미지와 버튼 기능을 동시에 유지하고 싶다면 Raycast Target 속성의 체크를 해제하면 된다.

이제 첫 번째 Canvas가 끝났으니 다음 것에도 똑같이 적용해보자.

10. Canvas - Scale Physical로 가서 UI Safe Area Handler 컴포넌트가 추가된 Panel 오브젝트를 생성하고, Image 컴포넌트를 비활성화한다. 그다음 Play 버튼을 자식으로 만든다.

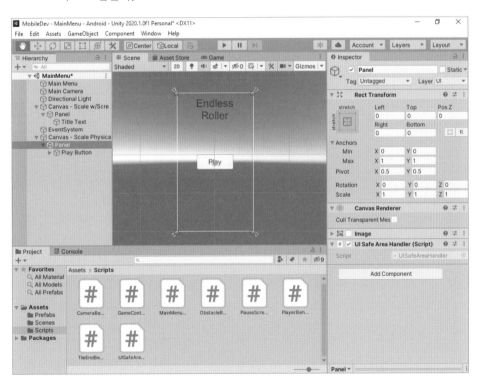

11. 씬을 저장한다. 메인 메뉴를 완성했으니 Gameplay 씬을 작업해보자.

12. Gameplay 씬을 열고 Show Pause Button을 담을 자식 Panel을 Canvas 아래에 생성한다. UI Safe Area Handler 컴포넌트를 추가하고 Image 컴포넌트를 비활성화시킨다.

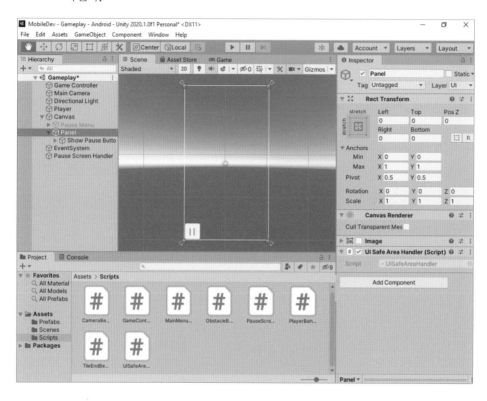

Pause Menu 오브젝트에도 같은 작업을 반복한다. 노치 영역까지 까만 스크린이 나오기 원하기 때문에 Pause Menu 오브젝트를 변경하고 싶지는 않다. 위에서 멈춤 메뉴의 내용을 담기 위해 만든 패널은 Aspect Ratio Fitter를 사용하고 있고, 따라서 코드에서 작성한 앵커의 변화를 무시해버릴 것이다. 때문에 해당 기능은 물론 자식들의 Content Size Fitters 기능까지 유지하기 위해 홀더 역할을 하는 부모 패널을 하나 생성한다.

13. Hierarchy 창에서 Pause Menu 오브젝트를 선택하고, Inspector 창의 이름 옆 체크박스를 클릭해 활성화시킨다. Pause Menu 오브젝트에 마우스 오른쪽 클릭 후 UI > Panel을 선택해 Panel 오브젝트를 생성한다. 이전에 생성한 Pause Menu의 자식이었던 패널을 끌어와 새로 생성한 패널의 자식으로 만든다. 새로운 패널에 UI Safe Area Handler 컴포넌트를 추가하고 Image 컴포넌트를 비활성화시킨다.

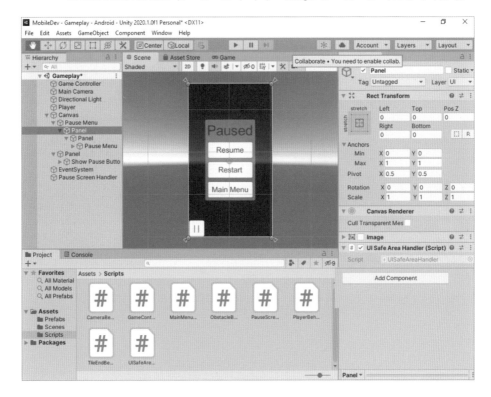

14. 이제 Pause Menu 오브젝트를 다룰 필요가 없기 때문에 Hierarchy 창에서 Pause Menu 오브젝트를 선택한 뒤 Inspector 창의 이름 옆 체크박스의 체크를 해제해 오브젝트를 비활성화시킨다.

15. 씬을 저장하고 게임을 실행한다.

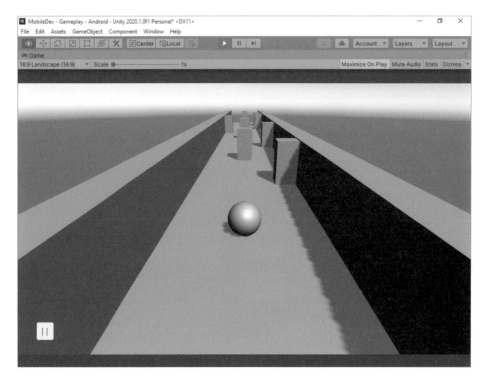

이제 스페이스바를 누르고 있으면 두 메뉴 모두 올바르게 작동하는 것을 볼 수 있다!

▌ 요약

이제 모바일 게임을 위한 UI 요소들을 만들 탄탄한 기반이 생겼다. 가장 먼저 버튼과 Text 오브젝트들을 사용해 타이틀 스크린을 만들었다. 그다음 패널, 버튼, 텍스트, 레이아웃 그룹을 사용해 메뉴와 자동 사이즈 조절 기능을 만들었다. 또한 레이아웃 그룹이 보기 좋게 오브젝트들을 정렬하는 것도 확인할 수 있었다.

다음은 게임에 멈춤 메뉴를 만들고 프로젝트와 연결시켜 모든 기능이 작동하게 했다. 마지막으로 폰의 노치에 따라 안전한 영역에 자동으로 사이즈가 조절되게 만들었다. 여기서 배운 것들은 5장에서 다시 다루겠으니 반드시 머리에 넣어두도록 하자.

> 눈 여겨 볼 개발 툴 중에 Device Simulator가 있다. 이 툴은 개발자들이 다양한 기기에서 본인의 게임이 어떻게 보일지 확인하게 해준다. 더 많은 정보가 알고 싶다면 https://docs.unity3d.com/Packages/com.unity.device-simulator@2.2/manual/index.html을 확인해보자.

5장에서는 유료화와 Unity ads를 추가하는 방법을 알아보겠다.

05

Unity Ads로 광고하기

모바일 게임을 제작할 때 게임을 어떻게 팔 것인가를 같이 생각해야 하며, 팔기 가장 좋은 방법을 찾는 것은 매우 어려운 일이다. 물론 돈을 받고 팔 수 있고 성공할 가능성도 있지만 대상 고객의 숫자를 현저히 낮추게 된다. 틈새를 공략하는 게임의 경우는 괜찮을 수 있지만, 최대한 많은 고객을 끌어 모아야 하는 대중적인 게임을 만들고 있다면 문제가 있는 방식이다.

게임을 즐기고 입소문을 내 줘서 더 많은 사람이 즐기게 해줄 초기 사용자들을 확보해야 한다고 할 때, 게임에 가격표가 붙어 있는 건 장벽이 될 수 있다. 이 문제를 해결하기 위해서는 게임을 무료로 만들면 된다. 그다음 게임을 구매하게 하거나 게임 도중에 광고를 보여주는 방법이 있다.

하지만 무료 게임에 광고를 잔뜩 붙이는 게 최선의 방법이라는 얘기는 아니다. 너무 많거나 적절치 않은 광고는 사용자를 떠나게 만들어 최악의 상황에 처할 수 있다. 광고의 사용이 좋다고 생각하는 개발자들과 그 반대 의견을 가진 개발자들이 열띤 토론을 벌이기도 하지만 이 책에서 다룰 내용은 아니다. 5장에서는 게임에 광고를 넣기 위해 제공되는 옵션들을 알아보고, 본인 게임에 넣고자 한다면 광고를 적용하는 방법을 배울 것이다.

5장에서는 우리 프로젝트에 Unity Ads 프레임워크를 적용시키고 단순한 광고와 복잡한 광고를 넣는 방법을 배울 것이다. 이를 위해 먼저 유니티의 광고 시스템을 설정하고 복잡한 호출을 다루기 전에 간단한 광고를 생성해볼 것이다. 그런 다음 보상을 만들어 광고를 볼 동기를 만들고 너무 많은 광고를 보는 것을 막기 위해 쿨다운 타이머도 제작해볼 예정이다.

5장은 다음과 같이 여러 가지 주제로 나눠져 있으며, 장 전체가 시작부터 끝까지 단계별로 따라 하면 되는 방식으로 구성돼 있다. 주제들은 다음과 같다.

- Unity Ads 설정하기
- 간단한 광고 생성하기
- 광고 콜백 함수 추가하기
- 선택해 보고 보상을 주는 광고
- 쿨타운 타이머 적용하기

▌ 기술적 필수 사항

이 책은 유니티 2020.1.0f1과 유니티 허브 2.3.1을 사용하고 있지만, 향후 버전에서도 큰 문제없이 적용될 수 있을 것이다. 만일 새로운 버전이 나왔음에도 이 책에서 이용한 버전을 사용하고 싶다면 유니티 다운로드 저장소(https://unity3d.com/get-unity/download/archive)에서 내려받을 수 있다. 유니티의 시스템 필수 사항은 https://docs.unity3d.com/2020.1/Documentation/Manual/system-requirements.html로 가서

Unity Editor system requirements 부분을 확인하면 된다. 5장에 기재된 코드 파일은 https://github.com/PacktPublishing/Unity-2020-Mobile-Game-Development-Second-Edition/tree/master/Chapter%2005로 가면 깃허브에서 받을 수 있다.

Unity Ads 설정하기

Unity Ads는 iOS와 안드로이드를 위한 광고 네트워크로, 보유하고 있는 사용자들을 대상으로 광고를 보여줘 수익을 창출할 수 있다. Unity Ads를 사용해 보상형 광고나 비보상형 광고를 삽입할 수 있다. 보상형 광고란 이름이 말해주듯이 광고를 보는 대가로 게임을 즐기는 데 필요한 보상이나 동기를 부여해주는 방식이다. Unity Ads를 활성화하기 전에 Unity Services를 활성해야 한다. Unity Services를 활성하려면 본인 프로젝트와 다른 프로젝트들을 구분하게 해주는 Unity Services Project ID를 연결해야 한다.

1. Window > General > Services로 가거나 Ctrl+O를 누르거나 툴바 오른쪽에 있는 구름 버튼을 눌러 Services 창을 연다.

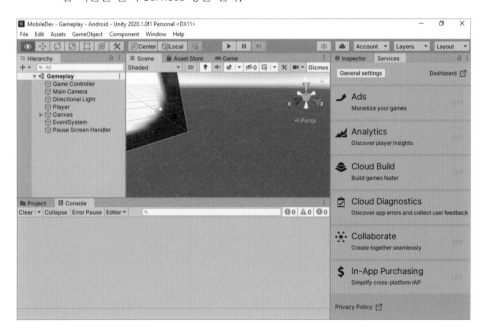

2. 창의 왼쪽 상단에 General Settings 버튼을 클릭하면 아래 모습과 같은 새로운 창이 열릴 것이다.

Unity Services를 사용해본 적이 없다면 Organization과 Project Name을 생성해야 한다.

3. 드롭다운 메뉴를 클릭하고 본인의 유저 이름을 선택한 뒤 Create project ID 버튼을 클릭한다. 프로젝트를 처음 생성할 때 정한 이름에 따라 프로젝트 이름이 자동으로 생성되지만, Services 창의 Settings 섹션에서 바꿀 수도 있다.

 본인의 계정 이름에 따라 유니티가 단체(organization) 이름을 자동으로 생성하지만, 다른 이름을 만들고 싶다면 https://id.unity.com/organizations에서 가능하다.

위 과정이 끝나면 팝업되는 메뉴에서나 유니티 에디터의 Services 창에서 분석 서비스들을 접근할 수 있다. 이 책을 통해 해당 분석 서비스들 중 일부를 사용할 예정이다.

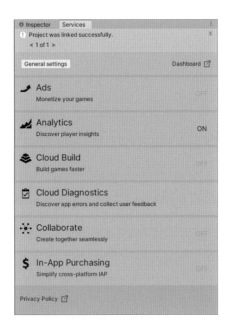

4. 나오는 메뉴의 상단에 있는 **Ads** 버튼을 클릭해 메뉴를 연다. 그다음 오른쪽 상단에 있는 토글 버튼을 클릭해 **Ads**를 활성화한다. 그러면 게임에 대한 질문이 나올 것이다. 게임이 아이들을 위한 것이 아니라면 드롭다운 메뉴에서 **No**를 선택한 뒤 **Save** 버튼을 클릭한다. 아이들을 위한 것이라면 **Yes**를 선택하고 **Save**를 클릭한다.

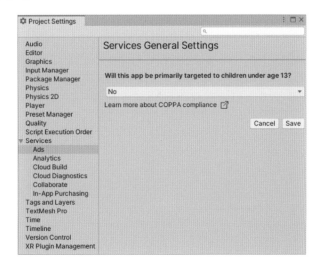

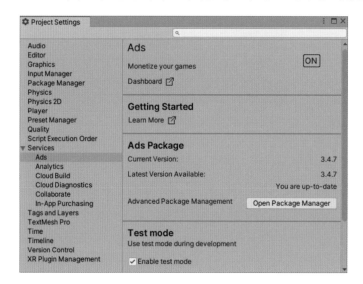

13세 이하의 어린이를 위한 게임이라고 지정하면 활동 기반의 광고를 하지 않게 된다. 활동 기반이란 더 높은 eCPM(effective cost per thousand impressions[1]를 위해 유저에 맞춤 광고를 보여주는 방식이다. 하지만 13세 이하의 아이들에게는 COPPA(Children's Online Privacy Protection Rule Act[2]에 따라 금지돼 있다. 더 많이 알고 싶다면 https://forum.unity.com/threads/age-designation.326930/을 확인해보자.

5. Ads 메뉴가 나오면 Off 버튼을 클릭해 컨다. 이제 광고 기능이 활성화됐다. Enable test mode 옆 체크박스를 클릭해 보여지는 광고가 테스트용임을 지정한다.

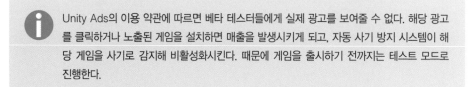

Unity Ads의 이용 약관에 따르면 베타 테스터들에게 실제 광고를 보여줄 수 없다. 해당 광고를 클릭하거나 노출된 게임을 설치하면 매출을 발생시키게 되고, 자동 사기 방지 시스템이 해당 게임을 사기로 감지해 비활성화시킨다. 때문에 게임을 출시하기 전까지는 테스트 모드로 진행한다.

---

1 노출 천 번당 가장 효율적인 가격 - 옮긴이
2 어린이 온라인 개인정보보호법 - 옮긴이

6. 앱스토어에 게임을 출시할 준비가 됐을 때 **Enable test mode** 옵션의 체크를 해제하도록 하자. 더 아래로 내려오면 Game Id 속성이 보일 텐데, 게임이 시작될 때 Unity Ads 초기화가 필요하므로 다른 곳에 노트해두자.

7. 광고에 관련된 액션들은 하나의 스크립트에 넣어두면 좋으므로, **Project** 창의 **Assets / Scripts** 폴더로 가서 **Create > C# Script**를 선택하고 `UnityAdController` 스크립트를 생성한다.

8. 본인 IDE에서 파일을 열고 다음 코드를 입력한다.

```
using UnityEngine;

using UnityEngine.Advertisements; // 광고 클래스

public class UnityAdController : MonoBehaviour
{
    /// <summary>
    /// 광고를 보여줄 것인가
    /// </summary>
    public static bool showAds = true;

    /// <summary>
    /// 본인의 gameId로 교체
    /// </summary>
    private string gameId = "1234567";

    /// <summary>
    /// 게임이 테스트 모드인지 아닌지
    /// </summary>
    private bool testMode = true;

    /// <summary>
    /// Unity Ads가 초기화되지 않으면 제대로 동작하지 않는다
    /// </summary>
    private void Start()
    {
        // 이미 초기화돼 있다면 다시 할 필요는 없다
```

```
        if(!Advertisement.isInitialized)
        {
            Advertisement.Initialize(gameId, testMode);
        }
    }
}
```

위 코드는 몇 가지 일을 한다. 가장 먼저 UnityEngine.Advertisments 네임스페이스를 사용해 Advertisement 클래스에 접근할 수 있게 한다. 수익화를 위해 비디오, 전면, 배너 광고만 할 예정이라면 유니티가 추천하는 API다. Unity Ads를 사용하려면 Advertisement.Initialize 함수를 사용해야만 하는데, 나는 Start 함수에서 호출했다.

9. Project 창에서 MainMenu 씬을 연다. 빈 GameObject(GameObject > Create Empty)를 생성한 뒤, 이름을 Unity Ad Manager로 변경한다. 생성이 됐으면 Unity Ad Controller 스크립트를 추가한다.

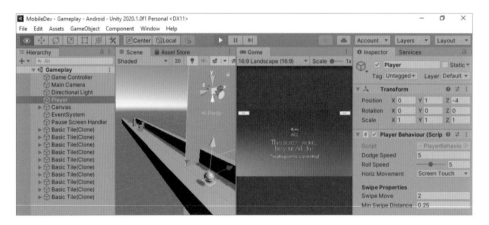

이 오브젝트는 게임이 시작될 때 불러오는 MainMenu 레벨에서 생성되므로 우리의 목적에 정확히 부합한다.

지금까지 Unity Analytics를 활성화시키고 Ads 메뉴를 켜서 Unity Ads를 사용할 설정 작업이 완료됐다. 이제 우리 프로젝트에 실제로 단순 광고를 넣어보자.

단순 광고 보여주기

광고를 통해 본인의 게임을 즐기는 플레이어로부터 매출을 발생시킬 수 있다. 위에서 언급했듯이 Unity Ads를 통해 보여줄 수 있는 두 가지 타입의 광고가 있다 – 단순과 보상. 단순 광고는 말 그대로 사용하기 쉽고, 유저에게 단순한 전면 광고를 보여준다. 레벨 사이를 오가거나 게임을 다시 시작할 때 보여주기 좋다. 다음 단계들을 따라 해당 기능을 적용해보자.

1. UnityAdController 클래스에 새로운 함수를 추가한다.

```
public static void ShowAd()
{
    if (Advertisement.IsReady())
    {
        Advertisement.Show();
    }
}
```

스태틱static 메소드 ShowAd를 생성했다. 스태틱으로 만든 이유는 이 함수를 호출하기 위해 해당 클래스의 인스턴스를 생성하지 않고도 접근할 수 있게 하기 위해서다. 그다음 광고가 준비됐는지 체크하고, 준비됐다면 Show() 함수를 호출해 스크린에 표시한다.

2. 스크립트를 저장한 뒤, MainMenuBehaviour 파일을 열고 다음 강조된 코드를 입력한다.

```
/// <summary>
/// 호출되면 새로운 씬을 불러온다
/// </summary>
/// <param name="levelName">이동하기 원하는 레벨의 이름</param>
public void LoadLevel(string levelName)
{
    SceneManager.LoadScene(levelName);
```

```
if (UnityAdController.showAds)
{
    // 광고 표시
    UnityAdController.ShowAd();
}
}
```

이제 LoadLevel 함수를 호출할 때마다 광고가 나올 것이다. 또한 기본값을 가지는 파라미터도 추가했는데, 이를 통해 광고를 보여줄지 말지 선택할 수 있다. 예를 들어 게임을 재시작할 때는 보여주지 않도록 할 수도 있다.

3. 이제 눈으로 확인해보자. Play 버튼을 눌러 게임을 실행한다.

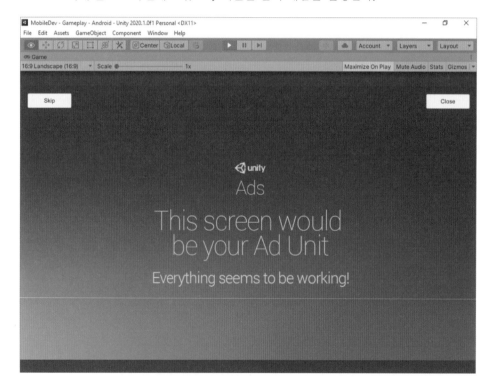

위 스크린샷에서 볼 수 있듯이 광고가 정상적으로 작동한다. 이 화면은 게임이 에

디터에서 실행될 때 보이는 화면이다. 플레이어가 광고를 스킵했는지 비디오 전체를 다 봤는지 테스트할 수 있는 버튼도 있다. 만일 테스트 모드를 비활성화했다면 실제 비디오 광고가 나온다.

게임을 실행하는 동안 한 번 더 이 화면을 볼 수 있는데, 멈춤 메뉴를 열고 Main Menu 버튼을 클릭하면 된다.

> 제대로 동작하지 않거나 보이지 않는 경우 이전에 다뤘던 Player Settings 메뉴로 가 현재 플랫폼이 안드로이드나 iOS로 돼 있는지 확인해보자.

위 방식은 게임에서 광고를 보여줄 수 있는 가장 쉬운 방법이지만, 광고가 제대로 작동하려면 아직 해야 할 일이 남았으니 지금부터 시작해보자.

> 간단하게 표시할 수 있는 또 다른 광고는 배너 광고다. 기본 광고와 비슷하게 동작하며 Advertisement.Show 대신에 Advertisement.Banner.Show를 사용하면 된다. 더 많이 알고 싶다면 https://docs.unity3d.com/Packages/com.unity.ads@3.2/manual/MonetizationBannerAdsUnity.html을 확인해보자.

▍콜백 메서드 활용하기

LoadLevel 함수에서 사용한 코드는 게임에서 메인 메뉴로 갈 때는 제대로 동작하지만, 메인 메뉴에서 게임으로 갈 때는 광고가 화면을 가린 상태에서 게임이 뒤에서 실행되고 있다.

실제 모바일 기기에서 앱을 실행할 때 Unity Ads가 출력되면 Unity Player는 게임을 멈춘다. 하지만 유니티 에디터에서는 광고가 나올 때 게임이 멈추지 않는다. 하지만 Advertisement.ShowOptions 클래스를 활용해 비슷한 기능을 만들 수 있다.

광고가 나올 때 게임을 멈추고, 광고가 끝나면 게임을 연결해 진행되게 만들기 위해 다음 단계를 따라 해보자.

1. UnityAdController 클래스를 열고 Start 함수를 다음과 같이 업데이트한다.

```
/// <summary>
/// Unity Ads가 초기화되지 않으면 제대로 동작하지 않는다
/// </summary>
private void Start()
{
    // 이미 초기화돼 있다면 다시 할 필요는 없다
    if(!Advertisement.isInitialized)
    {
        // Use the functions provided by this to allow custom
        // behavior
        // on the ads
        Advertisement.AddListener(this);
        Advertisement.Initialize(gameId, testMode);
    }
}
```

Advertisement.AddListener 함수는 IUnityAdsListener 오브젝트를 받아들인다. 이름 앞에 I는 인터페이스^{Interface}라는 의미다. C#에서 이 키워드는 약속 같은 개념인데, 해당 함수에 제공하는 것들이 인터페이스가 요구하는 사항을 만족하겠다는 뜻이다.

2. 클래스 정의를 다음과 같이 업데이트한다.

```
public class UnityAdController : MonoBehaviour, IUnityAdsListener
```

쉼표 뒤에 IUnityAdsListener를 붙이면 IUnityAdsListener 인터페이스에서 제공하는 함수들을 적용할 것이라는 의미가 된다. 제공하는 함수들이 어떤 것들인지 IDE에서 보려면 IUnityAdsListener에 마우스 오른쪽 클릭 후 Go to Definition을

선택하면 다음과 비슷한 내용을 볼 수 있을 것이다.

```
#region Assembly UnityEngine.Advertisements, Version=3.4.6.0,
Culture=neutral, PublicKeyToken=null
//
C:\Users\Desktop\MobileDev\Library\ScriptAssemblies\UnityEngine.Advertisemens.
dll
#endregion

using UnityEngine.Advertisements;

namespace UnityEngine.Advertisements
{
    public interface IUnityAdsListener
    {
        void OnUnityAdsDidError(string message);
        void OnUnityAdsDidFinish(string placementId, ShowResultshowResult);
        void OnUnityAdsDidStart(string placementId);
        void OnUnityAdsReady(string placementId);
    }
}
```

따라서 우리 클래스 안에도 똑같은 이름, 파라미터, 반환 타입을 가진 네 개의 함
수들을 생성해야 한다.

 인터페이스와 C# 안에서의 동작 구조가 궁금하다면 https://www.tutorialsteacher.com/
csharp/csharp-interface를 확인해보자.

3. 인터페이스에서 사용되는 함수들을 적용해보자.

```
#region IUnityAdsListener Methods
public void OnUnityAdsReady(string placementId)
{
```

```
        // 보상 버튼 활성화와 같이 광고가 준비됐을 때 실행할 동작들
    }

    public void OnUnityAdsDidError(string message)
    {
        // 에러가 있다면 출력한다
        Debug.LogError(message);
    }

    public void OnUnityAdsDidStart(string placementId)
    {
        // 광고가 나올 때 게임을 멈춘다
        PauseScreenBehaviour.paused = true;
        Time.timeScale = 0f;
    }

    public void OnUnityAdsDidFinish(string placementId, ShowResultshowResult)
    {
        // 광고가 끝나면 멈춤을 해제한다
        PauseScreenBehaviour.paused = false;
        Time.timeScale = 1f;
    }
#endregion
```

광고를 생성할 때 위 네 개의 함수가 동작한다. OnUnityAdsDidStart 함수에서 게임을 멈추고, OnUnityAdsDidFinish에서 멈춘 것을 푼다. 참고로 코드를 더 보기 편하게 하기 위해 region을 사용했다.

 #region 블록에 관해 더 알고 싶다면 https://docs.microsoft.com/en-us/dotnet/csharp/language-reference/preprocessor-directives/preprocessor-region을 확인해보자.

4. 다음은 방금 적용한 기능들을 PauseScreenBehaviour가 무효화시키지 않도록 Start() 함수를 다음으로 교체한다.

```
private void Start()
{
    if(!UnityAdController.showAds)
    {
        // 광고를 보여주고 있지 않으면 게임을 시작한다
        SetPauseMenu(false);
    }
}
```

위 코드가 중요한 이유는 적용하지 않는다면 Start 함수에서 레벨을 불러온 후 게임을 멈추려고 하면 게임이 꺼질 것이기 때문이다. PC 버전에서만 필요한 기능인데, 자동으로 스태틱static 값이 풀어지지 않기 때문이다.

5. 스크립트를 저장하고 게임을 실행한다.

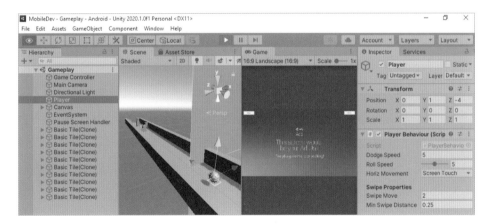

이제 메인 메뉴에서 게임으로 넘어갈 수 있고, 준비가 될 때까지 게임을 멈추고 있다. 지금까지 무조건 봐야 하는 기본 광고를 적용하는 방법을 배웠으니, 지금부터 보상을 주는 광고를 볼 수 있게 해보자.

▌ 보상이 있는 사전 동의 광고

애드콜로니AdColony에 따르면 모바일 개발자들의 58%가 권장하는 모바일 게임 광고 유형은 보상이 있는 영상 광고다. 다시 말해 플레이어가 선택해 볼 수 있는 사전 동의 광고를 보고 보상을 받는 방식이다. 이렇게 구성하면 플레이어는 광고가 선택으로 느껴지고, 보상이 있기 때문에 보고자 하는 생각이 들게 된다.

보상이 있는 광고는 더 높은 eCPMs effective Cost Per 1000 Impressions[3] 수치를 보이는데, 게임 내 보상을 위해 사전 동의 후 광고를 보기 때문이다.

 보상 광고를 권장하는 이유를 더 알고 싶다면 https://www.adcolony.com/blog/2016/04/26/the-top-ads-recommended-by-mobile-game-developers/를 확인해보자.

우리 게임에서는 게임을 재시작할 수도, 아니면 광고를 보고 게임을 이어 가게 할 수 있다. 따라서 플레이어가 광고를 볼지 말지를 선택할 수 있는 메뉴가 필요하니 제작해보자.

1. 먼저 게임을 멈추고 Gameplay 씬을 연다. Game Over 메뉴를 만들기 위해 Hierarchy 창에서 Canvas 게임 오브젝트를 확장한 뒤, Pause Menu 오브젝트를 선택하고 Ctrl+D를 눌러 복제한다. 복제된 새 오브젝트의 이름을 Game Over로 변경하고, 볼 수 있게 활성화한다. 좀 더 쉽게 볼 수 있게 전에 UI를 만들었을 때처럼 2D 모드를 켜도 좋다.

2. Game Over 오브젝트와 두 개의 자식 Panel들을 다 확장한 뒤 Pause Menu Contents의 이름을 Game Over Contents로, Text 오브젝트의 Text 컴포넌트의 이름을 Game Over로 변경한다.

---

3 1,000번 노출당 효율 비용 – 옮긴이

3. Resume 버튼의 내용을 Continue (Play Ad)로 변경하고, 버튼 오브젝트의 이름을 Continue Button으로 변경한다.

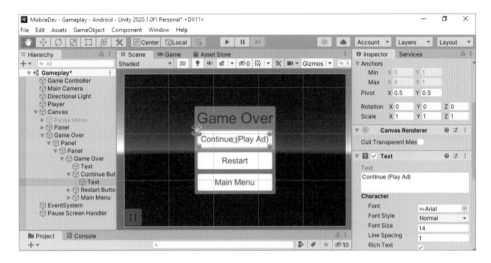

4. 다음은 ObstacleBehaviour 스크립트에 다음 강조된 코드들을 업데이트하자.

```
using UnityEngine;
using UnityEngine.UI; // 버튼

public class ObstacleBehaviour : MonoBehaviour
{
    [Tooltip("게임 재시작 전 대기 시간")]
    public float waitTime = 2.0f;

    public GameObject explosion;

    private GameObject player;

    private void OnCollisionEnter(Collision collision)
    {
        // 가장 먼저 플레이어와 충돌했는지 체크
        if (collision.gameObject.GetComponent<PlayerBehaviour>())
        {
            // 플레이어 제거(숨김)
```

```csharp
            collision.gameObject.SetActive(false);
            player = collision.gameObject;

            // 대기 시간이 지나면 ResetGame 함수 호출
            Invoke("ResetGame", waitTime);
        }
    }

    /// <summary>
    /// 현재 레벨을 다시 시작함
    /// </summary>
    private void ResetGame()
    {
        // 재시작 메뉴 불러오기
        var go = GetGameOverMenu();
        go.SetActive(true);

        // Continue 버튼 가져오기
        var buttons = go.transform.GetComponentsInChildren<Button>();
        Button continueButton = null;

        foreach (var button in buttons)
        {
            if (button.gameObject.name == "Continue Button")
            {
                continueButton = button;
                break;
            }
        }

        // 버튼을 찾았다면 사용할 수 있다
        if (continueButton)
        {
            if (UnityAdController.showAds)
            {
                // 플레이어가 버튼을 클릭하면 광고를 보여주고 진행한다
                continueButton.onClick.AddListener(UnityAdController.ShowAd);
                UnityAdController.obstacle = this;
            }
```

```csharp
        else
        {
            // 광고를 보여줄 수 없으면 continue 버튼은 필요 없다
            continueButton.gameObject.SetActive(false);
        }
    }
}

/// <summary>
/// 오브젝트가 탭됐으면 폭발을 생성하고 이 오브젝트를 제거한다
/// </summary>
private void PlayerTouch()
{
    if (explosion != null)
    {
        var particles = Instantiate(explosion, transform.position,
        Quaternion.identity);
        Destroy(particles, 1.0f);
    }

    Destroy(this.gameObject);
}

/// <summary>
/// Game Over 메뉴 게임 오브젝트 가져오기
/// </summary>
/// <returns>Game Over 메뉴 오브젝트</returns>
GameObject GetGameOverMenu()
{
    var canvas = GameObject.Find("Canvas").transform;
    return canvas.Find("Game Over").gameObject;
}

/// <summary>
/// 필요한 경우 게임 리셋을 처리
/// </summary>
public void Continue()
{
    var go = GetGameOverMenu();
```

```
            go.SetActive(false);
            player.SetActive(true);

            // 이것도 터뜨린다(재생성된 플레이어가 이어 할 수 있도록)
            PlayerTouch();
        }

    }
```

이번에는 플레이어 제거 기능을 없애는 대신 숨겼다. 플레이어가 광고를 볼 경우 숨긴 것을 다시 보여주고 이어서 진행하게 해줘야 하기 때문이다. 또한 플레이어와 충돌한 것도 제거한다. 그래야 플레이어가 죽은 시점에서 다시 충돌하지 않고 이어서 할 수 있다. 이런 상황을 염두에 두면서 게임 이어 하기를 담당할 Continue 함수를 생성했다.

5. UnityAdController 스크립트를 열고 파일 최상단에 다음과 같은 변수 선언문을 추가한다.

```
// 게임을 이어 하기 위해 장애물을 담을 변수
public static ObstacleBehaviour obstacle;
```

6. UnityAdController 스크립트의 OnUnityAdsDidFinish 함수를 다음과 같이 업데이트한다.

```
public void OnUnityAdsDidFinish(string placementId, ShowResult showResult)
{
    // 장애물이 있는 경우 게임을 이어 하기 위해 제거한다
    if (obstacle != null && showResult == ShowResult.Finished)
    {
        obstacle.Continue();
    }

    // Unpause when ad is over
    PauseScreenBehaviour.paused = false;
```

```
        Time.timeScale = 1f;
}
```

추가한 코드는 플레이어가 충돌한 장애물이 있는지 먼저 체크한다. 있다면 함수에서 제공하는 showResult 변수의 값을 체크한다. ShowResult의 enum 값을 기반으로 플레이어가 Skip 버튼을 누르지 않고 광고를 끝까지 봤는지 확인한다.

7. 두 씬 모두에서 유니티 광고 시스템이 작동하게 만들기 위해 Main Menu의 Unity Ad Manager 오브젝트를 복사해 붙이고, 코드를 통해 추가할 수 있다. GameController 스크립트를 열고 Start 함수에 다음 강조된 코드를 추가한다.

```
Private void Start ()
// UnityAdController가 없으면 코드를 통해 추가한다

if(!GameObject.FindObjectOfType<UnityAdController>())
    {
        var adController = new GameObject("Unity Ad Manager");
        adController.AddComponent<UnityAdController>();
    }
// 시작 포인트 설정
    nextTileLocation = startPoint;
```

8. 스크립트를 저장하고 유니티 에디터로 돌아온다.

9. Game Over 오브젝트를 클릭하고 비활성화시킨 다음 씬을 저장하고, Main Menu 씬을 열고 게임을 실행한다.

만일 광고가 보이지 않으면 Unity Ads가 초기화되지 않은 것이다. 초기화는 Main Menu 씬에서 이루어지므로 광고를 보기 전에 해당 씬으로 먼저 가야 한다.

이제 죽으면 Game Over 스크린이 나온다.

Continue (Play Ad)를 클릭하면 광고가 재생된다. 플레이어가 스킵하면 아무 일도 일어나지 않지만 끝까지 다 보면 언제 그랬냐는 듯이 게임으로 돌아오게 된다.

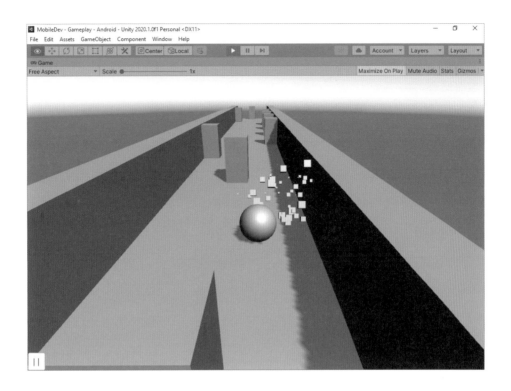

이제 광고 시스템이 올바르게 동작한다. 게임 플레이에 광고를 적용해 플레이어로 하여금 광고를 볼 이유를 만들어줄 수 있도록 했다.

쿨다운 타이머 추가하기

개발자에게 광고는 좋은 것이지만, 유니티 유료화 FAQ 문서를 보면 한 유저당 하루에 25 개의 광고만 볼 수 있다. 따라서 플레이어가 보는 광고가 가끔씩 출력되게 만들어보자. 이렇게 구성하면 시간이 조금 지난 후에도 게임을 다시 하고 싶게 만드는 효과도 얻을 수 있다.

유니티 유료화 FAQ에 관해 더 알고 싶다면 https://unityads.unity3d.com/help/faq/ monetization을 확인해보자.

이제 **Continue** 옵션에 조절이 가능한 짧은 딜레이 기능이 있고 가끔씩 발동되게 만들어 보자.

1. UnityAdController 스크립트를 열고 강조된 다음 변수를 추가한다.

```
using System; // DateTime
using UnityEngine;
using UnityEngine.Advertisements; // 광고 클래스

public class UnityAdController : MonoBehaviour, IUnityAdsListener
{
    /// <summary>
    /// 광고를 보여줄 것인가
    /// </summary>
    public static bool showAds = true;

    // Nullable type
    public static DateTime? nextRewardTime = null;

    // 게임을 이어 하기 위해 장애물을 담을 변수
    public static ObstacleBehaviour obstacle;

    // UnityAdController 나머지...
```

nextRewardTime 변수는 우리가 다뤄 본 적이 없는 DateTime 타입이다. 간단히 얘기하면 특정한 시간과 다른 특정한 시간을 비교하기 위한 구조로서 .NET 프레임워크에 포함돼 있다. 우리는 이 기능을 사용해 또 다른 광고를 재생할 수 있는 시간을 저장할 예정이다. 눈여겨볼 부분은 DateTime은 System 네임스페이스의 일부분이므로 코드 상단에 using System; 라인을 추가했다.

이런 타입의 변수 옆에 ?가 보일 것이다. 이렇게 하면 null이 가능한 타입을 생성할 수 있다. 이 방식의 장점은 일반적인 값 외에도 null 값이 가능하기 때문에 기본 값을 위해 기본값을 만드는 일은 안 해도 된다.

2. 광고 사이사이에 지연 시간을 추가하기 위해 새로운 함수를 만들어보자.

```
public static void ShowRewardAd()
{
    nextRewardTime = DateTime.Now.AddSeconds(15);

    ShowAd();
}
```

이제 보상 광고를 보여주고 나면 nextRewardTime을 15초로 설정하고 광고를 보여준다. 물론 원한다면 AddMinutes나 AddHours 함수를 사용해 분이나 시간 단위로 추가할 수 있다.

3. 스크립트를 저장하고 ObstacleBehaviour 스크립트를 연 다음 상단에 다음 using 문들을 추가한다.

```
using System; // DateTime
using System.Collections; // IEnumerator
```

4. 그런 다음 ResetGame() 함수의 하단 부분을 다음의 강조된 내용으로 변경한다.

```
// ResetGame 상단의 내용...

// 버튼을 찾았다면 사용할 수 있다
if (continueButton)
{
    if (UnityAdController.showAds)
    {
        // 플레이어가 버튼을 클릭하면 광고를 보여주고 진행한다
        StartCoroutine(ShowContinue(continueButton));
    }
    else
    {
        // 광고를 보여줄 수 없으면 continue 버튼은 필요 없다
        continueButton.gameObject.SetActive(false);
    }
}
```

버튼에 리스너^{listener}를 쓰는 대신 아직 작성하지 않은 StartCoroutine 함수 호출로 교체했다. 해당 코루틴을 작성하기 전에 잠시 코루틴이 무엇인지 알아보자.

코루틴^{coroutine}이란 실행을 멈췄다가 일정 시간이 지난 후 멈춘 곳에서 다시 시작할 수 있는 기능을 가진 함수를 말한다. 기본 설정상 yield를 시작한 직후 프레임에서 다시 시작하지만, WaitForSeconds 함수를 사용해 다시 시작하기 전에 얼마를 기다려야 할지를 지정해줄 수도 있다.

5. ShowContinue 함수에 다음 코드를 사용한다.

```
public IEnumerator ShowContinue(Button contButton)
{
    while (true)
    {
        var btnText = contButton.GetComponentInChildren<Text>();
```

```
// 다음 보상 시간에 도달했는지 체크한다(보상 시간이 존재한다면)
var rewardTime = UnityAdController.nextRewardTime;

bool validTime = rewardTime.HasValue;
bool timePassed = true;

if (validTime)
{
    timePassed = DateTime.Now > rewardTime.Value;
}

if (!timePassed)
{
    // 버튼을 클릭할 수 없다
    contButton.interactable = false;

    // 다음 보상 시간까지 남은 시간을 구한다
    TimeSpan remaining = rewardTime.Value - DateTime.Now;

    // 남은 시간을 99:99 포맷으로 구한다
    var countdownText = string.Format("{0:D2}:{1:D2}", remaining.Minutes,
                        emaining.Seconds);

    // 버튼 텍스트를 새로운 시간으로 설정
    btnText.text = countdownText;

    // 1초 후에 다시 와서 체크
    yield return new WaitForSeconds(1f);
}
else
{
    // 이제 버튼을 누를 수 있다
    contButton.interactable = true;

    // 플레이어가 버튼을 클릭하면 광고를 보여주고 진행한다
    contButton.onClick.AddListener(UnityAdController.ShowRewardAd);
    UnityAdController.obstacle = this;
```

```
            // 텍스트를 원래 버전으로 변경한다
            btnText.text = "Continue (Play Ad)";

            // 이제 코루틴을 벗어날 수 있다
            break;
        }
    }
}
```

위 코루틴은 여러 가지를 하지만, 가장 먼저 while (true)로 들어간다. 일반적인
경우 무한 루프를 일으키기 때문에 매우 안 좋은 상황이지만, 이 경우에는 보상
시간이 설정돼 있지 않거나 nextRewardTime 변수에서 설정한 시간이 지나면 루
프에서 벗어난다. 벗어나지 않았다면 시간이 얼마나 남았는지 알아내 버튼 텍스
트를 변경한다. 그런 다음 WaitForSeconds 함수를 써서 실행을 멈춘 후 1초 뒤에
다시 돌아온다.

 코루틴이 동작하는 원리에 관해 더 알고 싶다면 드류 캠벨(Drew Campbell)이 깔끔하게 작
성한 문서(https://gamedevunboxed.com/unity-coroutines-how-do-they-work/)
를 확인해보자.

6. 모든 스크립트를 저장하고 유니티로 돌아가 게임을 실행한다.

게임을 한 번 재시작한 뒤 다시 재시작하려고 하면 지연 스크린을 보게 된다. 시간이 0이
지나고 나서야 다시 이어 할 수 있다.

 위와 같은 보상 광고들의 좋은 예제들에 관해 더 알고 싶다면 https://docs.unity3d.com/
Packages/com.unity.ads@3.2/manual/MonetizationResourcesBestPracticesAds.
html을 확인해보자.

▌ 요약

이제 게임에 광고를 추가할 훌륭한 기반이 마련됐다. 이 과정을 진행하는 동안 적용이 얼마나 쉬운지 알고, 그와 동시에 플레이어가 가장 좋은 경험을 하게 하는 새로운 방법들을 생각하는 계기가 됐길 바란다. 5장에서 우리는 Unity Ads를 설정하는 방법을 배우고 간단한 광고를 생성하고 IUnityAdsListener 인터페이스를 사용해 플레이어의 행동에 반응하는 방법을 배웠다. 그런 다음 선택 가능한 광고를 게임에 적용해 플레이어에게 보상을 주는 방법을 알아보고, 짜증을 낼 수 있는 플레이어들을 위해 쿨다운 시스템을 구현했다. 새로 배운 이 방법들을 통해 향후에 개발할 본인의 프로젝트에서도 광고를 구현해 추가 매출을 발생시킬 수 있게 됐다.

광고는 게임에서 매출을 발생시키는 좋은 방법이지만, 6장에서는 더 인기 있는 매출 발생 방법인 인 앱 구매in-app purchases에 관해 배워 보겠다.

06

인 앱 구매 적용하기

5장, 'Unity Ads로 광고하기'에서 말했듯이 플랫폼에서 매출을 발생시키는 옵션은 매우 다양하다. 광고를 삽입한 게임을 무료로 배포하기로 한 후에도, In-App Purchases[IAP1]를 통해 추가 콘텐츠나 게임 진행에 도움이 되는 요소를 판매할 수 있다. 잘만 적용하면 유저를 게임에 몰입하게 하고 무료 유저를 유료 유저로 전환시킬 수 있다.

일반적으로는 광고를 제거하거나 새로운 그래픽 테마를 제공하지만, 이미 게임에 매료돼 있는 플레이어들에게 더 많은 시간을 사용하도록 새로운 레벨이나 콘텐츠를 제공할 수도 있다. 다른 관점에서 보면 IAP를 게임 플레이 경험을 더 향상시킬 수 있는 파워업이나 업그레이드를 살 수 있는 방법이라고 생각할 수도 있다.

---

1 인 앱 구매 – 옮긴이

6장에서는 우리 프로젝트에 유니티의 In-App Purchasing 시스템을 적용하고, IAP를 통해 소모성 콘텐츠와 영구적 언락을 가능하게 할 것이다. 6장이 끝날 즈음에는 유니티 IAP 시스템을 설정하는 방법과 구매 가능한 첫 번째 아이템을 구현하고, 그다음은 구매를 복구하는 방법을 다룰 것이다.

6장은 여러 주제로 나뉘어져 있고, 알기 쉬운 단계별 과정을 따라 하면 된다. 해야 할 작업은 다음과 같다.

- 유니티 IAP 설정하기
- 첫 번째 구매 요소 생성하기
- 구매 복구 버튼 추가하기
- 본인 선택한 스토어에서 구매 요소 설정하기

▌ 기술적 필수 사항

이 책은 유니티 2020.1.0f1과 유니티 허브 2.3.1을 사용하고 있지만 향후 버전에서도 큰 문제없이 적용될 수 있을 것이다. 만일 새로운 버전이 나왔음에도 이 책에서 이용한 버전을 사용하고 싶다면 유니티 다운로드 저장소(https://unity3d.com/get-unity/download/archive)에서 내려받을 수 있다. 유니티의 시스템 필수 사항은 https://docs.unity3d.com/2020.1/Documentation/Manual/system-requirements.html로 가서 Unity Editor system requirements 부분을 확인하면 된다. 6장에 기재된 코드 파일은 https://github.com/PacktPublishing/Unity-2020-Mobile-Game-Development-Second-Edition/tree/aster/Chapter%2006으로 가면 깃허브에서 받을 수 있다.

유니티 IAP 설정하기

유니티 IAP는 게임 프로젝트에서 다양한 아이템을 플레이어에게 판매하게 해주는 서비스로 iOS 앱스토어, 맥 앱스토어, 구글 플레이어, 윈도우 스토어, 아마존 앱스토어 등을 기본적으로 지원한다. 따라서 이 서비스를 사용하면 다양한 곳에 손쉽게 판매할 수 있다. 5장, 'Unity Ads로 광고하기'에서 이미 유니티 서비스 구성을 완료했으니 크게 어려울 것은 없다. 다음 단계에 따라 유니티 IAP를 추가해보자.

1. Window > Services로 가거나 툴바에서 Cloud 버튼을 눌러 Services 창을 연다.

> ⓘ 5장을 진행하면서 넘어왔다면 서비스가 이미 구성돼 있을 것이다. 그렇지 않다면 5장, 'Unity Ads로 광고하기'의 '유니티 광고 구성하기' 절을 보기 바란다.

2. Services 메뉴에서 In-App Purchasing까지 내려오면 비활성화돼 있는 것을 볼 수 있다.

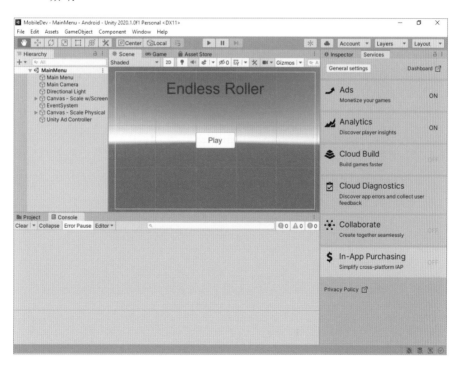

3. In-App Purchasing 버튼을 클릭해 메뉴를 열고, Off 버튼을 클릭해 활성화한다. 문제없이 진행됐다면 다음과 같은 모습의 메뉴를 볼 수 있다.

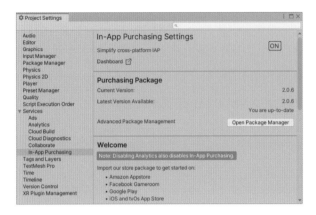

4. 스크롤을 내려보면 Welcome 섹션 끝에 Import 버튼이 보일 것이다. IAP를 생성하기 위해서는 유니티 IAP에 필요한 패키지를 가져와야 하므로 Import 버튼을 클릭하고 끝나기를 기다리자.

5. 그러면 프로젝트가 올바르게 설정돼 있는지 확인한 뒤 설치하겠냐고 물어보는 팝업이 나온다.

6. Install Now를 클릭하면 Unity IAP Installer 팝업 창이 뜬다. 설명을 읽어본 후 Next 〉〉 버튼을 누른다.

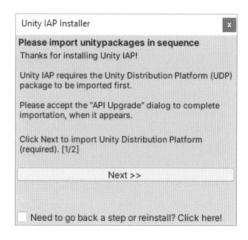

7. UDP 시스템용 Import Unity Package 창이 뜨면 Import를 클릭한다.

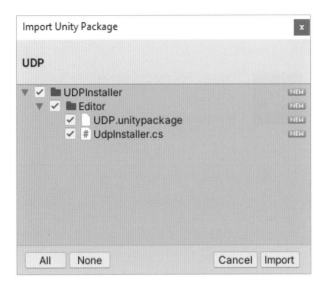

패키지를 가져오는 과정에서 API 업데이트가 필요하다고 물어볼 수 있다. 이 경우는 현재 본인이 사용하고 있는 유니티 버전이 마지막 유니티 IAP API보다 최신일 때 주로 일어난다. 그럴 때는 I Made a Backup. Go ahead! 버튼을 클릭하고 끝나기를 기다린다.

8. 문제없이 끝났다면 다음 단계로 넘어가자. Import Unity Package 창이 나오면 Import를 클릭하고 끝나기를 기다린다.

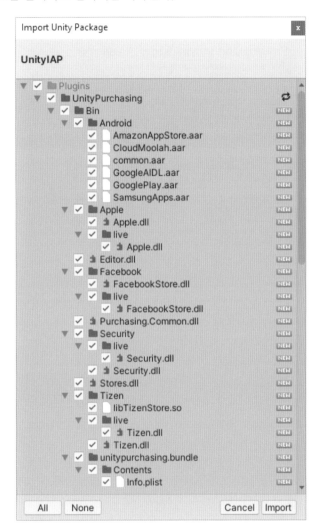

9. 모두 잘 끝났으면 Close, and clean up installer scripts >>를 클릭하고 설치 과정을 끝낸다.

 유니티 IAP 시스템을 설치하다 문제가 생긴 경우(내 경우는 첫 번째 시도에 유니티가 크래시됨), 첫 번째 창이 나올 때 Need to go back a step or reinstall? Click here!를 체크하고 두 패키지 모두를 순서대로 설치한다.

설치가 다 끝나고 나면 Plugins 폴더 및 추가 폴더들이 생성된 것을 볼 수 있다. 이 즈음 유니티 IAP 패키지를 설치하라는 창을 볼 수도 있다.

 여기까지 진행했는데 알 수 없는 이유로 Console 창에 에러가 나올 수 있다. Services 창을 닫고 다시 열어 Unity IAP가 활성화돼 있는지 확인한다. 그래도 해결이 안 되면 인터넷 연결을 끊었다 다시 연결시킨 후 Unity Services에 다시 사인하고 Unity IAP를 활성화시킨다.

이제 Analytics와 In-App Purchasing 두 가지가 ON으로 설정돼 있고, Unity IAP가 최신으로 업데이트된 것을 볼 수 있다.

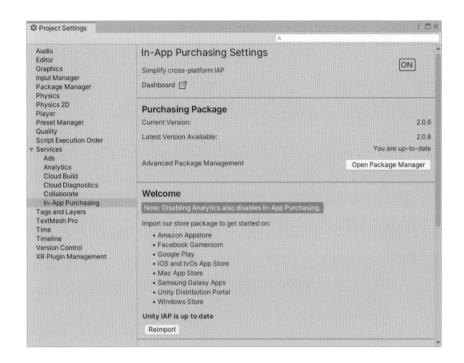

> ℹ️ IAP 패키지가 메인 엔진의 일부가 아니라 별도로 제작된 이유는 정책의 변화에 따라 유연하게 대처하기 위해서다. 따라서 유니티 전체를 업데이트할 필요 없이 패키지만 업데이트하면 되며, 대규모 프로젝트에서는 매우 중요한 부분일 수 있다.

프로젝트에 IAP 시스템이 적용됐으니 이제 플레이어가 구매 가능한 첫 번째 오브젝트를 만드는 데 사용할 수 있다.

▎첫 구매 제품 만들기

첫 인 앱 구매를 만들기 위해서는 조금 전에 추가한 유니티 기능인 Codeless IAP를 사용할 것이다. Codeless IAP라 부르는 실제 IAP 결재를 위해 코드가 필요치 않고, 구매를 하면 유저가 무엇을 얻게 되는지 정하는 스크립트만 존재한다. 유니티 게임에 인 앱 구매를 적용하는 가장 쉬운 방법이자, 우리 프로젝트에 IAP를 시도하는 좋은 시작점이 될 것이다.

가장 흔한 인 앱 구매 중 하나는 모바일 게임에 나오는 광고를 비활성화하는 기능이다. 다음 단계에 따라 버튼을 누르면 광고를 비활성화하는 기능을 추가해보자.

1. Project 창의 Assets/Scenes 폴더를 열고 MainMenu 파일을 더블클릭해 Main Menu 레벨을 연다.
2. UI 작업을 할 것이므로 Scene 창에서 2D 버튼을 클릭해 2D 모드로 진입한다.
3. 가장 먼저 팔 것이 필요하므로 Window > Unity IAP > IAP Catalog로 가 IAP Catalog 를 연다.

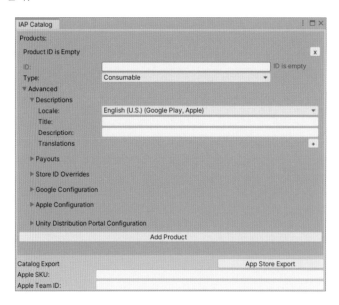

4. 처음 할 일은 여러 앱스토어에서 우리 제품을 구분할 제품 ID를 만들어야 한다. 이번 경우는 removeAds를 사용하자. Type은 Non Consumable로 변경한다.

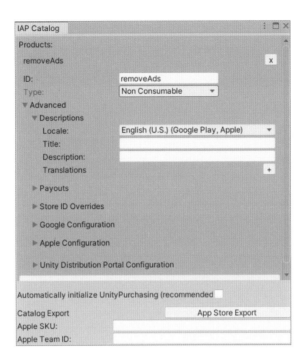

Non Consumable이란 플레이어는 이 제품을 한 번만 사도 되고, 게임이 그 정보를 유지하고 있다는 의미다. Consumable은 파워업이나 구독과 같이 계속 반복해 살 수 있는 것들을 말한다. 유저가 취소하지 않는 이상 일정 기간 동안 특정 콘텐츠의 접근을 제공하는 것도 가능하다.

5. 오른쪽 상단의 X를 클릭해 IAP Catalog를 닫는다.

6. Hierarchy 창에서 Canvas − Scale Physical 오브젝트를 선택한다. Window > Unity IAP > Create IAP Button을 선택하면 씬에 새로운 버튼이 생겼을 것이다.

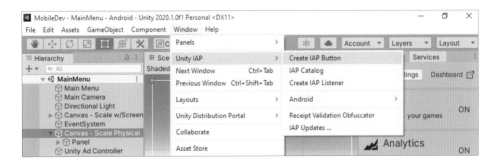

이 버튼이 게임에서 광고를 제거하는 인 앱 구매 기능을 실행할 것이다. 스크린에 Start와 Remove Ads 버튼이 잘 보이게 하기 위해 두 개를 모두 담는 메뉴를 생성할 것이고, 따라서 Safe Area 패널의 자식 패널을 생성한다.

7. Hierarchy 창에서 Panel 오브젝트를 선택하고, Inspector 창에서 이름을 SafeArea Holder로 변경한다.

8. 다음은 SafeAreaHolder의 자식 Panel을 생성하고 예전에 했던 것처럼 화면을 가득 채운 후 Vertical Layout Group 컴포넌트를 추가한다. 그다음 Child Alignment를 Middle Center로, 모든 Padding과 Spacing을 10으로 설정한다.

9. Content Size Fitter 컴포넌트를 추가하고 Vertical Fit과 Horizontal Fit을 Preferred Size로 변경한다.

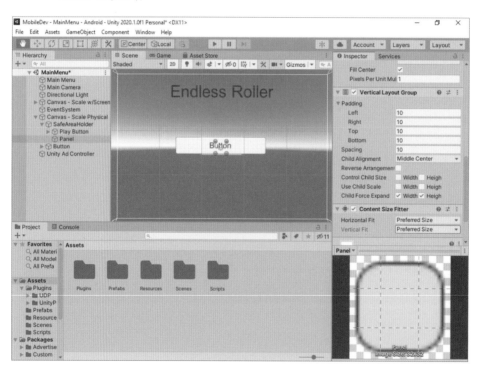

10. 새로 추가한 버튼의 이름을 Remove Ads Button으로 변경하고 Horizontal Layout Group 컴포넌트를 추가한 뒤 모든 Padding을 10으로 설정한 뒤, Child Controls Size 속성의 Width와 Height에 체크한다. Content Size Fitter 컴포넌트도 추가한 뒤 Horizontal Fit과 Vertical Fit 모두 Preferred Size로 변경한다. 마지막으로 자식 Text 오브젝트의 Text 컴포넌트의 Text 속성을 Remove Ads로 변경한다.

 TIP 위 설명의 의미와 작동 방식에 대해 복습이 필요하다면 4장, '해상도에 독립적인 UI'를 확인 해보자.

11. 마지막으로 두 버튼들을 Panel 오브젝트로 끌어놓고 다음과 같이 Play 버튼을 위에, Remove Ads 버튼을 아래에 배치한다.

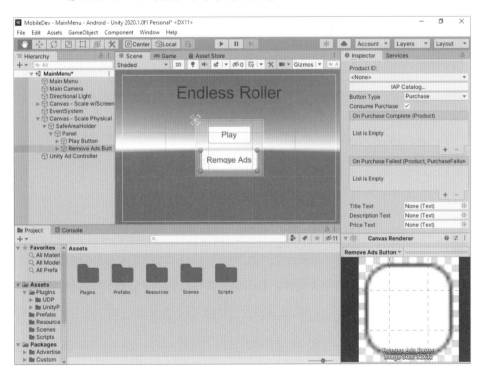

12. 다음은 Remove Ads 오브젝트를 선택하고 Inspector 창의 IAP Button 컴포넌트로 내려온다. Product ID: 드롭다운에서 removeAds를 선택한다. IAP Button 클래스를 보면 On Purchase Complete (Product) 기능이 예전에 Button 컴포넌트에서 사용했던 On Click과 비슷하다는 것을 알 수 있다. 그 점을 염두에 두고, 플레이어가 버튼을 눌렀을 때 호출할 기능을 만들어보자.

5장, 'Unity Ads로 광고하기'에서는 UnityAdController 클래스 안에서 showAds라는 static 함수를 생성했다. 이 함수를 사용해 광고를 보여야 하는지 아닌지를 체크할 것이다.

13. MainMenuBehaviour 스크립트를 열고 다음 함수를 클래스에 추가한다.

```
public void DisableAds()
{
    UnityAdController.showAds = false;

    // 광고를 보여주지 말아야 할 때 사용
    PlayerPrefs.SetInt("Show Ads", 0);
}

protected virtual void Start()
{
    // showAds 변수 초기화
    UnityAdController.showAds = (PlayerPrefs.GetInt("Show Ads", 1) == 1);
}
```

여기서 우리는 PlayerPrefs 시스템을 사용해 플레이어에게 광고가 보여야 할지 말아야 할지를 저장한다. PlayerPrefs는 여러 게임 세션 간에도 정보를 저장하고 있고, 때문에 하이 스코어나 플레이어 설정 같은 부분에 주로 쓰인다. 테스트를 위해 리셋하고 싶으면 Edit > Clear All PlayerPrefs를 선택한다.

PlayerPrefs에 관해 더 알고 싶다면 https://docs.unity3d.com/ScriptReference/ PlayerPrefs.html을 확인하자.

Start 함수를 virtual로 만든 것이 보일 텐데, 이렇게 하면 상속받는 클래스들도 이 함수를 스크립트의 기반으로 사용할 수 있다. 함수를 protected로 지정하면 private과 같은 의미이지만, 자식 클래스들도 이 함수를 사용할 수 있다.

14. PauseScreenBehaviour의 Start 함수를 다음과 같이 업데이트한다.

```
protected override void Start()
{
    // 필요하면 Ads 초기화
    base.Start();

    if (!UnityAdController.showAds)
    {
        // 광고를 보여주고 있지 않으면 게임을 시작한다
        SetPauseMenu(false);
    }
}
```

키워드 override는 Start의 기본 동작을 교체한다. 하지만 base.Start()를 호출할 때는 MainMenuBehaviour에 있는 이전 내용이 호출되도록 한다. 이번 경우는 UnityAdController이 올바른 값들을 가지고 있는지 확인한다.

15. 마지막으로 ObstacleBehaviour 스크립트가 광고를 보여주지 않는 경우를 처리하게 하자. ShowContinue 함수를 다음과 같이 업데이트한다.

```
// 위 코드...

    // 1초 후에 다시 와서 체크
    yield return new WaitForSeconds(1f);
```

```
    }
    else if (!UnityAdController.showAds)
    {
        // 이제 버튼을 누를 수 있다
        contButton.interactable = true;

        // 플레이어가 버튼을 클릭하면 그냥 진행한다
        contButton.onClick.AddListener(Continue);

        UnityAdController.obstacle = this;

        // 진행을 허락하는 텍스트로 변경
        btnText.text = "Free Continue";

        // 코루틴을 벗어난다
        break;
    }
    else
    {
        // 이제 버튼을 누를 수 있다
        contButton.interactable = true;

    // 다음 코드...
```

---

16. ResetGame 메소드에서 다음 라인들을 삭제하거나 주석 처리하자.

```
// 버튼을 찾았다면 사용할 수 있다
if (continueButton)
{
    //if (UnityAdController.showAds)
    //{
        // 플레이어가 버튼을 클릭하면 광고를 보여주고 진행한다
        continueButton.onClick.AddListener(UnityAdController.ShowAd);
        UnityAdController.obstacle = this;
    //}
    //else
    //{
```

```
//    // 광고를 보여줄 수 없으면 continue 버튼은 필요 없다
// continueButton.gameObject.SetActive(false);
//}
}
```

---

17. 스크립트를 저장하고 유니티로 돌아온다.

18. Hierarchy 창에서 Remove Ads 버튼을 선택한다. Inspector 창에서 IAP Button 컴포
    넌트로 간다. On Purchase Complete (Product) 옵션 밑에 있는 플러스 버튼을 클릭
    하고, Main Menu 오브젝트를 Runtime Only 드롭다운 아래에 있는 작은 박스에 추가
    한다. 그런 다음 오른쪽에 있는 드롭다운에서 Main Menu Behaviour > DisableAds
    를 선택한다.

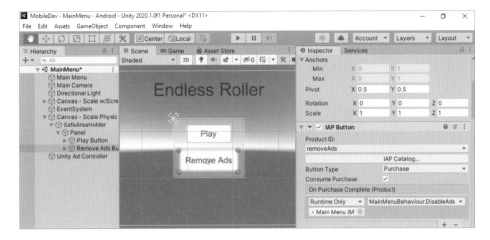

19. 씬을 저장하고 게임을 시작한다.

이제 Remove Ads 버튼을 클릭하면 구매를 원하는지를 물어본다. 구매를 하면 게임을 시작해도 광고가 나오지 않는다. 또한 이제는 죽었을 때 Free Continue 버튼이 나온다.

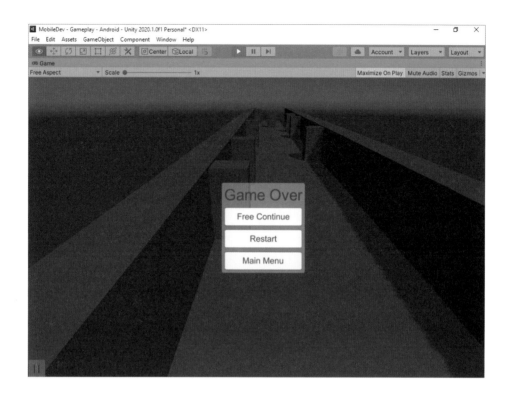

ℹ️ Codeless IAP에 관해 더 알고 싶다면 https://docs.unity3d.com/Manual/UnityIAP
CodelessIAP.html을 확인해보자. Codeless IAP를 커스텀화시키고 싶다면 라이브러리
에 직접 접근할 수도 있다. https://unity3d.com/learn/tutorials/topics/ads-analytics/
integrating-unity-iap-our-game을 확인해보자.

이제 본인의 게임에 원하는 만큼 제품을 추가할 수 있다. 하지만 특정 플랫폼은 이전에 구매한 제품들을 복수할 수 있는 기능을 필수로 요구하기도 한다. 다음 절에서 이 부분을 구현해보자.

▌ 구매를 복구하는 버튼 추가하기

구글 플레이^{Google Play}나 유니버설 윈도우 애플리케이션^{Universal Windows Applications}과 같은 플랫폼에서 Unity IAP를 통해 구현한 경우 구매를 하고, 삭제한 뒤 다시 설치하면 재설치 과정에서 유저가 이전에 구매했던 제품들을 자동으로 복구해준다.

하지만 iOS의 경우 구매 복구에서 암호 재입력을 요구하기 때문에 버튼을 통해 구매를 복구하는 기능을 반드시 넣어야 한다. 이 기능이 없으면 iOS 앱스토어에 받아들여지지 않으므로 iOS 앱스토어에 올릴 예정이라면 해당 기능을 구현해야 한다. 다음 단계를 따라 진행해보자.

1. Hierarchy 창으로 가서 Remove Ads Button 오브젝트를 선택한다. 선택이 되면 Ctrl+D를 눌러 복제한다.

2. 복제한 오브젝트를 선택하고, Inspector 창에서 이름을 Restore Button으로 변경한다.

3. Hierarchy 창에서 Text 오브젝트를 열고 텍스트 내용을 Restore Purchases로 변경한다.

4. 이제 Restore 오브젝트를 선택하고 IAP Button 컴포넌트로 가서 Button Type을 Restore로 변경한다.

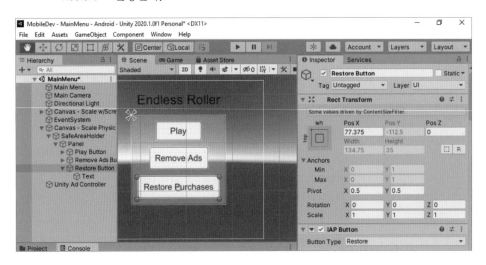

Button Type을 설정하고 나면 다른 부분을 변경할 것이 없어지기 때문에 IAP Button 컴포넌트의 속성들이 바뀌는 것을 눈여겨보자.

5. 씬을 저장한다.

6. 게임을 시작한 뒤 Restore Purchases를 클릭하면 Console 창에 다음과 같이 지원하지 않는 플랫폼이라는 내용의 경고가 나온다.

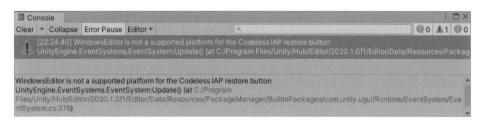

이 부분을 해결하기 위해 지원하는 플랫폼에서만 버튼이 보이도록 게임을 수정해보자.

7. Scripts 폴더로 가서 C# 스크립트 RestoreAdsChecker를 생성한다. 스크립트를 열고 다음 스크립트를 입력한다.

```csharp
using UnityEngine;
using UnityEngine.Purchasing;

/// <summary>
/// 광고를 복구할 수 있는지에 따라 버튼을 보이거나 숨긴다
/// </summary>
public class RestoreAdsChecker : MonoBehaviour
{

    // Use this for initialization
    void Start()
    {
        bool canRestore = false;

        switch (Application.platform)
        {
```

```
        // Windows Store
        case RuntimePlatform.WSAPlayerX86:
        case RuntimePlatform.WSAPlayerX64:
        case RuntimePlatform.WSAPlayerARM:

        // iOS, OSX, tvOS
        case RuntimePlatform.IPhonePlayer:
        case RuntimePlatform.OSXPlayer:
        case RuntimePlatform.tvOS:
            canRestore = true;
            break;

        // Android
        case RuntimePlatform.Android:
        switch (StandardPurchasingModule.Instance().appStore)
            {
                case AppStore.SamsungApps:
                case AppStore.CloudMoolah:
                    canRestore = true;
                    break;
            }
            break;
    }

    gameObject.SetActive(canRestore);
  }
}
```

이 스크립트는 유니티의 IAPButton 클래스에 있는 모든 스토어들을 체크하면서
복구할 것이 있으면 canRestore를 true로 설정하고, 그렇지 않으면 false로 둔다.
마지막으로 빌드에 따라 특별히 생성할 필요가 없도록 복구할 수 없으면 오브젝
트를 제거해버린다.

8. 스크립트를 저장하고 유니티로 돌아온다.

9. 새로 만든 `RestoreAdsChecker` 컴포넌트를 Restore Button 오브젝트에 추가한다.

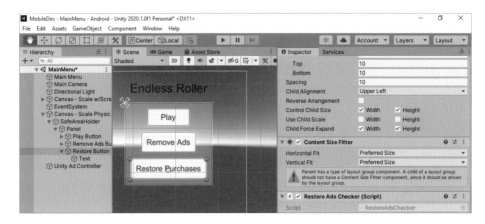

10. 프로젝트를 저장하고 게임을 시작한다.

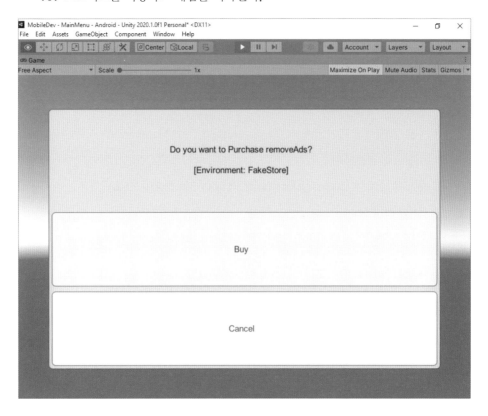

RestoreAdsChecker 컴포넌트로 인해 PC 빌드에서는 Restore 버튼이 보이지 않지만, iOS 로 내보내면 보일 것이다!

 복구에 관한 좀 더 많은 정보와 작동 원리가 궁금하다면 https://docs.unity3d.com/Manual/UnityIAPRestoringTransactions.html을 확인해보자.

이제 특정 기능을 지원하는 각각 다른 플랫폼에 따라 다른 기능을 넣을 수 있게 됐다. 다음은 몇몇 특정 스토어와 게임에 IAP를 추가할 수 다른 요소들을 알아보자.

본인이 원하는 스토어에 맞게 구매 설정하기

아쉽게도 모든 스토어에 맞는 과정을 단계적으로 설명하기에는 이 책의 공간이 부족하지만, 해당 과정들을 설명하는 각각의 페이지로 안내해줄 수는 있다.

- 애플 앱스토어와 맥 앱스토어: https://docs.unity3d.com/Manual/UnityIAP AppleConfiguration.html

- 구글 플레이 스토어: https://docs.unity3d.com/Manual/UnityIAPGoogleCo nfiguration.html

- 윈도우 스토어: https://docs.unity3d.com/Manual/UnityIAPWindowsConfi guration.html

- 아마존 앱스토어와 아마존 언더그라운드: https://docs.unity3d.com/Manual/ UnityIAPAmazonConfiguration.html

- 삼성 갤럭시: https://docs.unity3d.com/Manual/UnityIAPSamsungConfigu ration.html

- 클라우드물라 무 스토어CloudMoolah Moo Store: https://docs.unity3d.com/Manual/ UnityIAPMoolahMooStore.html

같은 빌드로 (삼성과 구글 같은) 여러 안드로이드 IAP 스토어에 출시하는 경우 문제가 생길 수 있다. 해당 문제를 해결하려면 https://docs.unity3d.com/Manual/UnityIAPCrossStoreInstallationIssues.html을 확인해보자.

▍ 요약

6장에서는 유니티를 사용해 인 앱 구매in-app purchases를 구현하는 방법을 배웠다. 먼저 유니티 IAP 시스템을 설정하고, Codeless IAP를 사용해 구매 제품을 게임에 추가했다. 그런 다음 게임을 삭제하고 다시 설치했을 때 구매를 복구하는 기능을 만들고, 원하는 스토어에 따라 구매를 다르게 구성하는 방법을 다뤘다. 이제 게임을 통해 추가적으로 매출을 창출할 수 있는 기술을 갖췄고, 다양한 스토어와 플랫폼도 노릴 수 있으니 더 많은 사람들이 본인의 게임을 알게 될 것이다.

물론 아무도 게임을 해주지 않으면 매출도 발생하지 않는다. 7장에서는 소셜 미디어를 통해 스코어를 공유해 다른 플레이어들이 우리 타이틀에 관심을 갖도록 만들어보자.

▍ 추가 정보

부분 유료화에 관한 팁과 정보들이 궁금하다면 핍 에이겔Pepe Agell이 쓴 페이지를 확인해보자.

https://webcache.googleusercontent.com/search?q=cache:n1mjnyG4P6IJ:https://www.chartboost.com/blog/inapp-purchases-for-indiemobile-games-freemium-strategy/+cd=1hl=enct=clnkgl=us

07

소셜 네트워크와 함께

지금까지 게임 플레이와 유료화 기능까지 구현하면서 게임을 세상에 내놓을 기반 준비는 끝났다. 하지만 기능이 아무리 많다고 하더라도 플레이어가 없다면 존재의 의미가 없어진다.

여러 마케팅 방법 중에서 가장 어렵기도 하지만 가장 확실한 방법은 입에서 입으로 전달되는 소문이다. 때문에 유저들이 게임을 공유할 수 있게 하고, 그로 인해 다른 사람들이 게임을 발견할 수 있는 환경을 만들어야 한다. 특히나 인디 개발자라면 게임을 알리는 것이 제일 큰 난관이기 때문이다.

7장에서는 본인 프로젝트에 소셜 미디어를 적용시키는 여러 가지 방법을 배울 것이다. 가장 먼저 공유할 수 있는 요소인 스코어를 만든다. 그다음 트위터에 스코어를 공유하는 방법을 알아본 후, 페이스북과 게임을 연결해 페이스북의 콘텐츠를 게임에 활용하는 법을 배울 것이다.

7장은 여러 주제로 나눠져 있고, 알기 쉬운 단계별 과정을 따라 하면 된다. 해야 할 작업들은 다음과 같다.

- 스코어 시스템 추가하기
- 트위터에 하이스코어 공유하기
- 페이스북 SDK 다운로드와 설치
- 페이스북을 통해 게임에 로그인하기
- 페이스북 이름과 프로파일 이미지 표시하기

▍기술적 필수 사항

이 책은 유니티 2020.1.0f1과 유니티 허브 2.3.1을 사용하고 있지만, 향후 버전에서도 큰 문제 없이 적용될 수 있을 것이다. 만일 새로운 버전이 나왔음에도 이 책에서 이용한 버전을 사용하고 싶다면 유니티 다운로드 저장소(https://unity3d.com/get-unity/download/archive)에서 내려받을 수 있다. 유니티의 시스템 필수 사항은 https://docs.unity3d.com/2020.1/Documentation/Manual/system-requirements.html로 가서 Unity Editor system requirements 부분을 확인하면 된다. 프로젝트를 배포하기 위해서는 안드로이드나 iOS 기기가 필요하다.

7장에 기재된 코드 파일은 https://github.com/PacktPublishing/Unity-2020-Mobile-Game-Development-Second-Edition/tree/master/Chapter%2001로 가면 깃허브에서 받을 수 있다.

스코어 시스템 추가하기

플레이어가 게임을 다른 사람들과 공유할 동기를 부여하기 위해서는 그에 상응하는 이유를 제공해야 한다. 어떤 사람들은 매우 경쟁적이고 최고가 돼야 직성이 풀리기 때문에 다른 사람들을 끌어들여 경쟁을 부추긴다. 이런 상황이 만들어질 수 있도록 플레이어가 소셜 미디어를 통해 스코어 값을 공유하게 하자. 하지만 그 전에 스코어 시스템이 필요하다. 다행히 그렇게 어려운 작업은 아니니 다음 단계를 따라 금방 추가해보자.

1. Assets/Scenes에 있는 Gameplay.scene 파일을 연다. 스코어를 스크린에 보여줄 방법이 필요한데, 우리가 가장 쉽게 할 수 있는 방법은 텍스트 오브젝트를 이용하는 것이다.

2. 예전에 Title Screen 씬을 작업할 때 UI Safe Area Handler 컴포넌트를 가진 패널을 수정했던 것과 같이 현재 Hierarchy 창에서 Canvas 오브젝트의 자식인 Panel 오브젝트를 선택하고 SafeAreaHolder로 이름을 변경한다. 그다음 스크린샷과 같이 SafeAreaHolder 오브젝트를 선택하고 UI > Text를 선택한다.

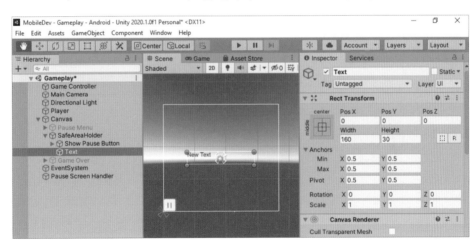

Text 오브젝트가 자동으로 Panel 오브젝트의 자식이 되고, 혹시 기기에 노치가 있으면 겹치지 않도록 자동으로 사이즈가 조절될 것이다.

3. 이 오브젝트의 이름을 Score Text로 변경하고, **Anchors Preset** 메뉴의 중앙 상단 메뉴를 **Shift + Alt**를 누른 상태에서 선택해 피봇과 위치를 함께 설정한다.

4. 다음은 오브젝트의 RectTransform 컴포넌트 **Height** 속성을 50으로 설정해 사이즈 가 커져도 스코어를 담을 공간이 있도록 만든다.

5. Text component에서 **Text** 속성을 0, **Alignment**은 중앙, **Font Size**를 40으로 변경 한다.

6. 가독성을 높이기 위해 **Add Component**으로 가서 Outline을 입력하고 **Enter**를 눌 러 Outline 컴포넌트를 추가한다.

7. **Effect Color**를 다음과 같이 하얀색으로 설정한다.

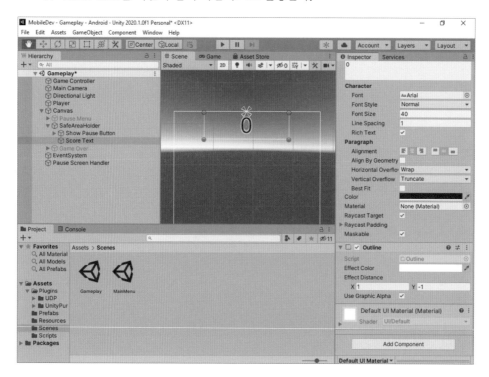

8. PlayerBehaviour 스크립트를 열고 파일 상단에 다음 라인을 추가한다.

```
using UnityEngine.UI; // 텍스트
```

9. 그다음 클래스 안에 다음 코드를 추가한다.

```
[Header("Object References")]
public Text scoreText;

private float score = 0;

public float Score
{
    get { return score; }
    set
    {
        score = value;

        // scoreText가 지정됐는지 확인
        if (scoreText == null)
        {
            Debug.LogError("Score Text is not set. " + "Please go to the
            Inspector and assign it");
            // 지정되지 않았으면 업데이트하지 않음
            return;
        }

        // 스코어의 정수 부분을 텍스트로 표시한다
        scoreText.text = string.Format("{0:0}", score);
    }
}
```

먼저 **Inspector** 창에서 설정할 scoreText 오브젝트를 참조한다. 오브젝트에 텍스트를 표기하는 데 관련된 속성들을 담은 **Text** 클래스다.

C#에 내포된 getter와 setter인 get/set 함수를 사용한다. 간단히 말해 Score 변수를 가져오거나 설정할 때마다 { } 안에 있는 코드를 실행한다. 우리의 경우는 Score 변수를 설정할 때마다 텍스트를 업데이트한다.

TIP TextMeshPro를 사용하고 있다면 유니티에 기본 탑재된 Text 클래스와 거의 같은 방법으로 텍스트 속성을 설정할 수 있다. 더 많은 정보가 알고 싶다면 http://digitalnativestudios. com/textmeshpro/docs/ScriptReference/TextMeshPro-text.html을 확인해보자.

이 방식은 내가 가르치는 많은 학생들이 하는 방법인 매 프레임마다 텍스트를 업데이트하는 것보다 낫다. 값이 변경될 때만 업데이트가 필요하기 때문이다.

get/set 접근자에 관해 더 알고 싶다면 https://docs.microsoft.com/en-us/dotnet/ csharp/programming-guide/classes-and-structs/using-properties를 확인해보자.

10. 다음 강조된 부분을 PlayerBehaviour에 업데이트한다.

```
// Start is called before the first frame update
private void Start()
{
    // Rigidbody 컴포넌트를 가져온다
    rb = GetComponent<Rigidbody>();

    minSwipeDistancePixels = minSwipeDistance * Screen.dpi;

    Score = 0;
}

/// <summary>
/// Update is called once per frame
/// </summary>
private void Update()
{
    // 게임이 멈춘 상태이면 아무것도 하지 않는다
    if (PauseScreenBehaviour.paused)
    {
        return;
    }
```

```
Score += Time.deltaTime;
```

//Update의 나머지 내용…

플레이어가 생성되면 스코어를 리셋하고, 게임이 멈춰 있지 않다면 스코어를 증가시킨다.

11. 스크립트를 저장하고 유니티로 돌아간다.

12. Player 오브젝트를 선택한 뒤 Score Text 오브젝트에 있는 Player Behaviour 컴포넌트의 Score Text 변수에 끌어 놓는다.

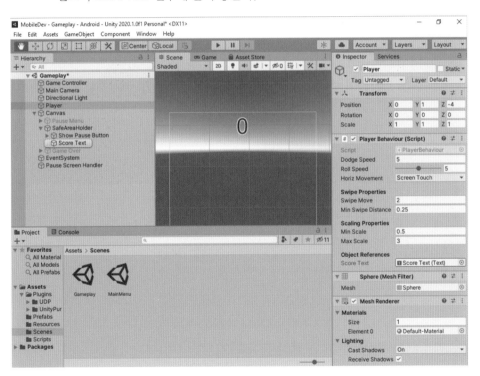

13. 설정이 끝나면 게임을 실행해보자. 다음 스크린샷과 같이 게임 인터페이스가 보일 것이다.

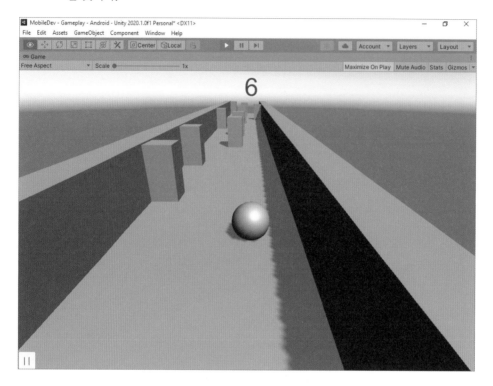

이제 게임을 하는 동안 업데이트되는 스코어가 생겼다. 플레이어는 자신이 게임을 얼마나 잘 하는지 알 수 있고, 다른 사람과 공유할 정보도 생겼다. 스코어 시스템이 갖춰졌으니 트위터를 통해 스코어를 공유하는 방법을 알아보자.

▌ 트위터를 통해 하이 스코어 공유하기

트위터Twitter는 유저들이 트윗이라 부르는 280자로 제한된 메시지를 올리면서 상호작용을 하는 뉴스 및 소셜 네트워킹 서비스다. 많은 인디 개발자들이 트위터를 통해 사람들을 게임으로 끌어들인다.

트위터가 좋은 옵션인 이유 중 하나는 특정 URL을 여는 것만으로도 프로젝트에 추가가 가능하기 때문이다. 다음 단계를 따라 해보자.

1. PauseScreenBehaviour 스크립트를 열고 PlayerScreenBehaviour 클래스 안에 다음 코드를 추가한다.

```
#region Share Score via Twitter

/// <summary>
/// 트윗을 생성하기 위한 웹 주소
/// </summary>
private const string tweetTextAddress = "http://twitter.com/intent/
tweet?text=";

/// <summary>
/// 플레이어가 방문했으면 하는 위치
/// </summary>
private string appStoreLink = "http://johnpdoran.com/";

[Tooltip("스코어에 대한 플레이어 참조")]
public PlayerBehaviour player;

/// <summary>
/// 미리 작성된 트윗과 함께 트위터를 연다
/// iOS나 안드로이드의 경우 트위터 앱이 설치돼 있으면 자동으로 열린다
/// </summary>
public void TweetScore()
{
    // 트윗의 내용 생성
    string tweet = "I got " + string.Format("{0:0}", player.Score) + " points
    in Endless Roller! Can you do better?";

    // 전체 메시지 생성
    string message = tweet + "\n" + appStoreLink;

    // 스트링이 URL에 적합하게 만든다
    string url = UnityEngine.Networking.UnityWebRequest.EscapeURL(message);
```

```
    // 트윗 생성을 위해 URL을 연다
    Application.OpenURL(tweetTextAddress + url);
}

#endregion
```

새로 사용하는 것들이 몇 가지 있다. 먼저 위 코드 블록 전체가 #region으로 시작해 #endregion으로 끝나는 것이 보일 것이다. 이것을 사용하면 비주얼 스튜디오에서 지정한 부분의 코드를 접거나 펼 수 있다. 코드가 꽤 긴 경우에는 특정 파트를 접어 놓고 필요한 다른 부분에 집중하면 매우 유용하다. 위 코드 블록은 스크립트의 다른 부분들과 내용상 큰 상관이 없기 때문에 쓰기 좋은 상황이다.

유니티 안에서 URL을 열기 위해서는 `Application.OpenURL` 함수와 `UnityWebRequest` 클래스를 사용해야 한다.

 트위터의 웹 인텐트(Web Intents)와 사용 방법에 관해 더 알고 싶다면 https://dev.twitter.com/web/intents를 확인해보자.

`UnityWebRequest` 클래스는 흔히 런타임에 콘텐츠를 불러올 때 사용하지만, 포함된 함수 중 하나인 `EscapeURL`은 스트링을 웹 브라우저가 읽기 쉬운 포맷으로 변환시켜 준다. 예를 들면 뉴라인newline 캐릭터가 독립적으로 표시되지 않는다.

 EscapeURL 함수에 관해 더 알고 싶다면 https://docsunity3d.com/ScriptReference/Networking.UnityWebRequest.EscapeURL.html을 보라.

2. 스크립트를 저장하고 유니티로 돌아간다. Hierarchy 창에서 Pause Screen Handler
   오브젝트를 선택한 뒤 Inspector 창 Player 속성으로 Hierarchy 창에 있는 Player 게
   임 오브젝트를 끌어 놓는다.

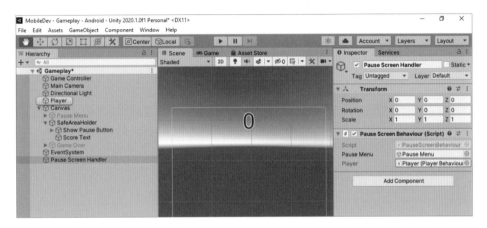

3. 이제 Game Over 스크린에 스코어를 공유할 버튼을 넣을 차례다.

4. Canvas 오브젝트를 열고, Game Over 오브젝트의 Inspector 창 상단 이름 옆에 있
   는 체크박스를 클릭해 활성화시킨다.

5. 그다음 두 개의 Panel 자식 오브젝트들과 Game Over Contents를 편다. Main Menu
   Button 오브젝트를 선택하고 Ctrl+D를 눌러 복제한다. 이름을 Tweet Score Button
   으로 변경한 뒤 자식 오브젝트의 텍스트를 Tweet Score로 변경한다.

6. Tweet Score 버튼 오브젝트를 선택하고 Button 컴포넌트로 내려온다. 그곳에서 호
   출하는 함수를 PauseScreenBehaviour > Tweet Score로 변경한다.

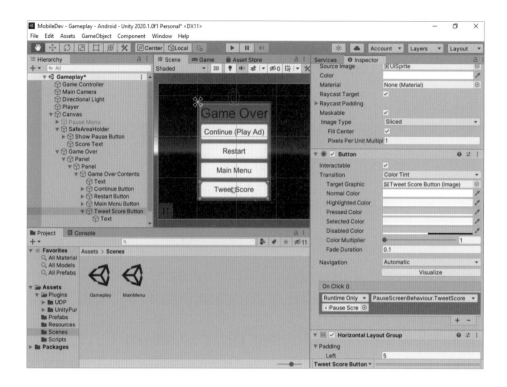

7. Hierarchy 창에서 Game Over 오브젝트를 선택하고 다시 비활성화시킨다. 씬을 저장하고 게임을 시작한다.

8. 이제 게임에서 진 다음 Tweet Score 버튼을 클릭하면 PC의 브라우저가 열릴 것이다.

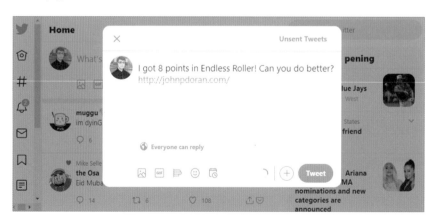

하지만 모바일 기기에서는 트위터 앱이 열린다.

이제 트위터를 통해 공유하는 것이 얼마나 쉬운지 배웠다.

 위에서 구현한 기능보다 트위터를 통해 더 많은 것들을 구현하고 싶다면 트위터가 제작한 유니티용 API가 존재하며, 우리가 다음에 할 페이스북 로그인 기능을 트위터로도 할 수 있다. 관련 기능들에 관해 더 알고 싶다면 https://dev.twitter.com/twitterkit/unity/overview를 확인해보자.

트위터는 물론 다른 소셜 네트워크들이 다수 존재하며, 그중 몇 군데는 해당 네트워크의 정보들에 접근할 수 있는 별도의 SDK^Software Development Kit를 제공한다. 다음 절에서는 이를 활용하는 방법을 알아보자.

▌ 페이스북 SDK 내려받기와 설치

거대 소셜 네트워크인 페이스북에 대한 언급 없이 소셜 네트워트에 대한 장을 구성하기는 어렵다. 페이스북은 유니티에서 사용할 수 있는 별도의 SDK를 가지고 있다. 이 SDK를 통해 유저 이름, 프로파일 이미지와 같은 페이스북 정보를 게임에 사용할 수 있다. 어떻게 적용하는지 알아보자.

1. 웹 브라우저를 열고 https://developers.facebook.com/docs/unity/로 간다.

2. Download the SDK 버튼을 클릭하고 다운로드가 끝나기를 기다린다. 끝나면 압축을 풀고 facebook-unity-sdk-7.21.1 폴더를 연다. 그다음 FacebookSDK 폴더를 열면 facebook-unity-sdk-7.21.1.unitypackage 파일이 보일 것이다.

3. unitypackage에 더블클릭하면 다음과 같은 윈도우 팝업이 나타날 것이다.

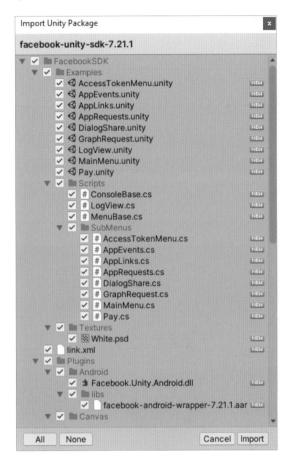

팝업이 나오지 않으면 Assets > Import Package > Custom Package로 가서 압축을 푼 폴더를 찾아 파일을 열어도 된다.

4. **Import** 버튼을 클릭하고 끝나기를 기다린다. 프로젝트가 이제 사용하지 않는 API^{obsolete API}를 가지고 있을 수 있다는 팝업이 나오면 I Made a Backup. Go Ahead!를 클릭하고 끝나길 기다린다.

   이 과정에서 에러가 나올 수도 있지만, 단계 10에서 해결하겠다.

   페이스북 API를 사용하려면 그 전에 페이스북 앱 ID가 필요하니 먼저 만들어보자.

5. 웹 브라우저로 돌아가 https://developers.facebook.com/으로 가서 오른쪽 상단에 있는 **Log In** 버튼을 클릭한다. 본인의 페이스북 계정으로 로그인하면 다음과 비슷한 화면이 보일 것이다.

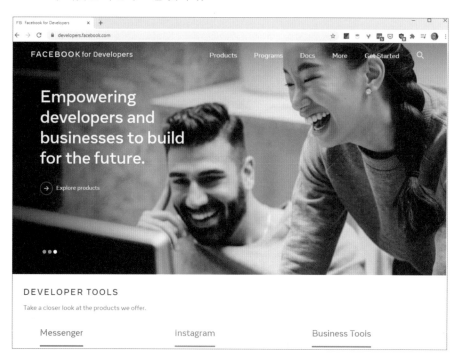

6. 스크린 오른쪽 상단에 있는 **Get Started** 버튼을 클릭한다. 다음 스크린에서 **Next**를 클릭하면 본인의 직책을 물어보며, **Developer**를 선택하고 클릭한다. 다음 스크린에서 **Create First App** 버튼을 클릭한다.

7. 그다음 게임의 **Display Name**(나는 Endless Roller를 사용했다)과 **Contact E-mail**을 추가한 뒤, **Create App ID**를 선택한다.

8. 앱을 관리하는 페이지가 나오면 게임의 기본 정보 왼쪽에 있는 **Dashboard** 옵션에 클릭한다. **App ID**를 확인한 뒤 클릭하거나 하이라이트 후 **Ctrl+C**를 눌러서 복사한다.

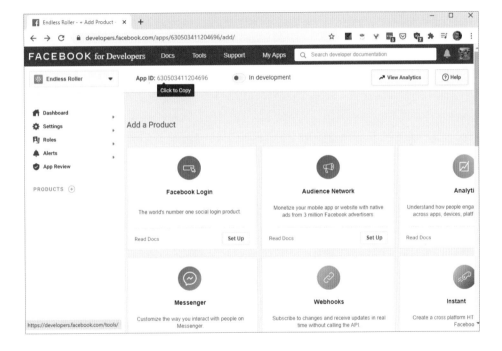

9. 유니티로 돌아오면 상단 바에 페이스북 옵션이 추가된 것을 볼 수 있다. 선택한 뒤 Edit Settings를 선택한다. 필요할 경우 Inspector를 클릭하면 여러 가지 옵션이 나온다. Facebook App Id [?]를 이전에 생성한 앱 ID로 설정하고, 이름을 게임 이름으로 변경한다.

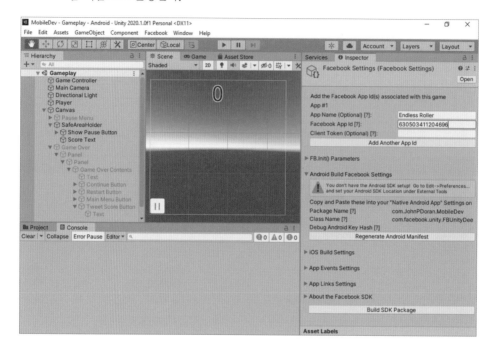

페이스북 SDK 에러가 있어서 안드로이드 기기로 내보낼 수 없을 텐데, 자동으로 SDK를 찾아주는 기능을 유니티에서 지원하지 않기 때문이다.

10. Edit > Preferences로 가서 External Tools 섹션으로 간다. 다음 스크린샷과 같이 Android SDK Tools Installed with Unity (recommended)의 체크를 해제하고, Browse 버튼을 눌러 SDK를 선택한다.

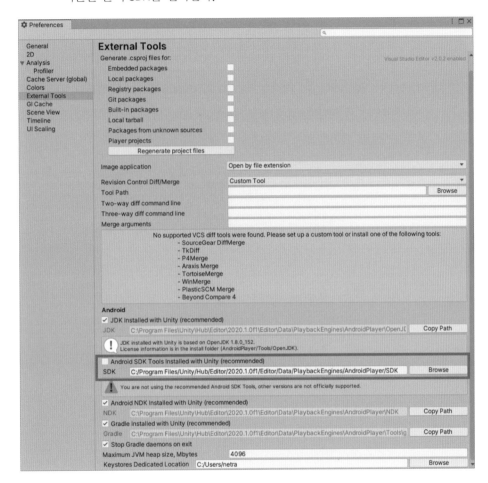

11. 페이스북은 JDK의 일부인 또 다른 프로그램을 필요로 하는데, 추가하려면 JDK Installed with Unity (recommended) 체크를 해제하고 JDK의 경로를 추가한다. 내 경우는 C:\Program Files\Unity\Hub\Editor\2020.1.0f1\Editor\Data\PlaybackEngines\AndroidPlayer\OpenJDK이다.

12. Preferences 메뉴를 닫는다.

13. Facebook > Edit Settings...로 가서 Facebook Settings 메뉴로 돌아온다. 다음 스크린샷에서 보는 것처럼 Android Build Facebook Settings 아래 OpenSSL을 찾지 못했다는 새로운 에러가 보일 것이다.

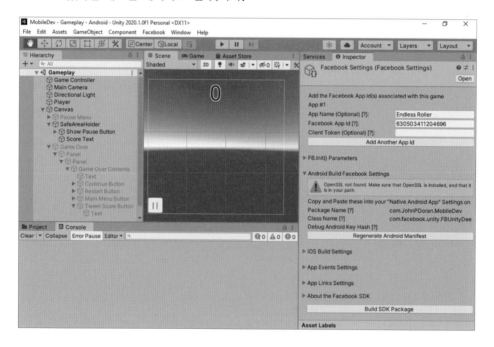

14. 이 에러를 수정하기 위해 먼저 http://slproweb.com/products/Win32Open SSL.html에서 OpenSSL을 다운로드하자. 다음과 같이 **Win64 OpenSSL v1.1.1g** 아래에 있는 **EXE** 링크를 선택하면 된다.

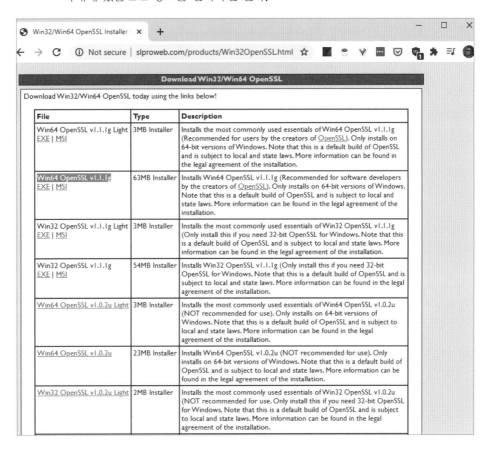

15. 다운로드가 끝나면 다음에 보이는 것처럼 기본 설정으로 프로그램을 설치한다.

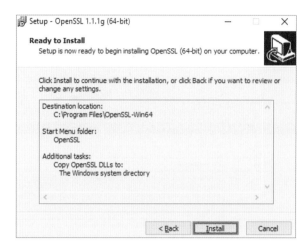

16. 설치가 끝나면 도네이션 옵션의 체크를 해제하고 Finish 버튼을 클릭한다.

17. 이제 OpenSSL의 위치를 경로에 추가해야 한다. 키보드에서 윈도우키를 누르고 Env를 입력한 뒤 다음 스크린샷에서 보이는 것과 같은 Edit the system environment variables 옵션을 선택한다.

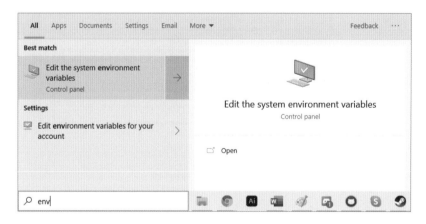

18. 팝업 윈도우가 나오면 오른쪽 하단에 있는 Environment Variables... 옵션을 클릭한다. System variables 섹션에 있는 Path 옵션을 더블클릭 후, 메뉴에서 New를 클릭한다. 그 상태에서 OpenSSL의 경로를 입력한다. 내 경우는 C:\Program Files\OpenSSL-Win64\bin이다.

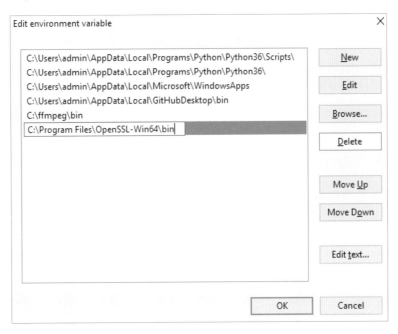

19. 그다음 New를 한 번 더 클릭하고 JDK 툴의 경로를 추가한다. 내 경우는 C:\ProgramFiles\Unity\Hub\Editor\2020.1.0f1\Editor\Data\PlaybackEngines\AndroidPlayer\OpenJDK\bin이다.

20. OK 버튼을 클릭하고 Environmental Variables 창에서 OK 버튼을 클릭한다.

21. 두 옵션이 모두 더해졌으면 유니티 프로젝트를 닫고 컴퓨터를 재시작한다. 유니티가 다시 열린 후 필요할 경우 Resolving Android Dependencies 메뉴가 끝나기를 기다린다. 끝나고 나면 Facebook Settings (Facebook > Edit Settings) 메뉴가 정상적으로 동작함과 동시에 Debug Android Key Hash [?]에 값이 표시되는 것을 볼 수 있다.

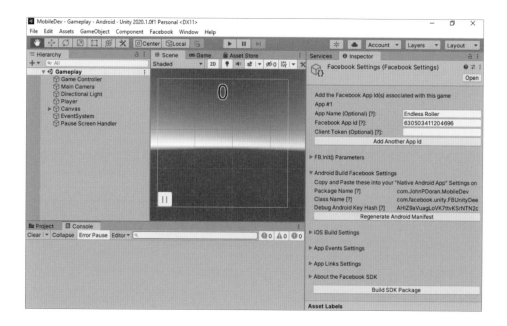

이제 페이스북 SDK 구성이 끝났다!

22. 배포하고 싶은 플랫폼에 따라 다음 웹사이트에 가서 나열된 작업을 완료하자.

- 안드로이드: https://developers.facebook.com/docs/unity/getting
  -started/android

- iOS:https://developers.facebook.com/docs/unity/getting-started
  /ios

구성이 끝났으니 우리 게임이 페이스북을 사용해 로그인할 수 있게 만들어보자.

페이스북을 통해 게임에 로그인하기

페이스북 API를 사용해 할 수 있는 것 중 하나가 페이스북 계정으로 게임에 로그인하는
것이다. 로그인이 되면 프로젝트 내에서 이름과 이미지를 자동으로 사용할 수 있다. 다음

단계를 따라 해보자.

1. Project 창으로 가서 Assets/Scenes 폴더에 있는 MainMenu 파일을 더블클릭해 Main Menu 레벨을 열자.

2. 현재 2D 모드가 아니라면 2D 버튼을 눌러 2D 모드로 진입한다. 이제부터 원래 있던 메뉴를 제거하고 게임이 시작될 때 페이스북 혹은 게스트로 로그인할 수 있는 기능을 만들 예정이다.

3. Hierarchy 창으로 가서 Canvas - Scale Physical 오브젝트를 선택하고 해당 오브젝트와 SafeAreaHolder 자식 오브젝트를 펼친다. Panel 자식 오브젝트를 선택하고 Menu Options로 이름을 변경한다.

4. Hierarchy 창에서 Menu Options 오브젝트를 선택하고 Ctrl+D를 눌러 복제한 뒤 복제된 오브젝트의 이름을 Facebook Login으로 변경한다. Menu Options 게임 오브젝트를 선택하고 Inspector 탭에서 이름 옆에 체크박스를 해제해 비활성화시킨다.

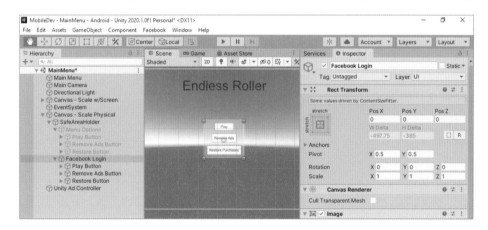

필요할 때 Facebook Login 오브젝트가 메뉴를 열게 할 것이다.

5. Facebook Login 옵션을 열고 Restore Button과 Play Button 오브젝트를 삭제한다. Remove Ads Button을 클릭하고 IAP Button 컴포넌트에 마우스 오른쪽 클릭 후 Remove component를 선택한다.

6. Ctrl+D 키를 눌러 Remove Ads 버튼을 복제한다. 그런 다음 두 오브젝트의 이름을 각각 Facebook Login Button과 Continue as Guest Button으로 변경한다. 또한 각 버튼의 Text 속성도 각각 Facebook Login과 Continue as Guest로 변경한다.

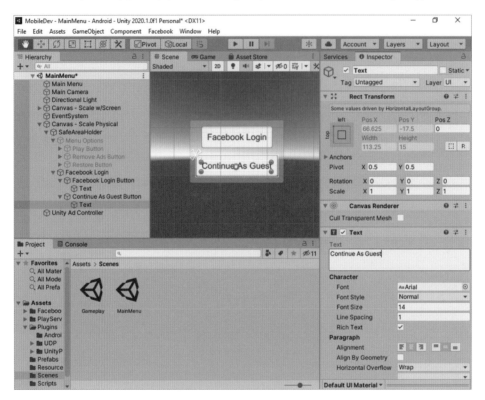

7. 버튼들의 구성이 끝났으니 로그인을 담당할 스크립트를 작성해야 한다. Scripts 폴더로 가서 MainMenuBehaviour 스크립트를 연다. List 클래스를 사용해 페이스북과 페이스북 SDK 안의 FB 클래스에 접근에 필요한 권한들을 저장할 것이다.

8. MainMenuBehaviour 상단에 다음 라인을 추가한다.

```
using UnityEngine;
using UnityEngine.SceneManagement; // LoadScene
using System.Collections.Generic; // List
using Facebook.Unity; // FB
```

9. 다음 변수들을 MainMenuBehaviour 클래스에 추가한다.

```
[Header("Object References")]
public GameObject mainMenu;
public GameObject facebookLogin;
```

10. 이제 MainMenuBehaviour 클래스에 다음 코드를 추가한다.

```
#region Facebook

public void Awake()
{
    // FB Init을 한 번만 호출하기 때문에 이미 호출됐는지 확인
    if (!FB.IsInitialized)
    {
        FB.Init(OnInitComplete, OnHideUnity);
    }
}

/// <summary>
/// 초기화가 되면 페이스북에 로그인됐는지 알림
/// </summary>
private void OnInitComplete()
{
    if (FB.IsLoggedIn)
    {
        print("Logged into Facebook");

        // Login을 닫고 Main Menu를 연다
```

```csharp
        ShowMainMenu();
    }
}

/// <summary>
/// 유니티가 포커스를 잃으면 호출
/// </summary>
/// <param name="active">If the game is currently active</param>
private void OnHideUnity(bool active)
{
    // 게임의 멈춤 상태에 따라 TimeScale 변경
    Time.timeScale = (active) ? 1 : 0;
}

/// <summary>
/// 페이스북에 로그인 시도
/// </summary>
public void FacebookLogin()
{
    List<string> permissions = new List<string>();

    // 우리가 원하는 권한을 여기에 추가
    permissions.Add("public_profile");

    FB.LogInWithReadPermissions(permissions, FacebookCallback);
}

/// <summary>
/// 페이스북에 로그인되거나 아닌 경우 한 번 호출
/// </summary>
/// <param name="result">The result of our login request</param>
private void FacebookCallback(IResult result)
{
    if (result.Error == null)
    {
        OnInitComplete();
    }
    else
```

```
        {
            print(result.Error);
        }
    }

    public void ShowMainMenu()
    {
        if (facebookLogin != null && mainMenu != null)
        {
            facebookLogin.SetActive(false);
            mainMenu.SetActive(true);
        }
    }

    #endregion
```

위 경우는 이름과 프로파일 이미지 정보를 가진 플레이어의 공개 프로파일에 접
근한다.

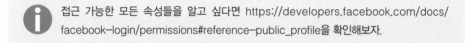

접근 가능한 모든 속성들을 알고 싶다면 https://developers.facebook.com/docs/
facebook-login/permissions#reference-public_profile을 확인해보자.

11. 스크립트를 저장하고 Facebook Login 버튼으로 가 버튼의 OnClick() 액션에 있는
+ 버튼을 클릭한 뒤 Main Menu 오브젝트를 끌어 놓은 후 Main Menu Behaviour >
Facebook Login을 선택해 해당 함수를 호출하게 액션을 변경한다.

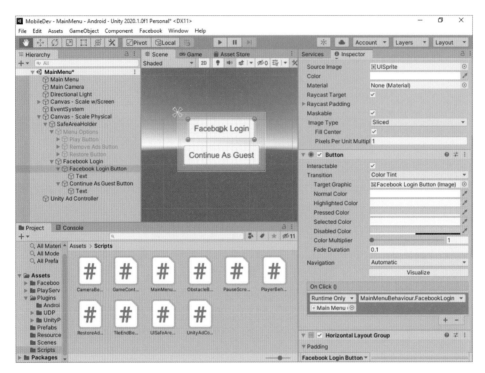

12. Continue as Guest Button의 Button 컴포넌트로 가서 On Click () 섹션의 + 버튼을
클릭한 뒤, Main Menu 오브젝트를 끌어 놓는다.

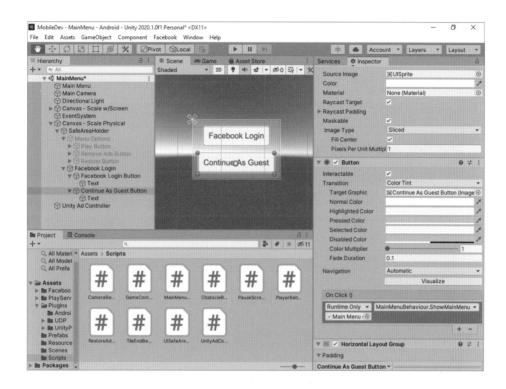

13. 마지막으로 생성한 변수들을 설정하자. Hierarchy 창에서 Main Menu 오브젝트를
선택하고 Main Menu와 Facebook Login 속성들을 설정한다.

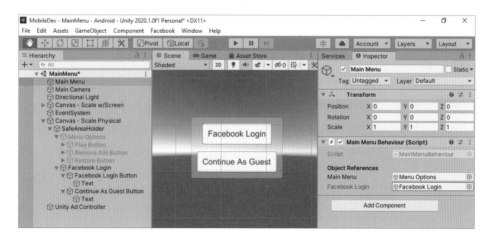

Facebook Login이 두 버튼을 가지고 있는 패널로 설정돼 있는지 확인한다.

14. 씬을 저장하고 게임을 시작한 뒤 Facebook Login 버튼을 클릭한다.

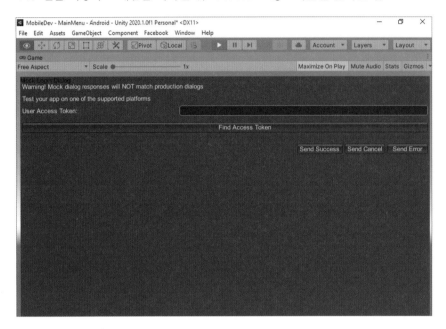

 에디터 안에서 제대로 보려면 Game 탭을 최대화하면 좋다. Game 탭에 마우스 오른쪽 클릭 후 Maximize를 선택하거나 툴바에서 Maximize On Play 옵션을 선택하면 된다.

이제 유저 액세스 토큰user access token을 묻는 메뉴가 나올 것이다. 프로파일에 연결하기 위해 필요한 값이다. 페이스북에서 얻을 수 있다.

15. Find Access Token에 클릭하면 웹브라우저에 새로운 페이지가 열린다.

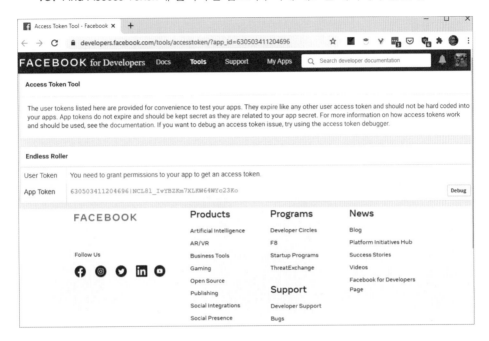

16. 페이지에서 need to grant permissions 링크를 클릭한 뒤 Continue를 클릭하면 User Token에 문자열이 보일 것이다. 해당 문자열을 복사한 뒤 유니티의 User Access Token에 붙여 넣은 후 Send Success 버튼을 클릭한다.

> 권한을 부여할 때 "Future off-Facebook activity for this app is off"라는 에러가 나온다면 본인의 페이스북 설정이 페이스북의 프로필을 페이스북 외부에서 사용할 수 없게 돼 있다는 의미다. 페이스북을 사용해 로그인하려면 계정에서 Off-Facebook tracking이 활성화돼 있어야 한다. 활성화하려면 https://www.facebook.com/off_facebook_activity로 가서 Future off-Facebook Activity를 ON으로 설정하면 된다. 우리 프로젝트의 경우 로그인을 하고 싶지 않은 사람들을 위해 게스트 로그인 기능도 제공한다.

이제 Console을 보면 페이스북에 로그인했다는 정보가 뜨고, 키를 전송했을 때 메뉴가 닫힌 것을 볼 수 있다.

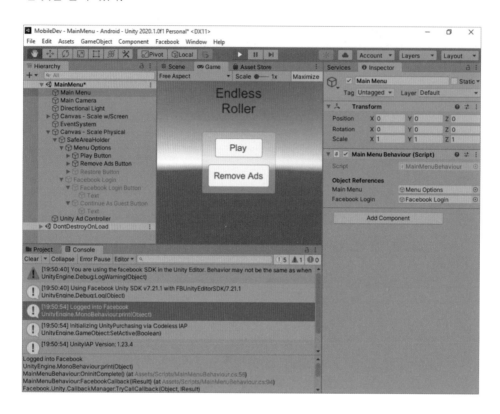

 유저 접근 토큰(user access token)에 관해 더 알고 싶다면 https://developers.facebook.com/docs/facebook-login/access-tokens/#usertokens를 확인해보자.

페이스북에 로그인할 수 있는 기능이 생겼으니 페이스북에서 가져온 정보를 가지고 우리 게임에 적용시켜보자.

▌페이스북 이름과 프로파일 사진 보여주기

게임을 플레이어에게 맞춰 변경하는 것은 좋은 일이다. 따라서 플레이어가 로그인했을 때 프로파일 사진과 함께 환영해주자.

1. 유니티 UI 시스템을 사용해 이미지를 보여주고 텍스트를 변경하기 위해 MainMenu Behaviour 스크립트에 다음과 같은 새로운 using문을 추가한다.

```
using UnityEngine.UI; // Text / Image
```

2. 다음은 두 개의 새로운 변수를 추가한다.

```
[Tooltip("페이스북 프로필 사진을 표시한다")]
public Image profilePic;

[Tooltip("환영 인사를 담는 텍스트 오브젝트")]
public Text greeting;
```

위 변수들에 페이스북에서 가져온 정보를 담는다.

3. 다음은 ShowMainMenu 함수에 새로운 기능을 넣을 것이다.

```
public void ShowMainMenu()
{
    if (facebookLogin != null && mainMenu != null)
    {
        facebookLogin.SetActive(false);
        mainMenu.SetActive(true);

        if (FB.IsLoggedIn)
        {
            // 페이스북 프로필에서 정보를 가져온다
            FB.API("/me?fields=name", HttpMethod.GET, SetName);
            FB.API("/me/picture?width=256&height=256",
            HttpMethod.GET, SetProfilePic);
```

```
        }
    }
}
```

FB.API 함수는 Facebook's Graph API를 호출해 데이터를 가져오거나 유저를 대신해 액션을 발생시켜서 이전에 허가한 권한에 따라 정보를 가져온다. 우리의 경우는 유저의 이름과 프로필 이미지를 가져온 후 SetName과 SetProfilePic 함수를 각각 호출한다.

이제 SetName과 SetProfilePic 함수를 추가해보자.

4. 스크립트의 Facebook 구역^{region}에 다음 코드를 추가한다.

```
private void SetName(IResult result)
{
    if (result.Error != null)
    {
        print(result.Error);
        return;
    }

    string playerName = result.ResultDictionary["name"].ToString();

    if(greeting != null)
    {
        greeting.text = "Hello, " + playerName + "!";
        greeting.gameObject.SetActive(true);
    }
}

private void SetProfilePic(IGraphResult result)
{
    if (result.Error != null)
    {
        print(result.Error);
        return;
```

306

```
    }

    Sprite fbImage = Sprite.Create(result.Texture,
    new Rect(0, 0, 256, 256), Vector2.zero);

    if(profilePic != null)
    {
        profilePic.sprite = fbImage;

        profilePic.gameObject.SetActive(true);
    }
}
```

데이터를 가져온 후 이미지나 스트링을 수정할 것이다.

 FB.API에 관해 더 알고 싶다면 https://developers.facebook.com/docs/unity/
reference/current/FB.API를 확인해보자.

이제 실제로 보여줄 텍스트와 이미지를 생성해야 한다. Hierarchy 창에서 Canvas
– Scale w/Screen 오브젝트를 펼친 후 자식 오브젝트 Panel의 이름을 SafeArea
Holder로 변경한다. 그런 다음 SafeAreaHolder 자식 오브젝트에 마우스 오른쪽
클릭을 하고 UI > Panel을 선택한다. 새로 만들어진 오브젝트의 이름을 Welcome
Profile로 변경한다.

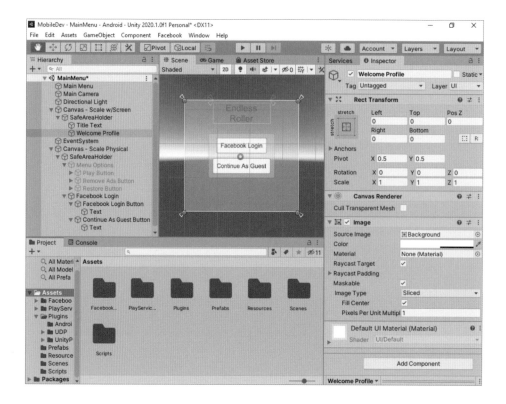

이 오브젝트가 플레이어의 정보를 담는 그릇이 될 것이다.

5. Welcome Profile 오브젝트를 선택한 상태에서 Horizontal Layout Group을 추가하고 Padding과 Spacing을 10으로 설정한다. Child Alignment를 Lower Center로 변경하고, Control Child Size 속성 아래 있는 Width와 Height에 체크한다. 그다음 Content Size Fitter 컴포넌트를 추가하고 Horizontal Fit과 Vertical Fit을 Preferred Size로 변경한다. 마지막으로 Anchor Presets 메뉴에서 Alt+Shift를 누른 상태에서 하단 중간을 선택한다.

6. Hierarchy 창에서 Welcome Profile 오브젝트를 선택하고, 마우스 오른쪽 클릭 후 UI > Text를 선택한다.

7. Text 오브젝트의 이름을 Greeting으로 변경한다.

8. 그런 다음 Text를 Welcome으로 변경하고, 사이즈도 50으로 변경한다. Alignment 을 횡, 종 모두 중앙으로 정렬한다.

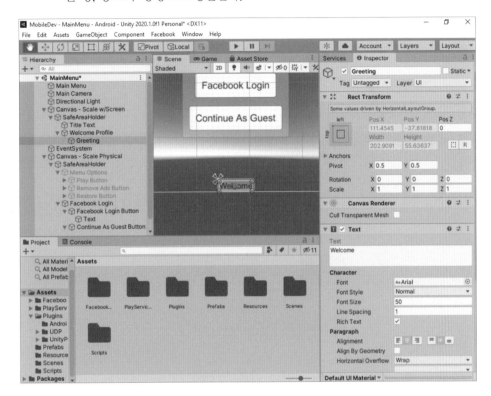

9. 이번에는 Welcome Profile을 마우스 오른쪽 클릭 후 UI > Image를 선택한다. 기본 설정상 부모 오브젝트가 Horizontal Layout Group을 가지고 있기 때문에 이미지 사이즈를 조정할 수가 없다. 이 설정을 무시하려면 이미지 오브젝트를 선택하고 Layout Element 컴포넌트를 추가하고, Min Width와 Min Height를 256으로 설정한 다. Layout Element (Script) 컴포넌트는 LayoutGroups가 기본 설정으로 하는 동작 들을 오버라이드override할 수 있게 해주며, 원하는 모양이 정확히 안 나올 때 유용 하게 사용할 수 있다.

Layout Element (Script) 컴포넌트에 관해 더 알고 싶다면 https://docs.unity3d.com/Manual/script-LayoutElement.html을 확인해보자.

10. Image 오브젝트의 이름을 Profile Pic으로 변경하고, Greeting 오브젝트의 위에 오도록 Hierarchy에서 순서를 변경한다.

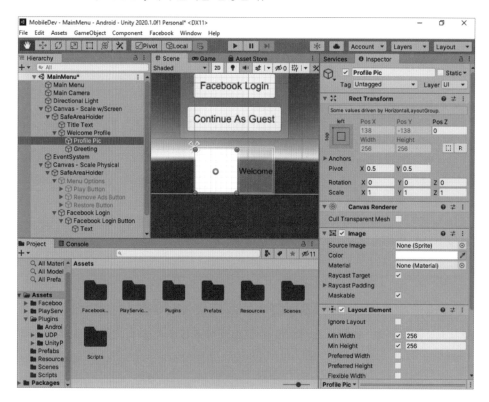

Horizontal Layout Group 안에 있는 오브젝트의 순서를 변경하면 표시되는 순서 도 같이 변한다.

해상도를 너무 작게 만들면 메뉴 위에 이미지가 표시될 것이다. 이렇게 되는 이 유는 두 캔버스 모두 그려지는 우선순위가 동일하기 때문인데, 2D 게임에서 종종 일어나는 Z축 우선순위 충돌 현상과 같다. 이런 문제를 미연에 방지하기 위해 스케일링 캔버스^{scaling canvas}를 배경 요소로 만들어보자.

11. Canvas – Scale Physical을 선택하고, Canvas 컴포넌트의 Sort Order를 1로 변경한다.

12. Main Menu 오브젝트로 가서 MainMenuBehaviour 컴포넌트에 있는 Greeting과 Profile Pic 속성을 설정한다.

13. 마지막으로 게임이 실행될 때 나오면 안 되므로 Greeting과 Profile Pic 오브젝트를 끈다.

14. 게임을 저장하고 올바른 로그인 정보를 가지고 게임을 다시 시작한다.

위 스크린샷과 같이 로그인이 되면 나의 페이스북 정보를 가져온다.

유니티용 페이스북 SDK와 추가 예제에 관해 더 알고 싶다면 https://developers.face
book.com/docs/unity를 확인해보자.

페이스북은 지금까지도 게임 개발자를 위한 매우 유용한 플랫폼이며, 유저의 게임플레이
경험을 크게 향상시킬 수 있다. 이에 더해 페이스북이 가지고 있는 다른 데이터를 사용해
기능을 확장하거나 유저의 친구들에게 콘텐츠를 공유하게 할 수 있다.

▌ 요약

7장에서는 다른 사람들과 게임을 공유할 수 있는 방법과 소셜 미디어가 제공하는 기능을
사용해 경험을 개인화시키는 방법을 알아봤다. 먼저 간단한 스코어 시스템을 구현하고 트
위터를 통해 스코어를 공유할 수 있게 했다. 그런 다음 페이스북 SDK를 설치하고 게임에
로그인한 뒤 유저의 데이터를 가져와 게임을 개인에 맞게 변할 수 있게 했다.

이제 사람들이 우리 게임을 즐기기 시작했으니 시간이 지나도 다시 돌아올 수 있게 만들
차례다. 그중 가장 쉬운 방법인 알림^{notification}을 8장에서 다루겠다.

08

알림으로
플레이어 잡아 두기

유저를 게임에 다시 돌아오게 만드는 좋은 방법 중 하나가 푸시 알림^{push notification}을 사용하는 것이다. 유저가 게임을 하고 있지 않아도 연결의 끈을 놓지 않을 수 있다. 잘만 사용하면 오랜 기간 동안 게임을 계속적으로 할 수 있게 만든다. 거꾸로 너무 자주 사용하면 앱 알림을 끌 수 있으므로 조심해야 한다.

8장에서는 안드로이드와 iOS 기기에서 알림을 생성하는 방법을 배울 것이다. 그런 다음 알림을 미리 스케줄해 보내는 방법과 함께 메시지를 커스텀화하는 방법도 배운다.

8장은 여러 주제로 나뉘어져 있고, 알기 쉬운 단계별 과정을 따라 하면 된다. 해야 할 작업은 다음과 같다.

- 알림 설정하기

- 미리 알림 스케줄링하기
- 커스텀 알림 만들기

기술적 필수 사항

이 책은 유니티 2020.1.0f1과 유니티 허브 2.3.1을 사용하고 있지만, 향후 버전에서도 큰 문제없이 적용될 수 있을 것이다. 만일 새로운 버전이 나왔음에도 이 책에서 이용한 버전을 사용하고 싶다면 유니티 다운로드 저장소(https://nity3d.com/get-unity/download/archive)에서 내려받을 수 있다. 유니티의 시스템 필수 사항은 https://docs.unity3d.com/2020.1/Documentation/Manual/system-requirements.html로 가서 Unity Editor system requirements 부분을 확인하면 된다. 기기에 배포하려면 안드로이드 혹은 iOS 기기가 필요하다. 8장에 기재된 코드 파일은 https://github.com/PacktPublishing/Unity-2020-Mobile-Game-Development-Second-Edition/tree/master/Chapter%2008로 가면 깃허브에서 내려받을 수 있다.

알림 설정하기

프로젝트에 알림 기능을 추가하기 전에 다음 단계를 따라 유니티에서 제공하는 특별한 패키지를 설치해야 한다.

1. 유니티 에디터에서 Window > Package Manager로 간다.
2. Packages 메뉴의 상단 툴바에 있는 In Project 드롭다운 메뉴를 클릭해 Unity Registry를 선택한다.

3. Mobile Notifications가 는 곳까지 스크롤을 내린 후 선택한다. 그다음 옆에 있는 화살표를 클릭하고 See All Versions를 선택한 뒤 가장 최근 버전을 선택한다(내 경우는 버전 1.3.0이다). 이제 Install 버튼을 클릭하면 다음과 같은 화면이 보일 것이다.

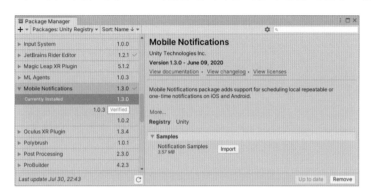

ℹ️ 눈여겨볼 점은 이 패키지는 게임이 안드로이드 4.4(API 19)와 iOS10 이상을 필수로 사용해야만 정상적으로 작동한다는 것이다.

우리는 플랫폼에 따라 알림 코드를 별도로 만들 필요 없이 유니티에서 제공하는 크로스 플랫폼 래퍼wrapper를 사용할 예정이다.

4. 끝나고 나면 Samples 섹션을 열고 Notification Samples 버튼 옆에 있는 Import 버튼을 클릭한다. 이 프로젝트는 실제 개발 상황에서 유니티 Mobile Notifications API를 어떻게 사용할 수 있는지 보여주기 위해 유니티에서 제작했다. 우리는 여기에 있는 크로스 래퍼를 사용해 알림을 한 번만 생성해도 추가 작업 없이 안드로이드와 iOS에서 모두 동작하게 만들 수 있다.

5. 모든 설치가 끝나면 Package Manager 창을 닫아도 좋다. 우리 프로젝트가 문제없이 배포될 수 있으려면 프로젝트가 올바른 최저 API 레벨을 지원해야만 한다.

6. Edit > Project Settings로 가서 Project Settings 메뉴를 연다. Player 옵션으로 가서 Minimum API Level까지 스크롤 다운 후 Android 4.4 'KitKat' (API level 19)으로 설정돼 있는지 확인한다. 이제 Project Settings 창을 닫아도 된다.

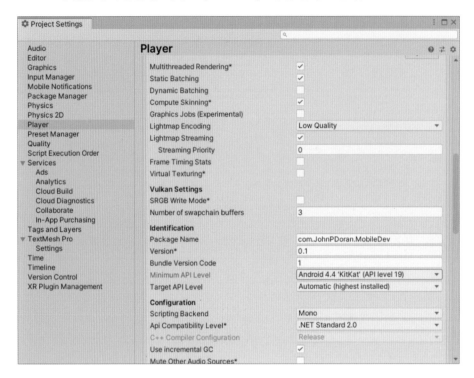

7. 프로젝트에 포함돼 있는 폴더들이 몇 개 보일 것이다. 우리가 원하는 파일은 Assets\Samples\MobileNotifications\1.3.0\NotificationSamples\Scripts 폴더에 들어 있다. 다음 스크린샷을 보자.

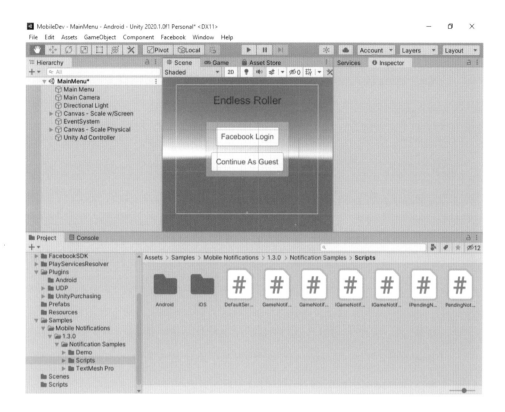

여기에 우리 스크립트에 추가할 필요한 코드(특히 GameNotificationManager 클래스)가 있다. 이 스크립트를 우리 프로젝트의 Scripts 폴더의 서브 폴더로 이동시키고 나면 다른 파일들을 삭제하거나 그대로 둬도 된다.

알림을 스크린에 표시하기 위해 Game Notifications Manager를 담을 새로운 오브젝트를 레벨에 추가해야 한다.

1. 이미 열려 있지 않다면 MainMenu 씬을 연다. GameObject > Create Empty로 가서 새로운 게임 오브젝트를 생성한다.

2. Inspector 창에서 오브젝트의 이름을 Notifications Manager로 변경하고 Transform 컴포넌트에 마우스 오른쪽 클릭 후 Reset Position 옵션을 선택해 Position을 리셋한다.

3. 하단의 **Add Componenet** 버튼을 클릭하고 gamen을 입력하고 리스트에 나타난 Game Notifications Manager를 선택해 Game Notifications Manager 컴포넌트를 Notifications Manager 오브젝트에 추가한다.

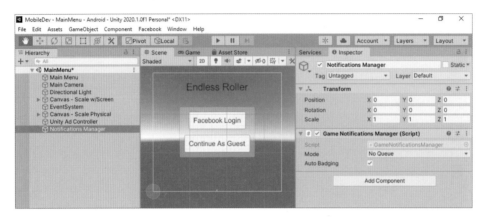

컴포넌트 추가가 끝났으면 알림을 생성하기 위한 설정을 시작할 수 있다. GameNotificationsManager 클래스의 구현 구조상 알림을 보낼 다른 스크립트인 NotificationsController가 필요하다.

4. **Project** 창에서 Assets/Scripts 폴더를 열어 새로운 C# 스크립트 **Notifications Controller**를 생성한다. 생성된 파일을 더블클릭해 코드 에디터를 연다.

5. 다음 코드를 추가한다.

```csharp
using UnityEngine;
using NotificationSamples; // GameNotificationManager

public class NotificationsController : MonoBehaviour
{
    private GameNotificationsManager notificationsManager;

    // Start is called before the first frame update
    private void Start()
    {
        // 알림 매니저에 접근
```

```
        notificationsManager = GetComponent<GameNotificationsManager>();

        // 사용할 채널 생성(안드로이드는 필수)
        GameNotificationChannel channel = new GameNotificationChannel("channel0",
    "Default Channel", "Generic Notifications");

        // 사용할 수 있도록 매니저를 초기화
        notificationsManager.Initialize(channel);
    }
}
```

위 코드를 보면 먼저 컴포넌트를 통해 GameNotificationsManager에 접근한다. 이 스크립트를 같은 게임 오브젝트에 첨부시킬 예정이기 때문에 GetComponent 함수를 써도 된다. 그다음 알림을 올린 채널을 생성한다. 마지막으로 채널을 사용해 GameNotificationsManager를 초기화한다.

6. 스크립트를 저장하고 유니티 에디터로 돌아간다. 다음 스크린샷에서 보이는 것처럼 Notifications Manager 오브젝트의 Inspector 창에서 Notifications Controller 스크립트를 첨부한다.

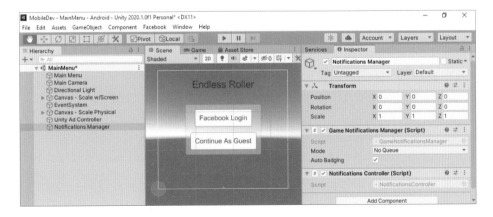

이제 설정이 끝났으니 알림을 스케줄하는 방법을 알아보자.

알림 스케줄 미리 설정하기

가장 흔한 알림은 일정 시간이 지난 후 플레이어에게 다시 게임을 즐기라고 알리는 유형이다. 이를 통해 게임을 지속적이고 반복적으로 즐기게 할 수 있다. 다음 단계에 따라 알림 전달 시간을 설정할 수 있다.

1. NotificationsController 스크립트를 열고 다음 함수를 추가한다.

```
public void ShowNotification(string title, string body, DateTime deliveryTime)
{
    IGameNotification notification = notificationsManager.CreateNotification();

    if (notification != null)
    {
        notification.Title = title;
        notification.Body = body;
        notification.DeliveryTime = deliveryTime;

        notificationsManager.ScheduleNotification(notification);
    }
}
```

이 함수는 세 개의 파라미터(제목, 내용, 알림 보내는 시간)를 받아들인다.

2. 이 함수는 DateTime 클래스를 사용하기 위해 System 네임스페이스를 필요로 한다. 따라서 NotificationsController 상단에 다음 라인을 추가한다.

```
using System; // DateTime
```

3. 이제 제대로 구성됐는지 테스트하는 차원에서 Start 함수에서 다음 강조된 코드를 추가해 함수를 호출해보자.

```
// Start is called before the first frame update
private void Start()
```

```
{
    // 알림 매니저에 접근
    notificationsManager = GetComponent<GameNotificationsManager>();

    // 사용할 채널 생성(안드로이드는 필수)
    GameNotificationChannel channel = new GameNotificationChannel("channel0",
    "Default Channel", "Generic Notifications");

    // 사용할 수 있도록 매니저를 초기화
    notificationsManager.Initialize(channel);

ShowNotification("Endless Runner", "Come back!",
DateTime.Now.AddSeconds(5));
    }
```

이 예제를 보면 제목은 "Endless Runner", 내용은 "Come back!", 세 번째 파라미
터인 시간은 DateTime.Now를 사용해 현재 시간을 구한 뒤 AddSeconds 메소드를 사
용해 5초를 추가한다.

4. 스크립트를 저장하고 유니티 에디터로 돌아온다. 아쉽게도 PC에서는 알림을 테
   스트해볼 수가 없다. 확인하려면 게임을 배포해야 한다.

5. 본인의 기기에 게임을 배포하고 게임을 시작해보자. 다음에 보이는 것과 같이 알
   림이 정상적으로 동작한다!

6. 일반적으로 이런 유형의 알림은 플레이어가 마지막으로 플레이하고 하루가 지나서 보낸다. 다음과 같이 함수를 수정해 할 수 있다.

```
// Start is called before the first frame update
private void Start()
{
    // 알림 매니저에 접근
    notificationsManager = GetComponent<GameNotificationsManager>();

    // 사용할 채널 생성(안드로이드는 필수)
    GameNotificationChannel channel = new GameNotificationChannel("channel0",
    "Default Channel", "Generic Notifications");

    // 사용할 수 있도록 매니저를 초기화
    notificationsManager.Initialize(channel);
```

```
    // 플레이어가 내일 돌아올 수 있도록 알린다
    ShowNotification("Endless Roller", "Come back and try to beat your score!",
    DateTime.Now.AddDays(1));
}
```

이제 레벨에 도달하면 하루가 지난 후 알림을 표시한다. 하지만 메뉴에 들어갈 때도 같은 일이 일어난다. 이런 현상을 막기 위해 알림을 추가할 때 켜지는 static bool 변수를 추가하면 된다. 유니티에서 변수를 static으로 선언하면 프로그램이 실행되는 동안 지속적으로 유지된다. 다음 단계에 따라 변수를 추가해보자.

1. 다음 강조된 코드를 스크립트에 추가한다.

```
private static bool addedReminder = false;

// Start is called before the first frame update
private void Start()
{
    // 알림 매니저에 접근
    notificationsManager = GetComponent<GameNotificationsManager>();

    // 사용할 채널 생성(안드로이드는 필수)
    GameNotificationChannel channel = new GameNotificationChannel("channel0",
    "Default Channel", "Generic Notifications");

    // 사용할 수 있도록 매니저를 초기화
    notificationsManager.Initialize(channel);

    // 알림이 추가됐는지 확인
    if(!addedReminder)
    {
        // 플레이어가 내일 돌아올 수 있도록 알린다
        ShowNotification("Endless Roller", "Come back and try to beat your
        score!", DateTime.Now.AddDays(1));

        // 유저가 돌아오기 전까지는 추가되지 않음
        addedReminder = true;
```

```
        }
    }
```

2. 스크립트를 저장한다.

 GameNotificationManager 클래스에 있는 함수인 CancelNotification과 Cancel
AllNotifications를 사용해 알림을 취소할 수도 있다. 알림 취소에 관해 더 알고 싶다면
https://docs.unity3d.com/Packages/com.unity.mobile.notifications@1.0/manual/
index.html을 확인해보자.

지금까지 스크립트에서 알림을 생성하는 방법을 알아봤지만 좀 밋밋하다. 다행이 알림을
커스텀화시키는 방법이 있으니 이제부터 알아보자.

알림 커스텀화하기

유니티는 알림과 함께 사용할 수 있는 기본 에셋을 포함하고 있지만, 일반적으로 자체적
으로 제작한 것을 사용하면 좀 더 눈에 띄고 미려해 보일 수 있다. 안드로이드 알림에서
커스텀 아이콘을 사용하려면 적어도 48×48픽셀의 작은 아이콘이 필요하고, 투명 배경
에 하얀색 픽셀만 쓸 수 있다. 큰 아이콘은 적어도 192×192픽셀에 자유롭게 컬러를 사용
할 수 있다. 본인 직접 이미지를 만들어도 좋고 깃허브에 있는 이 책의 예제 코드 Chapter
08\Assets\ 폴더에 있는 Hi-ResIcon.png와 Small-ResIcon.png를 사용해도 좋다. 다
음 단계를 따라 해보자.

1. Project 창에서 사용하려고 하는 작은 아이콘과 큰 아이콘용 이미지를 선택한다.
2. 이미지들을 선택한 상태에서 Inspector 창으로 가서 Advanced 옵션을 연다.
3. Read/Write Enabled와 Alpha Is Transparency 속성을 체크한다. Apply 버튼을 클
   릭한다.

다음 스크린샷에 Inspector 창 옵션들을 볼 수 있다.

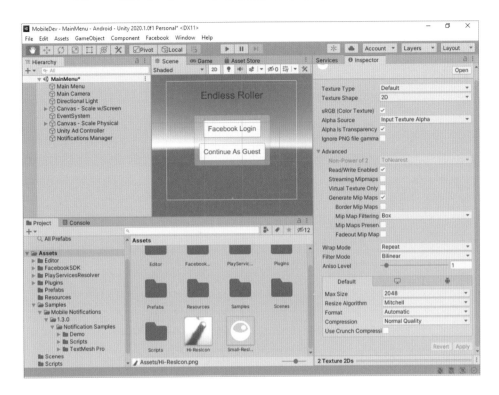

이제 이미지가 준비됐으므로 알림에 넣을 수 있다. 먼저 Project Settings 메뉴로 가자.

4. Edit > Project Settings로 가서 Project Settings 메뉴를 연다.

5. Mobile Notifications 설정 옵션으로 간다.

6. 메뉴에 두 가지 옵션(iOS와 Android)이 보일 것이다. iOS는 기본 옵션을 사용할 예정이므로 Android를 먼저 선택하자.

7. Reschedule Notifications on Device Restart를 체크한다. 이렇게 하면 게임을 다시 실행하면 이전에 생성한 알림을 받지 않게 돼 짜증나게 알림을 자주 받는 상황을 피할 수 있다.

8. Notification Icons 아래의 플러스(+) 아이콘을 클릭한다. 작은 아이콘 이미지를 첫 번째 Texture 2D 옵션으로 끌어 놓는다. 플러스(+) 아이콘을 다시 클릭하고 Type 을 Large로 변경한 뒤, 큰 아이콘을 Texture 2D로 가져온다.

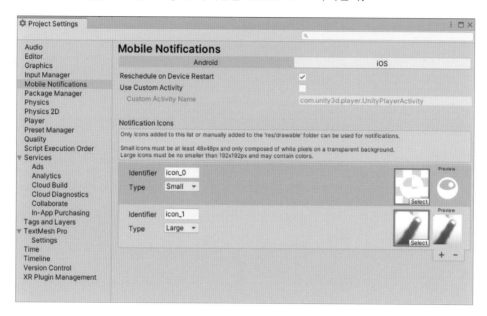

9. NotificationsController 스크립트로 가서 아이콘을 사용할 수 있도록 ShowNotifi cation 함수를 업데이트한다.

```
public void ShowNotification(string title, string body, DateTime deliveryTime)
{
    IGameNotification notification = notificationsManager.CreateNotification();

    if (notification != null)
    {
        notification.Title = title;
        notification.Body = body;
        notification.DeliveryTime = deliveryTime;
        notification.SmallIcon = "icon_0";
        notification.LargeIcon = "icon_1";
```

```
        notificationsManager.ScheduleNotification(notification);
    }
}
```

10. 스크립트를 저장하고 유니티 에디터로 돌아온다. 안드로이드로 게임을 배포하면
    아이콘이 업데이트된 것을 볼 수 있다. 이제 알림이 오면 다음 스크린샷처럼 작
    은 아이콘이 툴바에 보일 것이다.

이제 알림에 접근할 때 두 가지 아이콘을 모두 사용한다! 다음 스크린샷을 보자.

iOS에서 사용하는 배치 넘버와 같은 다른 속성들도 변경할 수 있는데, 다음과 같은 라인을 사용하면 된다.

```
notification.BadgeNumber = 5;
```

 알림을 커스텀화할 수 있는 정보를 더 알고 싶다면 Packages/com.unity.mobile.notifications@1.0/manual/index.html을 확인해보자.

이제 알림을 우리가 원하는 모습으로 만들 수 있다.

▌ 요약

지금까지 유니티의 Mobile Notifications package를 사용해 플레이어에게 보낼 알림을 생성했다. 알림을 스케줄해 미래에 보낼 수 있게 하고, 커스텀화시켜서 스타일을 추가했다!

플레이어가 게임으로 돌아올 수 있는 방법을 구현했지만 더 많은 기능이 필요하다. 이제 플레이어가 게임을 하는 도중에 발생하는 정보를 볼 수 있게 해보자. 그 정보를 가지고 게임을 더 낫게 만들 수 있다.

9장에서는 유니티 애널리틱스^{Unity Analytics} 툴을 사용해 이 기능을 구현할 것이다.

09

유니티 애널리틱스 사용하기

게임 개발은 많은 수고를 동반하는 즐거운 경험이지만, 게임을 디자인하는 과정에서는 본인의 경험과 느낌에 의지할 수밖에 없다. 때문에 게임 업계에서는 일반적으로 특정 그룹의 사람들을 골라 게임을 시켜보고 피드백을 받는 플레이 테스팅을 진행하고, 받은 피드백을 통해 프로젝트를 향상시킨다.

플레이 테스팅은 보통 사람이 직접 진행한다. 하지만 모바일 게임의 경우는 출시 이후에도 많은 사람들이 지속적으로 즐기며, 유저들의 대부분이 인터넷에 연결돼 있다. 바로 게임 유저가 온라인이라는 이 점 때문에 게임이 플레이되는 동안 게임의 플레이 행태에 대한 데이터를 받아 볼 수 있다. 따라서 플레이 테스팅을 다양한 유저를 대상으로 할 수 있다. 데이터를 받아보면 게임 디자인 때 적용한 결정들이 올바른 것이었는지 확인이 가능하고, 빠르게 수정이 가능하다.

이 데이터들은 플레이어가 게임 내 어디에서 죽는지, 얼마나 자주 플레이하는지, 하루 평균 얼마나 즐기는지, 동시에 즐기는 유저가 몇 명인지, 한 번 플레이하면 얼마 정도 후 멈추는지, 어떤 선택들을 했는지 등 다양한 것들을 다룰 수 있다. 9장을 통해 우리는 유니티에 내장된 애널리틱스를 설정하고 사용하는 방법을 알아볼 것이다.

9장은 여러 가지 주제로 나뉘어져 있고, 알기 쉬운 단계별 과정을 따라 하면 된다. 해야할 작업들은 다음과 같다.

- 유니티 애널리틱스 설정하기
- 커스텀 이벤트들 트랙킹하기
- 퍼널 애널라이저^{funnel analyzer} 사용하기
- 리모트 설정으로 속성 조절하기

▌기술적 필수 사항

9장에서는 유니티 애널리틱스 툴을 우리 프로젝트에 적용할 수 있는 몇 가지 방법들을 알아볼 것이다.

9장은 유니티 애널리틱스가 이미 활성화돼 있다고 가정하고 있다. 만일 활성화돼 있지 않다면 5장, 'Unity Ads로 광고하기'를 보고 계정을 만들면 된다.

9장에 기재된 코드 파일은 https://github.com/PacktPublishing/Unity-2020-Mobile-Game-Development-Second-Edition/tree/master/Chapter%2009에서 찾을 수 있다.

애널리틱스 구성하기

5장, 'Unity Ads로 광고하기'에서 유니티의 클라우드 서비스를 이용하기 위해 애널리틱스 옵션을 활성화했지만, 실제로 사용하지는 않았다. 다음 단계를 따라 구성을 완료해보자.

1. 유니티 에디터에서 Services 탭(스크린샷의 오른쪽 상단)을 선택하거나 Window › General › Services로 가서 Services를 연다.
2. 다음 스크린샷에서 보는 것과 같이 Analytics 버튼을 클릭한다.

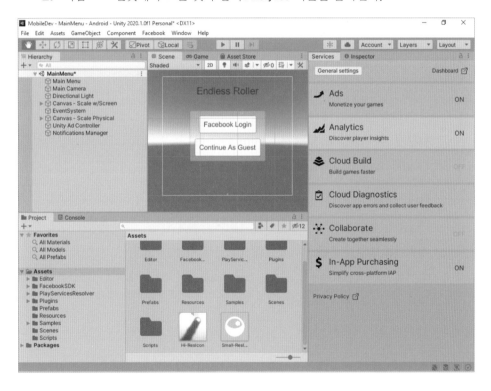

Analytics가 활성화돼 있다면 Play 버튼을 눌러 게임을 시작할 때마다 에디터가 애널리틱스 서비스에게 앱 스타트^{App Start} 이벤트를 보낸다.

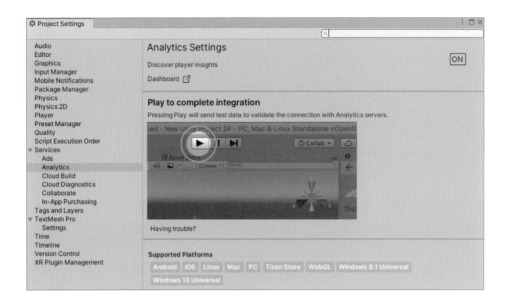

때문에 군이 게임을 배포하지 않아도 해당 기능이 올바르게 작동하는지 확인할 수 있다.

3. Play 버튼을 누른다. 게임이 시작되면 앱이 에디터에서 일어나는 애널리틱스 이벤트들을 보내기 시작한다. 하지만 본인이 대시보드dashboard에 한 번이라도 가 본 적이 없으면 데이터를 처리하지 않기 때문에 지금 가 보자.

4. 오른쪽 상단의 Services 탭을 보면 Dashboard라는 버튼이 보인다. 클릭하면 프로젝트 페이지를 웹 브라우저에서 보여준다.

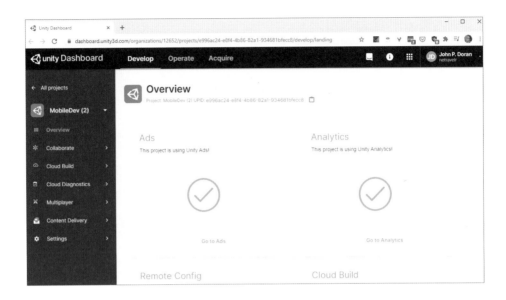

예전에는 유니티에서 실시간으로 이벤트를 볼 수 있는 밸리데이터Validator와 라이브스
트림Livestream이라는 툴을 제공했으나 지금은 하지 않는다. 이유가 궁금하다면 https://
forum.unity.com/threads/removal-of-validator-and-livestream-features-on-
january-16th.810150/을 확인해보자. 때문에 우리 프로젝트에서 트리거되는 이벤트를
보기 위해서는 최대 16시간까지 기다려야 한다.

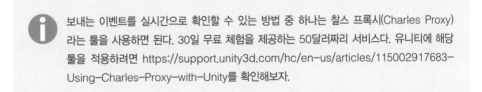

보내는 이벤트를 실시간으로 확인할 수 있는 방법 중 하나는 찰스 프록시(Charles Proxy)
라는 툴을 사용하면 된다. 30일 무료 체험을 제공하는 50달러짜리 서비스다. 유니티에 해당
툴을 적용하려면 https://support.unity3d.com/hc/en-us/articles/115002917683-
Using-Charles-Proxy-with-Unity를 확인해보자.

이제 유니티 애널리틱스가 구성됐으니 추적할 우리 커스텀 이벤트들을 만들어보자!

커스텀 이벤트 추적하기

유니티 애널리틱스는 사용 편의성을 위해 자동으로 추적해주는 여러 부분이 있지만, 게임 디자이너 입장에서는 게임에서 자주 사용되는 기능이나 콘텐츠 도달 여부 등과 같은 것들을 추적하고 싶은 경우가 많다. 이를 위해 커스텀 이벤트^{Custom Events} 시스템을 사용한다.

커스텀 이벤트란 유저가 게임을 플레이할 때 클리우드로 보내는 데이터를 말한다. 각 커스텀 이벤트들은 데이터를 필터링할 수 있도록 별도의 파라미터를 가진다. 코드를 사용해 클라우드로 정보를 보내는 방법을 알아보자.

기본 CustomEvents 보내기

처음 보낼 이벤트 종류는 이벤트 이름이다. 이벤트 이름은 유저들이 특정 지역에 접근하는 횟수나 일어나면 안 되는 일이 일어나는 경우 등 다양하게 사용할 수 있다. 테스트와 발동이 쉽게 하기 위해 게임을 멈출 때마다 이벤트가 일어나도록 하자.

1. PauseScreenBehaviour 스크립트를 열고 스크립트 상단에 다음 using문을 추가한다.

```
using UnityEngine.Analytics; // CustomEvent
```

이 네임스페이스^{namespace}는 유니티 애널리틱스 시스템이 사용하는 모든 함수를 가지고 있다.

2. SetPauseMenu 함수에 다음 강조된 코드를 업데이트한다.

```
/// <summary>
/// 멈춤 메뉴를 키고 끈다
/// </summary>
/// <param name="isPaused"></param>
public void SetPauseMenu(bool isPaused)
```

```
{
    paused = isPaused;

    // 게임이 멈춰져 있으면 timeScale은 0이며, 그 외는 1
    Time.timeScale = (paused) ? 0 : 1;
    pauseMenu.SetActive(paused);

    if(paused)
    {
        var result = Analytics.CustomEvent("Paused");

        if (result == AnalyticsResult.Ok)
        {
            Debug.Log("Event Sent: Paused");
        }
    }
}
```

위 코드는 pauseMenu가 켜지면 Analytics.CustomEvent 함수를 호출한다. Analytics.CustomEvent의 첫 번째 파라미터는 이벤트의 이름을 지정하는 스트링이다. 유니티 애널리틱스에서 이 이름을 사용한다. 이 함수는 AnalyticsResult 타입의 오브젝트를 반환하는데, Ok로 설정돼 있으면 유니티가 이벤트를 보내는 데 아무 문제가 없었으며, 특정 시간이 지나 클라우드에서 확인할 수 있다는 뜻이다.

3. 스크립트를 저장하고 유니티 에디터로 돌아간다. 게임을 실행한 뒤 게임을 멈춰보자. 성공적으로 이벤트를 클라우드로 보냈다!

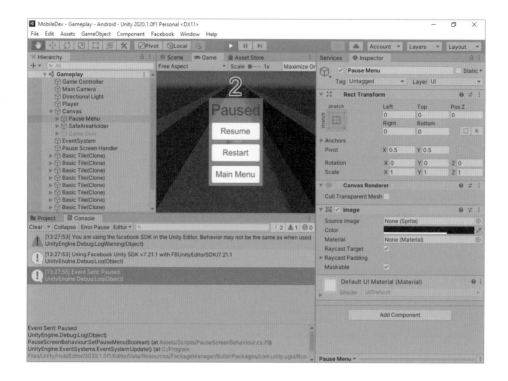

위에서 언급했듯이 유니티 대시보드에서 해당 정보를 보려면 일정 시간을 기다려야 한다. 하지만 어디서 정보를 볼 수 있는지 미리 알아보자.

4. Services 창으로 가서 오른쪽 상단에 있는 Dashboard 버튼을 선택한다. 그런 다음 Go to Analytics 버튼을 클릭한다.

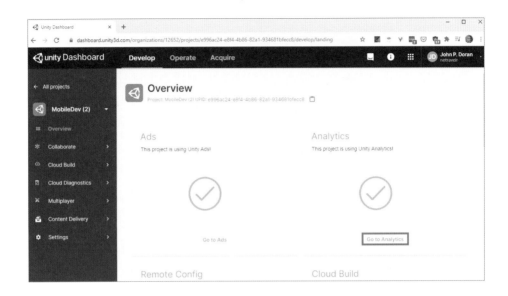

이제 게임에서 보내 온 커스텀 이벤트와 파라미터를 볼 수 있는 Event Manager가 나올 것이다. 다음 절에서 좀 더 자세히 알아볼 예정이다. 일단 지금은 확인할 것이 없지만 시간이 지나면 볼 수 있을 것이다.

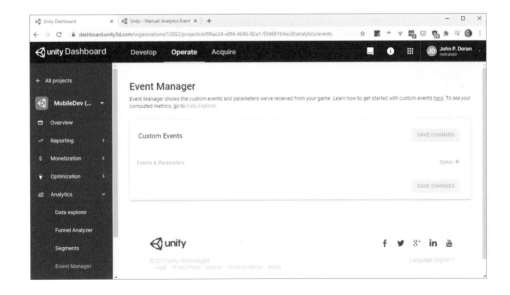

5. 다음은 Data explorer 옵션을 클릭한다.

6. Data explorer 탭을 보면 Metric과 Custom Event 두 개의 버튼이 보일 것이다. 또한 DAU(Daily Active Users: 일일 활동 유저)를 보여주는 차트도 볼 수 있다. 이 메뉴에서 Paused 이벤트가 호출됐는지를 확인할 수 있다.

 이벤트를 생성하면 정보를 전달받는 데 12시간까지 걸릴 수도 있다. 따라서 나중에 다시 확인해보자. 과거에 나는 48시간까지 기다려 본 경험이 있으니 지금 보이지 않아도 놀랄 필요는 없다.

7. Custom Event 왼쪽에 있는 + 버튼을 클릭해 해당 그래프에 커스텀 이벤트를 추가한다. 그런 다음 Custom Event 드롭다운 메뉴를 선택하고 Paused를 선택한다. 지금 막 이벤트를 만들었기 때문에 애널리틱스에 이전 날짜는 보이지 않겠지만, Column Chart 버튼을 클릭해 데이터의 표기 방식을 변경하면 좀 더 쉽게 볼 수 있다.

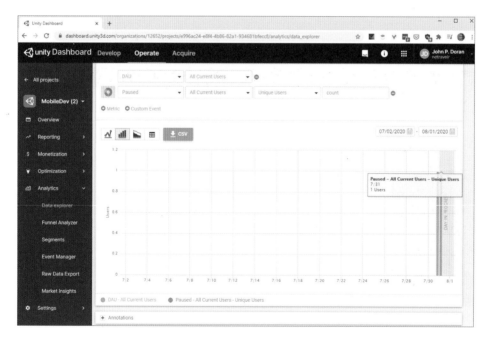

스크롤을 아래로 내리면 Data explorer가 Paused 이벤트의 호출 여부를 보여준다!

 이벤트 호출 이외에도 유니티 UI 시스템과 비슷한 방식으로 파라미터를 추가할 수도 있다. 애널리틱스 트래커(Analytics Tracker) 컴포넌트에 관해 더 알고 싶다면 https://docs. unity3d.com/Manual/UnityAnalyticsAnalyticsTracker.html을 확인해보자.

이 툴은 코드를 다루고 싶지 않은 팀의 디자이너에게 매우 유용하며 목적에 따라 쉽게 확장 가능하다.

파라미터를 가진 커스텀 이벤트 전송하기

추적하기 원하는 또 다른 것은 플레이어가 죽기 전에 얼마나 멀리 갔느냐다. 다음 단계를 살펴보자.

1. ObstacleBehaviour 스크립트를 열어 게임이 끝났을 때 일어나는 일들을 수정해 보자.
2. 파라미터와 함께 유니티 애널리틱스를 사용하려면 파일 상단에 다음과 같은 using 선언문을 추가한다.

```
using UnityEngine.Analytics; // Analytics
using System.Collections.Generic; // Dictionary
```

첫 줄은 당연히 들어가야 하고, System.Collections.Generic은 다음에 나올 코드에 사용할 Dictionary 클래스에 접근하기 위함이다.

3. OnCollisionEnter 함수를 다음과 같이 업데이트한다.

```
private void OnCollisionEnter(Collision collision)
{
    var go = collision.gameObject;
```

```
var playerBehaviour = go.GetComponent<PlayerBehaviour>();

// 가장 먼저 플레이어와 충돌했는지 체크
if (playerBehaviour)
{
    // 플레이어 제거(숨김)
    go.SetActive(false);
    player = go;

    var eventData = new Dictionary<string, object>
    {
        { "score", playerBehaviour.Score }
    };

    var result = Analytics.CustomEvent("Game Over", eventData);

    if(result == AnalyticsResult.Ok)
    {
        Debug.Log("Event Sent: Game Over - score: " +
            playerBehaviour.Score);
    }

    // 대기 시간이 지나면 ResetGame 함수 호출
    Invoke("ResetGame", waitTime);
}
}
```

위 코드는 몇 가지 일을 한다. 먼저 플레이어를 체크하는 방법에서 컴포넌트를 변수화시켜서 똑같은 작업을 위해 GetComponent를 다시 호출하지 않도록 했다. 주요 부분은 Analytics.SendEvent 함수를 두 번째 파라미터와 함께 호출했다. 옵션인 두 번째 파라미터는 딕셔너리dictionary로, 아직까지 언급한 적이 없다.

Dictionary 클래스는 키key와 값value의 한 쌍이다. 키는 값을 얻기 위해 필요한 확인자identifier 같은 것이다. 일반적으로 다른 데이터 타입을 참조하기 위해 주로 스트링을 키로 사용한다.

4. 스크립트를 저장하고 유니티 에디터로 돌아온다.

5. 게임을 플레이하다가 죽어보자. Console 창을 보면 Game Over 이벤트와 함께 스코어 값이 전송되는 것을 알 수 있다.

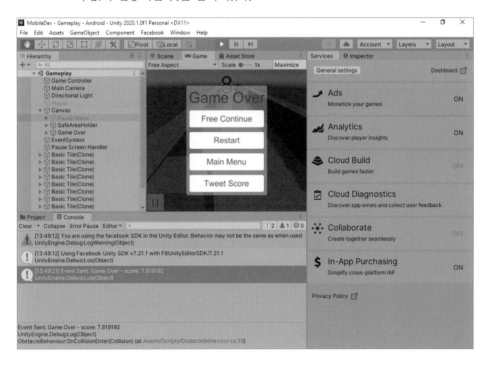

대시보드에 가서 정보를 확인해보고 싶겠지만 유니티 회사에 따르면 6시간까지 걸릴 수 있다고 한다. 이벤트는 일반적으로 처리되는 데 몇 시간이 걸린다. Console 창에서는 코드의 정상적인 작동을 확인하기 위한 Debug.Log 호출 때문에 바로 확인할 수 있지만, 애널리틱스에서는 유니티 측에서 전송받은 모든 이벤트들의 처리가 끝나야 확인이 가능하다.

6. 충분한 시간이 지나면 Analytics 탭으로 가서 Dashboard 버튼을 클릭하고, Go to Analytics 버튼을 클릭한다.

   Event Manager는 유저가 게임을 하면서 보내는 커스텀 이벤트와 파라미터를 볼 수 있는 곳이다. 유니티 애널리틱스 툴 중에서 가장 업데이트가 느리기 때문에 이곳에서 이벤트가 보이지 않으면 데이터를 제대로 수신했는지 확인할 수 있는 다른 방법인 Raw Data Export 툴이 있다.

7. 유니티 대시보드의 왼쪽을 보면 Analytics 섹션 아래 Raw Data Export 버튼을 클릭한다.

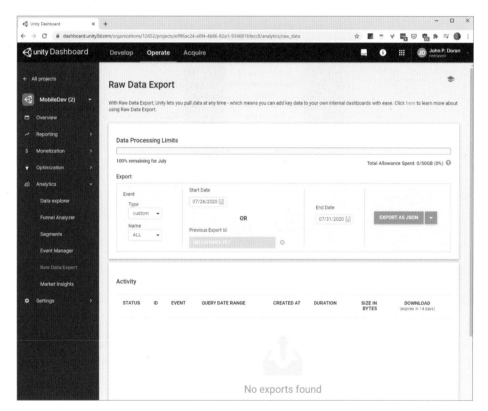

Raw Data Export 툴은 유니티 애널리틱스가 수신하고 처리한 이벤트 데이터를 보여준다. 이 데이터는 커스텀 쿼리나 데이터를 시각적으로 보여주고 싶을 때 유니티 대시보드 밖에서도 사용할 수 있다.

 Raw Data Export 툴을 사용하려면 유니티 프로 구독이 필수 사항이다.

기본 설정상 Export 섹션은 Start Data 값부터 End Date 값까지의 커스텀 이벤트를 보여준다. 하지만 Type, Start Date, End Date의 설정을 변경해 커스터마이즈할 수 있다. 여기서 언제 앱이 실행됐는지, 실행 기기는 무엇인지, 처리된 데이터들이 무엇인지 등에 대한 이벤트 정보를 얻을 수 있다.

기본 설정상 파일은 JSON 파일로 내보낸다. JSON은 JavaScript Object Notation 의 약자로, 텍스트를 읽고 쓰는 포맷이다. JSON 파일 타입은 일반적으로 데이터를 전송하거나 파일은 저장할 때 사용된다. 위에서 사용한 Dictionary 클래스의 한 쌍의 키와 값 형태를 받아들이기 때문에 특히 프로그래머에게 유용하다.

JSON 파일로 내보내면 각 이벤트 데이터는 다음과 비슷한 모습일 것이다.

```
{"name":"Game Over","ts":1596221196085,"userid":"8ae31bd296283084aac4984ad9
eb6f75","sessionid":"4916459330333886753","platform":"WindowsEditor","sdk_
ver":"u2020.1.0f1","debug_device":true,"user_agent":"UnityPlayer/2020.1.0f1
(UnityWebRequest/1.0,libcurl/7.52.0-DEV)","submit_time":1596221229000,"custom_
params":{"score":"6.457715"},"country":"US","city":"Peoria","appid":"e996ac24-
e8f4-4b86-82a1-934681bfecc8","type":"custom"}
```

당장은 텍스트 덩어리로 보이겠지만 포맷을 좀 수정하면 읽기 쉬워진다.

```
{
    "name":"Game Over",
```

```
    "ts":1596221196085,
    "userid":"8ae31bd296283084aac4984ad9eb6f75",
    "sessionid":"4916459330333886753",
    "platform":"WindowsEditor",
    "sdk_ver":"u2020.1.0f1",
    "debug_device":true,
    "user_agent":"UnityPlayer/2020.1.0f1 (UnityWebRequest/1.0,
       libcurl/7.52.0-DEV)",
    "submit_time":1596221229000,
    "custom_params":{"score":"6.457715"},
    "country":"US",
    "city":"Peoria",
    "appid":"e996ac24-e8f4-4b86-82a1-934681bfecc8",
    "type":"custom"
}
```

우리가 주의 깊게 봐야할 두 개의 데이터(발생한 이벤트와 우리가 생성한 커스텀 파라미터)를 강조 처리했다. 우리가 전송한 정보가 올바르게 전달됐다!

유니티 애널리틱스가 지원하는 데이터를 내보낼 수 있는 또 다른 유용한 방식은 TSV이다. TSV는 tab-separated values의 약자로 마이크로소프트 엑셀이나 구글시트 같은 프로그램에서 쉽게 열 수 있다.

8. EXPORT AS JSON 옵션 옆에 있는 화살표를 클릭하고 EXPORT AS TSV를 선택한다.

9. EXPORT AS TSV 버튼을 클릭하고 처리가 끝나기를 기다린다. 이벤트를 받기 위해 나중에 페이지를 다시 불러들여야 할 수도 있다.

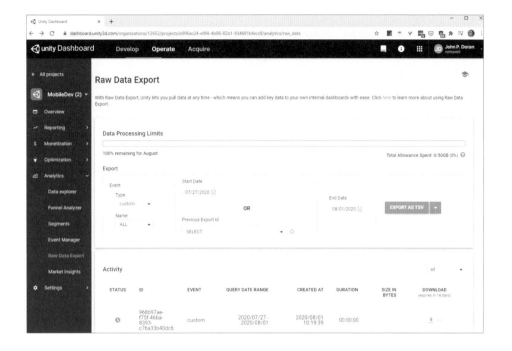

10. 데이터 처리가 끝나면 DOWNLOAD 섹션 아래에 있는 tsv를 클릭한다. 그러면 날짜가 나올 것이다. 오늘 날짜를 클릭하고 다운로드를 기다린다.

11. 다운로드가 끝나면 파일 타입이 스탠다드 GNU zip 파일인 GZ인 것을 알 수 있다. 압축파일 해제 프로그램을 사용해 압축을 풀자.

    내 윈도우 컴퓨터에서는 무료로 받을 수 있는 7zip을 사용하는데, https://www.7-zip.org/에서 받을 수 있다. 맥OS에서는 앱스토어에서 무료로 받을 수 있는 Unarchiver를 사용해도 좋다.

12. 압축이 풀리면 파일이 하나 나온다. 이 파일을 메모장Notepad 같은 파일에서 열어도 되지만, 좀 더 보기 편한 데이터 시트로 보도록 하다. 파일의 이름을 변경하고 이름 끝에 .tsv 확장자를 추가한 뒤 엑셀이나 구글 시트로 연다. 다음에 보이는 것처럼 첫 번째(A) 섹션은 해당 날짜에 발생한 이벤트의 이름들이며, N 섹션은 함수에 전달된 파라미터를 보여준다.

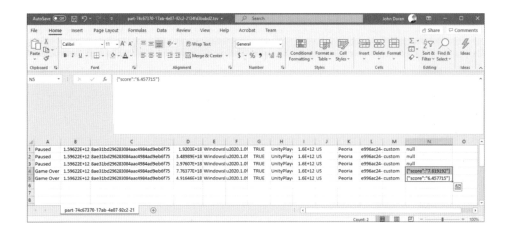

이번 예제에서는 하나의 값만 사용했지만 딕셔너리를 통해 최대 10개의 파라미터를 전달할 수 있다. 하지만 값들은 다음 타입이어야만 한다.

- bool
- string
- int
- float

 TIP C#에서는 ToString 함수를 사용해 언제나 오브젝트를 스트링으로 변화할 수 있는 것을 기억하자.

한 유저당 한 시간에 최대 100개의 커스텀 이벤트만 보낼 수 있으므로 게임 내에서 너무 많은 커스텀 이벤트 사용은 자제하도록 하자.

 Analytics.CustomEvent에 대한 정보와 호출할 수 있는 다른 방법들이 궁금하다면 https://docs.unity3d.com/ScriptReference/Analytics.Analytics.CustomEvent.html 을 확인해보자.

유저가 중요한 마일스톤을 달성했을 때만 커스텀 이벤트를 생성하는 것을 추천한다. 예를 들어 레벨업을 했을 때나 **인 앱 결재**^{In-App Purchase}를 할 때가 좋다.

이제 여러 가지 타입의 이벤트를 생성할 수 있게 됐으니, 퍼널 애널라이저^{Funnel Analyzer} 툴을 사용해 이벤트들을 추적하고 플레이어들이 무엇을 하는지 아는 방법을 배워보자.

▌ 퍼널 애널라이저 사용하기

플레이어들에게서 알고 싶은 내용 중 하나는 게임을 플레이하는 행태다. 예를 들어 유저가 튜토리얼을 스킵하는가 등이다. 플레이어가 연속되는 이벤트들을 거치는 과정을 확인하고 싶을 때 퍼널을 사용한다. 퍼널을 통해 게임 도중 플레이어가 그만두는 부분을 확인할 수 있다.

만일 많은 사람들이 특정 단계까지 가지 못한다면, 바로 전 스텝에서 일어나는 무엇이 방해를 하고 있다고 가정할 수 있다.

 퍼널(funnel)의 동작 방식과 사용법에 관해 더 알고 싶다면 https://data36.com/funnel-analysis/를 확인해보자.

퍼널은 파라미터를 가진 '커스텀 이벤트 전송하기' 절에서 다룬 커스텀 이벤트 개념에 기반한다. 퍼널 애널라이저를 사용해 퍼널에 들어온 데이터를 확인하고 게임에 어떤 변경 사항이 필요한지 사실에 기반한 판단을 할 수 있다. 다음 단계에 따라 툴을 추가해보자.

1. 대시보드에서 Analytics로 가서 Funnel Analyzer를 선택한다.

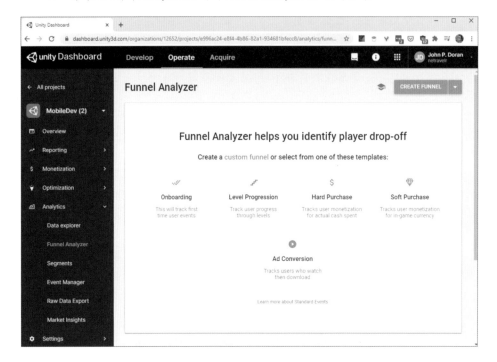

지금은 설정된 퍼널이 없으므로 만들어보자.

2. custom funnel 옵션을 클릭하고 다음 스크린샷과 같이 정보를 입력한다. 그런 다음 가장 아래로 스크롤을 내려 SAVE FUNNEL 버튼을 클릭한다.

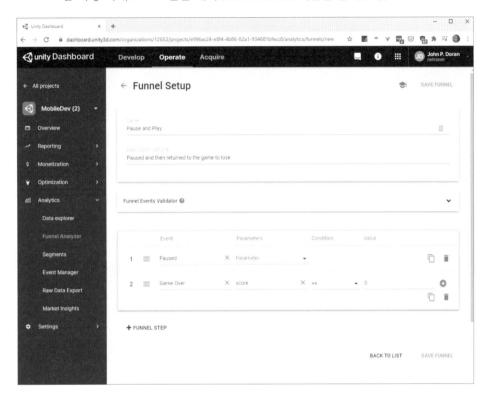

3. 퍼널이 접수^{submit}됐다는 알림이 뜨지만 결과를 보려면 24시간(최소 10~12시간) 정도 걸린다. X를 클릭하고 메뉴에서 빠져나온다.

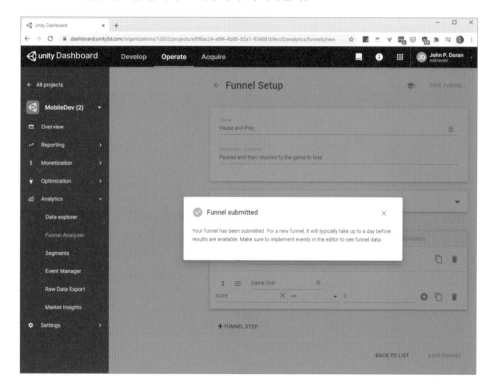

4. 유니티 에디터로 돌아가 게임을 몇 번 더 해보자. 다음날 확인할 수 있도록 게임오버가 되기 전에 게임을 멈춰서 이벤트 데이터들을 발생시키자.

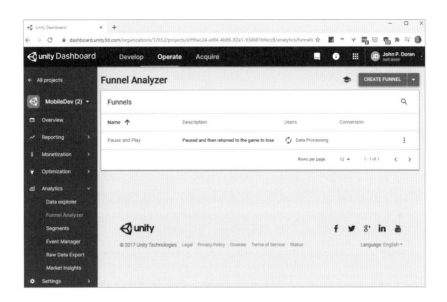

퍼널을 선택하면 해당 퍼널이 호출된 모든 정보를 볼 수 있다.

이 개념은 다른 방식으로도 확장이 가능한데 가령 유저가 광고를 얼마나 자주 보는지, 구매를 하는지, 무슨 이유로 했는지 등의 확인이 가능하다.

이제 이벤트 생성에 대해 배웠으니 유니티 애널라이저의 또 다른 주요 기능인 리모트 세팅Remote Settings에 대해 알아보자.

▌리모트 세팅으로 속성 조절하기

게임의 새 빌드를 배포하는 과정은 꽤 오래 걸릴 수 있다. 에디터에서 변경 사항을 적용하고, 게임을 배포하고, 원하는 앱스토어에 새로운 버전을 올리고, 앱이 승인될 때까지 기다려야 한다.

때문에 내가 학생들을 가르칠 때는 유니티 에디터를 열지 않고도 프로젝트를 쉽게 변경할 수 있는 방식을 언급하곤 한다. 이 방식은 데이터 지향형 개발data-driven development 개념을 사용하는 것인데, 레벨 구성이나 게임 내 발생하는 이벤트들을 텍스트 파일이나 에셋 번들Asset Bundle, 혹은 유니티의 **리모트 세팅**Remote Settings 메뉴를 사용해 이미 배포된 게임을 즉각적으로 수정할 수 있다.

우리 게임에서 수정할 수 있는 부분 중 하나는 플레이어가 움직이는 속도를 변경해 난이도를 조절하는 것이다. 다음 단계들에 따라 진행해보자.

1. 가장 먼저 변경하기 원하는 변수를 만들어야 한다. 유니티 대시보드를 열고 Go To Analytics를 클릭한다. 그런 다음 왼쪽에 있는 Optimization 섹션을 열고 아래에 있는 Remote Settings 탭을 클릭한다.

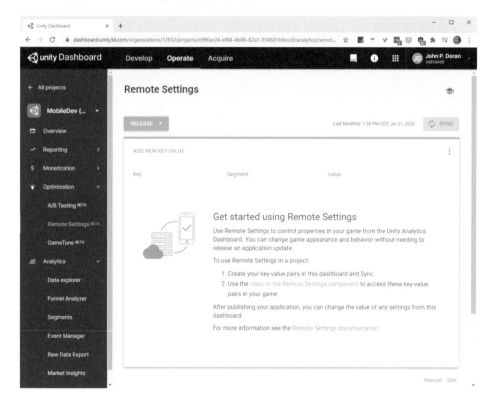

이 섹션이 값을 변경할 수 있는 곳이다. 딕셔너리^{dictionary}처럼 키와 값이 한 쌍으로 구성되는데, Release와 Development 두 가지 구성 중 하나를 선택할 수 있다. Release는 일반 게임 빌드가 실행되는 컴퓨터나 기기에서 사용된다. Development는 유니티 에디터나 Build Settings 창에서 Development Build 속성이 True로 돼 있는 빌드에서 사용된다.

2. 테이블 왼쪽 상단에 있는 ADD NEW KEY-VALUE 버튼을 클릭한다. Enter Remote Setting Key 아래에 RollSpeed를 입력한다. Type 드롭다운에서 Float을 선택한다. Enter Value 필드에 5를 입력하고 Save 버튼을 클릭한다.

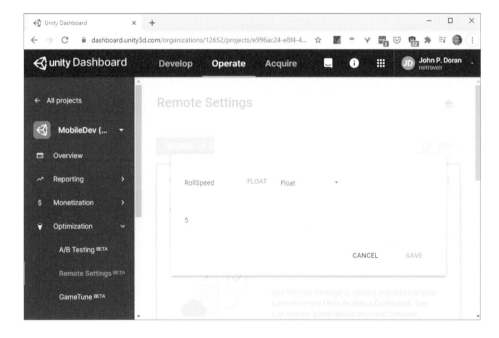

3. DodgeSpeed 변수도 같은 과정으로 값 5를 사용해 만든다.

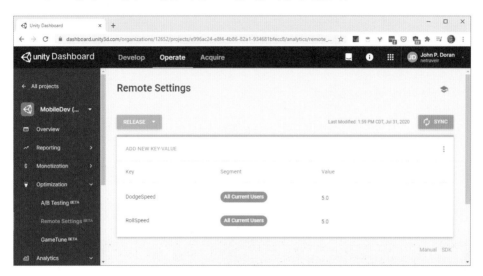

4. 여기까지 해서는 실제로 변경 사항이 적용되지 않는다. 위에 큰 파란색 SYNC 버튼이 보일 것이다. 클릭하면 변경 사항이 적용되는데, 적용을 확인하는 창이 뜬다.

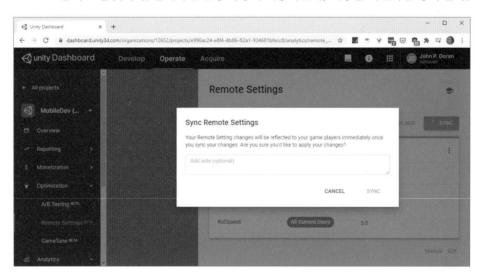

5. SYNC를 클릭한다.

6. 이제 사용할 수 있는 값이 생겼으니 게임과 연결시키는 방법을 알아보자. 유니티 에디터로 돌아간다.

7. Remote Settings를 사용하기 위해서는 Remote Settings 패키지가 필요하다. 에셋 스토어(https://assetstore.unity.com/)로 가거나, **Window** > **Asset Store**(Ctrl+9)로 가도 된다.

8. 에셋 스토어에 들어오면 검색창에 Remote Settings를 입력하고 Enter를 누른다.

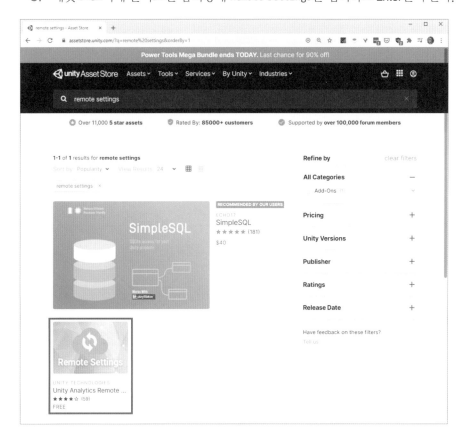

9. Unity Analytics Remote Settings 옵션을 선택한다.

10. Add to My Assets / Open In Unity 버튼을 클릭해 프로젝트에 추가한다.

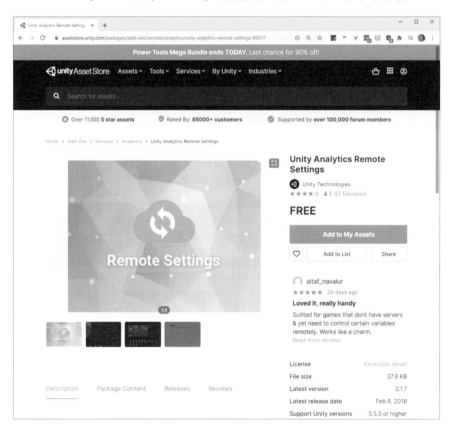

11. 에셋이 선택된 패키지 매니저 창이 열릴 것이다. Download 버튼을 클릭한 뒤 완
료되면 모든 것들이 선택된 상태에서 Import를 클릭한다.

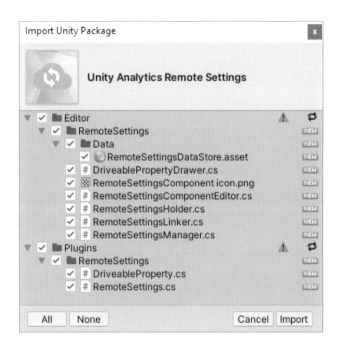

> 유니티 IAP 스크립트에 이미 선언돼 있기 때문에 나는 Remote Settings에 포함돼 있는 MiniJSON.cs 파일을 지웠다. 책이 출판될 즈음에는 수정돼 있겠지만, 혹시 발생할지도 몰라서 남겨놓는다.

12. 파일들 중 하나가 유니티 최신 버전으로 업데이트돼 있지 않기 때문에 수정이 필요하다. RemoteSettingsLinker.cs 파일을 열고 다음 강조된 코드 부분을 업데이트한다.

```
namespace UnityEngine.Analytics
{
    // During a build, collect classes referenced by RemoteSettings
    // components
    // in each scene and in prefabs, and write to a link.xml file
    // to prevent
    // those classes from being stripped.
```

```
public class RemoteSettingsLinker : IPreprocessBuildWithReport,
    ProcessSceneWithReport
{
    const string k_LinkPath = "Assets/Editor/RemoteSettings/link.xml";

    string lastActiveScene;
    Dictionary<string, HashSet<string>> types;
```

13. 파일을 저장하고 유니티로 돌아오면 정상적으로 동작할 것이다.

14. 가져오는 과정이 끝났으니 활성화가 필요하다. Window > Unity Analytics > Remote Settings로 가자.

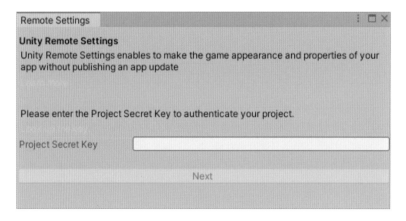

위 스크린샷에서 보는 바와 같이 Project Secret Key를 입력해야 해당 기능을 사용할 수 있다. 이 키를 얻기 위해 대시보드로 돌아가자.

15. 대시보드에서 Settings 섹션으로 가서 Analytics Settings를 선택한다.

16. 스크롤을 내리면 Feature Settings 아래 Project Secret Key 속성이 보일 것이다.

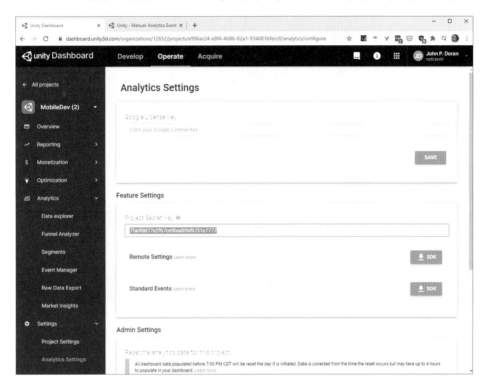

 TIP Project Secret Key 값이 있으면 다른 이들이 프로젝트에 접근할 수 있으므로 비밀을 유지하자.

17. 이 값을 복사한 뒤 유니티 에디터로 돌아가 해당 란에 붙인 후 Next 버튼을 클릭한다. 문제없이 진행됐으면 다음과 같이 메뉴가 변했을 것이다.

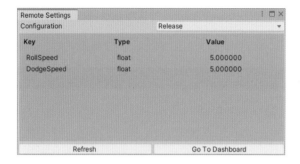

18. 나는 보기 편하기 위해 Remote Settings 탭을 Scene 탭 오른쪽으로 끌어 놓았다.

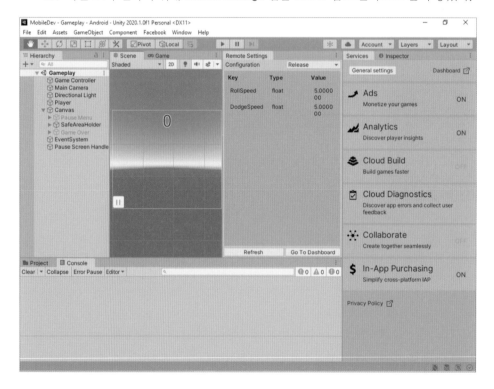

이제 작업하기가 좀 더 편해졌다. 아직 연결된 것이 아니므로 계속 진행해보자.

19. Gameplay 씬을 열고 Player 오브젝트를 선택한 뒤 Inspector 창으로 가자.

20. Add Component > Analytics > Remote Settings로 가서 오브젝트에 Remote Settings 컴포넌트를 오브젝트에 추가한다.

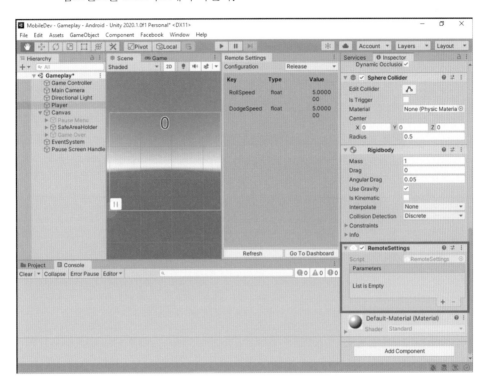

21. + 버튼을 눌러서 컴포넌트에 새로운 파라미터를 추가한다.

22. Hierarchy 탭에서 Player 게임 오브젝트를 끌어 Object 섹션에 놓는다. 그런 다음 No field 속성에서 PlayerBehaviour > rollSpeed를 선택한다. Remote Setting Key 는 드롭다운에서 Roll Speed를 선택한다. 이제 PlayerBehaviour 클래스에 있는 RollSpeed 변수가 Remote Settings 메뉴에 있는 Roll Speed 값과 연결됐다.

23. DodgeSpeed도 똑같이 처리한다.

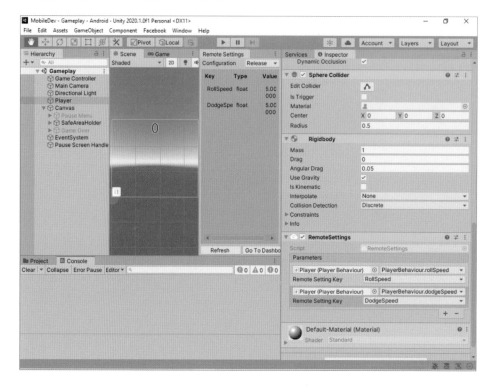

이제 게임을 배포하면 정상적으로 작동할 것이다. 하지만 개발^{Development} 설정에 서는 아직 변수를 설정하지 않았다. 다시 말해 에디터에서 게임을 할 때는 아무 변화가 일어나지 않는다.

24. 대시보드로 돌아가 Remote Settings 섹션으로 간다. 드롭다운에서 Release 값을 Development로 변경한다.

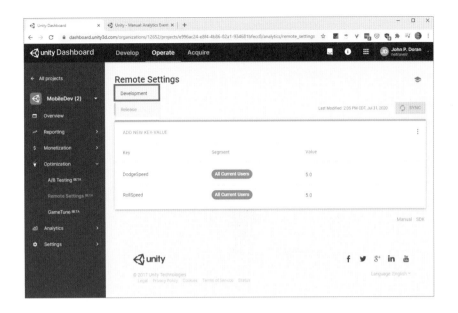

25. Development 모드로 변경되면 DodgeSpeed와 RollSpeed를 다시 추가하고, 이번 에는 값을 0으로 설정하자. 마지막으로 SYNC 버튼을 눌러 값을 업데이트한다.

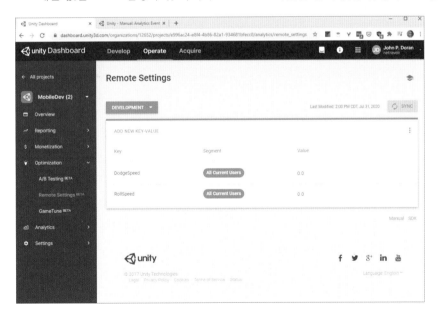

26. 에디터로 돌아가 Remote Settings 속성의 Refresh 버튼을 클릭한다. Configuration 속성을 보면 선택이 가능한 드롭다운이 생긴 것을 알 수 있다. Development를 선택하고 게임을 실행한다.

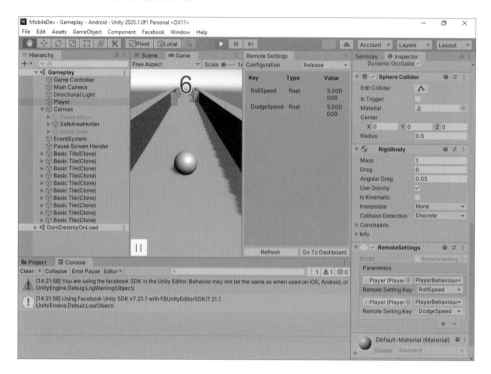

보는 바와 같이 이번 게임 버전에서는 속성의 설정 값 때문에 플레이어가 움직이지 않는다. 이제 값을 변경해보면서 테스트하고 에디터에서 싱크한 뒤, 준비가 되면 배포를 위해 수정하면 된다.

27. 이제 dodgeSpeed와 rollSpeed 변수가 Remote Settings 컴포넌트를 통해 설정되기 때문에 Inspector 창에서 숨겨도 된다. PlayerBehaviour 스크립트의 선언문을 다음과 같이 수정한다.

```
/// <summary>
/// 공이 왼쪽/오른쪽으로 얼마나 빠르게 움직이는지
```

```
/// </summary>
[HideInInspector]
public float dodgeSpeed = 5;

/// <summary>
/// 공이 자동으로 얼마나 빠르게 앞으로 움직이는지
/// </summary>
[HideInInspector]
public float rollSpeed = 5;
```

두 가지 속성을 [HideInInspector] 태그를 사용해 Inspector 창에서 숨겼다. 또한 Inspector 창에서 보이지 않으므로 툴 팁 대신에 XML 주석으로 변경했다.

28. 스크립트를 저장하고 Inspector로 돌아간다.

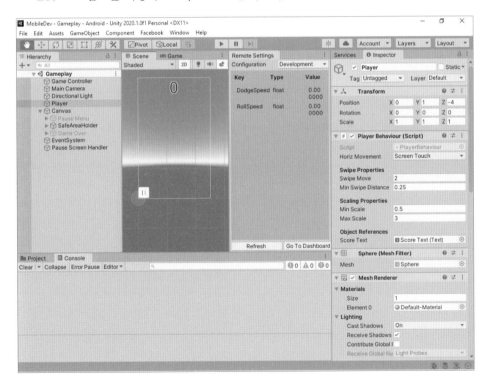

이제 Remote Settings 컴포넌트를 통해 값이 설정되며, 유저는 더 이상 왜 Player Behaviour에 의해 값이 변경되는지 혼란해하지 않아도 된다.

29. 마지막으로 잊지 말고 Remote Settings 메뉴로 돌아가 Development 변수의 값을 좀 더 높게 변경하고 싱크sync시킨다.

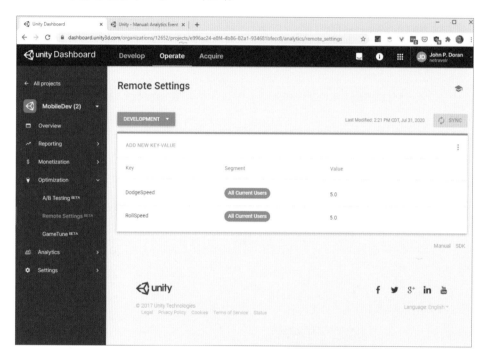

 여기서 다룬 것보다 Remote Settings를 통해 더 많은 것이 가능하다. Remote Settings와 비기본 파라미터를 다루는 법에 관해 더 알고 싶다면 https://docs.unity3d.com/Manual/UnityAnalyticsRemoteSettingsComponent.html을 확인해보자.

게임이 서비스되고 있는 상황에서 값을 변경하는 기능은 매우 유용하며, 변경 사항을 적용하기 위해 유저가 새로운 버전을 다운로드하지 않아도 된다!

▌요약

9장에서는 유니티 애널리틱스 툴을 사용해 게임을 향상시킬 수 있는 방법을 알아봤다. 플레이어가 게임에서 무엇을 하는지 알아보는 것부터 새로운 게임 버전을 다운로드하지 않아도 변경 사항을 적용할 수 있는 방법도 있었다.

자세하게 말하자면 유니티 에디터에서 유니티 애널리틱스 섹션을 구성하고, 코드를 통해 이벤트를 클라우드로 보내 확인해봤다. 거기서 얻은 데이터를 가지고 퍼널 애널라이저를 사용해 플레이어의 행동을 더 심층적으로 알아볼 수 있었다. 그런 다음 리모트 세팅을 통해 실시간으로 게임을 수정할 수 있는 기능을 다뤘다.

이제 게임에 적용하고자 하는 기능적인 부분들은 끝이 났다. 하지만 게임은 아직 심심하기 그지없다. 10장에서는 파티클 시스템과 스크린 쉐이크와 같은 기능을 통해 게임을 더 향상시켜 보자.

10

게임을 매력 있게

이제 게임의 기본을 갖췄지만… 정말 기본이다. 10장에서는 게임 개발자들이 기본 프로토타입을 많은 폴리싱[1]을 거쳐 만족감을 느끼며 플레이할 수 있게 만드는 과정을 다룰 것이다.

"게임의 느낌"이라고 부를 수도 있는 이 과정은 유저로 하여금 게임과 상호작용하는 과정을 더 즐겁게 만드는 일이다. 요즘 출시되는 모바일 게임은 거의 모두 거치는 과정이며, 이러한 과정을 거치지 않은 게임은 폴리싱이 덜 됐다는 느낌을 주기 마련이다.

10장에서는 프로젝트에 매력을 보강할 수 있는 기능을 적용하는 방법을 다룰 것이다. 가장 먼저 애니메이션을 사용하고, 그다음 유니티의 머티리얼 시스템을 통해 오브젝트의 비

---

1 polishing, 수정과 추가를 반복하면서 재미와 비주얼 등 모든 면에서 더 낫게 만들어가는 과정 – 옮긴이

주얼을 향상시킬 것이다. 그런 다음 포스트 프로세싱post-processing 효과를 사용해 게임의 전반적 비주얼을 높이고, 마지막으로 가장 강력한 툴 중 하나인 파티클 시스템particle system을 활용해 플레이어가 레벨 안에서 움직일 때 반응을 향상시킬 예정이다.

10장은 여러 주제로 나눠져 있고, 알기 쉬운 단계별 과정을 따라 하면 된다. 해야 할 작업은 다음과 같다.

- 린트윈LeanTween을 사용해 애니메이션하기
- 멈춤 메뉴에 트윈 추기히기
- 머티리얼 사용하기
- 포스트 프로세싱 사용하기
- 파티클 효과 추가하기

▌ 기술적 필수 사항

이 책은 유니티 2020.1.0f1과 유니티 허브 2.3.1을 사용하고 있지만, 향후 버전에서도 큰 문제없이 적용될 수 있을 것이다. 만일 새로운 버전이 나왔음에도 이 책에서 이용한 버전을 사용하고 싶다면 유니티 다운로드 저장소(https://unity3d.com/get-unity/download/archive)에서 내려받을 수 있다. 유니티의 시스템 필수 사항은 https://docs.unity3d.com/2020.1/Documentation/Manual/system-requirements.html로 가서 Unity Editor system requirements 부분을 확인하면 된다. 프로젝트를 배포하려면 안드로이드나 iOS 기기가 필요하다.

10장에 기재된 코드 파일은 https://github.com/PacktPublishing/Unity-2020-Mobile-Game-Development-Second-Edition/tree/master/Chapter%2010으로 가면 깃허브에서 받을 수 있다.

린트윈을 사용해 애니메이션하기

현재 게임 메뉴는 매우 정적이다. 기능적으로는 아무 문제가 없지만 플레이어에게 흥미를 유발시키지 않는다. 게임을 좀 더 흥미롭게 만들기 위해서는 메뉴에 애니메이션을 추가할 필요가 있다. 유니티에 내장된 애니메이션 시스템은 여러 가지 속성을 한 번에 조절하고 싶다면 매우 훌륭하고 유용한 툴이다. 하지만 정밀한 컨트롤이 필요 없어서 한 두 개 속성만 조절하면 되고, 혹은 코드만을 통해 애니메이션을 조종하고 싶다면 트위닝^{tweening} 라이브러리를 사용하면 좋다. 이러한 라이브러리는 시작과 끝 점, 걸리는 시간만 잡아주면 중간에 일어나는 모든 일들을 자동으로 만들어준다.

트위닝 라이브러리들 중 내가 가장 좋아하는 것은 덴티드 픽셀^{Dented Pixel}이 제작한 린트윈이다. 오픈 소스이며, 상업용이나 비상업용 프로젝트에 무료로 사용이 가능하면서 모바일에 최적화됐다. 때문에 〈포켓몬 고^{Pokémon Go}〉를 포함한 많은 게임들이 사용하고 있다. 다음 절에서는 린트윈을 설치하고 구성한 뒤 타이틀 스크린의 UI 메뉴들에 애니메이션을 적용할 것이다.

린트윈 구성

린트윈은 작업당 한 줄의 코드만 사용해 오브젝트를 회전, 펀치, 이동, 페이드^{fade}시킬 수 있다. 또한 애니메이션의 시작, 중간, 끝에 커스텀 이벤트를 발동시킬 수도 있다. 때문에 한 번 익숙해지면 매우 강력한 애니메이션을 제작할 수 있다.

프로젝트에 트윈을 추가하기로 했으니 다음 단계에 따라 린트윈 엔진을 프로젝트에 추가해보자.

1. 브라우저를 열고 https://assetstore.unity.com/을 열어 **Asset Store**로 간다. 그런 다음 검색창에 LeanTween을 입력하고 **Enter**를 누른다.

2. 검색 결과가 리스트로 나오면서 **LeanTween**이 가장 먼저 보일 것이다. 선택하면 린트윈의 상품 페이지로 넘어간다.

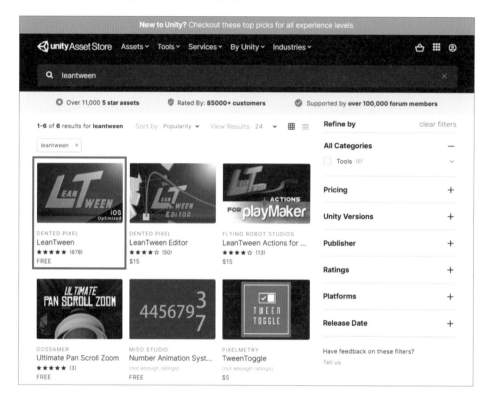

3. 해당 페이지에서 Add to My Assets / Open In Unity 버튼을 클릭한다.
4. 로그인이 끝나면 Download를 다시 한 번 누른다. 이 과정이 자동으로 진행되지 않으면 Import 버튼을 클릭한다.
5. Import Unity Package 팝업창이 뜰 것이다. 여기서 원하거나 원하지 않는 파일을 선택하면 되는데, 우리는 Framework 폴더에 있는 내용만 사용할 예정이다. 하지만 추후 본인 프로젝트에 유용할 수도 있으니 둘러보면 좋다.

6. 선택이 끝났으면 Import 버튼을 클릭한다.

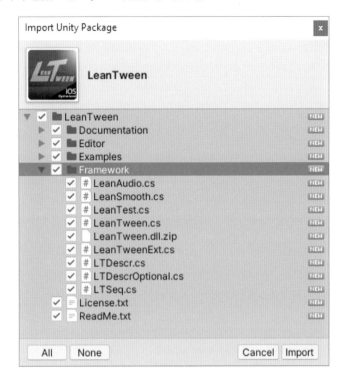

7. Asset Store 탭은 더 이상 필요 없으니 닫는다. 이제 Project 창을 보면 Assets/
   LeanTween/Framework 폴더 안에 파일들이 들어 있는 것이 보일 것이다.

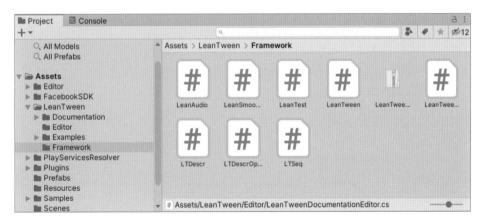

이제 린트윈 구성이 끝났다.

 아이트윈(iTween)이나 두트윈(DoTween) 같은 다른 트위닝 라이브러리도 있으니 비교 정보를 알고 싶다면 http://dotween.demigiant.com/#enginesComparison을 확인해보자.

트위닝 시스템이 준비됐으니 사용해보자!

간단한 트윈 만들기

트위닝[2]은 게임 개발에서 사용되기 이전부터 애니메이션 업계에서도 인기였던 기술로 시작과 끝 값이 있으면 컴퓨터가 두 값의 중간 프레임들을 생성해 두 값 사이의 변화가 부드럽게 일어나게 만드는 것이다. 트윈^{tween}은 트위닝 과정을 위해 필요한 값의 정보를 말한다.

린트윈이 프로젝트에 설치됐으니 다음 단계에 따라 코드에서 사용해보자.

1. 유니티 에디터의 Project 창에서 MainMenu 씬을 더블클릭해 MainMenu 레벨을 열자.
2. Scripts 폴더로 이동한 뒤 MainMenuBehaviour를 더블클릭해 연다.
3. 오브젝트를 스크린 왼쪽에서 중앙으로 이동시키는 새로운 함수를 추가할 것이다.

```
/// <summary>
/// 오브젝트를 스크린 왼쪽에서 중앙으로 이동시킨다
/// </summary>
/// <param name="obj">The UI element we would like to move</param>
public void SlideMenuIn(GameObject obj)
{
    obj.SetActive(true);
```

---

2 다른 말로 inbetweening이라고도 하며, 중간 과정이라는 뜻이다. – 옮긴이

```
        var rt = obj.GetComponent<RectTransform>();

        if (rt)
        {
            // 오브젝트의 위치를 스크린 밖으로 설정
            var pos = rt.position;
            pos.x = -Screen.width / 2;
            rt.position = pos;

            // 오브젝트를 스크린 중앙으로 이동(x값이 0이면 중앙)
            LeanTween.moveX(rt, 0, 1.5f);
        }
    }
}
```

린트윈을 사용해 오브젝트를 움직이기 전에 x 위치를 설정해 오브젝트 위치(obj 파라미터)를 스크린 바깥으로 보내야 한다. 한 가지 염두에 둘 점은 유니티에서 UI 요소를 다룰 때는 기본 설정상 3장, '모바일 입력/터치 컨트롤'에서 언급한 바와 같이 스크린 스페이스, 다시 말해 픽셀 단위로 이동한다는 점이다.

여기서 린트윈의 moveX 함수를 사용한다. 우리가 사용하는 버전은 세 개의 파라미터를 받아들이는데, 첫째는 우리가 움직이기 원하는 RectTransform 오브젝트, 둘째는 움직이기 원하는 x의 위치다. 우리가 구성한 앵커Anchors와 피봇Pivots을 고려하면 x축의 0 위치가 중앙이므로 0을 전달한다. 마지막은 이동에 걸리는 시간(초)이다.

4. 함수를 만들었으니 호출해보자. MainMenuBehaviour 스크립트의 Start 함수를 다음과 같이 변경한다.

```
virtual protected void Start()
{
    // showAds 변수 초기화
    UnityAdController.showAds = (PlayerPrefs.GetInt("Show Ads", 1) == 1);

    if (facebookLogin != null)
```

```
    {
        SlideMenuIn(facebookLogin);
    }

    // 필요하면 게임의 멈춤을 푼다
    Time.timeScale = 1;
}
```

가장 먼저 SlideMenuIn 함수를 사용해 페이스북 로그인 메뉴를 스크린으로 가져 오면 실제로는 트위닝 과정을 통해 메뉴를 스크린 중앙으로 움직인다. 린트윈 은 기본 설정상 이동을 처리할 때 게임의 Time.timeScale 속성을 사용한다. 현재 는 멈춤 메뉴에서 메인 메뉴로 넘어오면 게임은 계속 멈춘 상태이다. 위 코드는 메뉴가 미끄러져 들어올 때 게임의 멈춤이 풀리도록 한다. 조금 뒤 멈춤 메뉴를 작업할 때는 게임이 멈춰 있어도 트위닝이 동작할 수 있는 법은 알아볼 것이다.

이제 게임을 실행해보면 페이스북 로그인 스크린이 화면 밖에서 중앙으로 움직 이는 것을 볼 수 있다.

지금은 오브젝트가 매우 무미건조하게 움직인다. 움직임에 좀 더 활력을 불어넣 으려면 easeType과 같은 추가 기능을 사용하면 된다.

5. SlideMenuIn 함수에 다음과 같이 강조된 코드를 추가한다.

```
public void SlideMenuIn(GameObject obj)
{
    obj.SetActive(true);

    var rt = obj.GetComponent<RectTransform>();

    if (rt)
    {
        // 오브젝트의 위치를 스크린 밖으로 설정
        var pos = rt.position;
        pos.x = -Screen.width / 2;
```

```
        rt.position = pos;

        // 오브젝트를 스크린 중앙으로 이동(x값이 0이면 중앙)
        LeanTween.moveX(rt, 0, 1.5f).setEase(LeanTweenType.easeInOutExpo);
    }
}
```

풀어서 설명하면, LeanTween.moveX 함수는 LTDescr 타입의 오브젝트를 반환하며
이 오브젝트는 생성된 트윈을 참조한다. 이 트윈에 추가적인 함수를 호출해 추가
파라미터를 더하는 것이다. 사실 위 코드는 다음과 같이 작성해도 된다.

```
// 오브젝트를 스크린 중앙으로 이동(x값이 0이면 중앙)
var tween = LeanTween.moveX(rt, 0, 1.5f);
tween.setEase(LeanTweenType.easeInOutExpo);
```

하지만 린트윈의 문서들을 보면 대부분 전자의 방법을 사용해 여러 가지 발동이
동시에 일어나도록 한다.

린트윈에서 easeType 이외에 흔히 사용되는 다른 메소드들을 알고 싶다면 https://tedliou.
com/archives/leantween-ui-animation/을 확인해보자.

6. 마지막으로 다른 메뉴로 가는 버튼을 선택하면 현재 메뉴가 슬라이드해 없어지
   는 기능을 추가해보자.

```
/// <summary>
/// 오브젝트를 화면 오른쪽 바깥으로 이동시킨다
/// </summary>
/// <param name="obj">The UI element we would like to
/// move </param>
public void SlideMenuOut(GameObject obj)
{
```

```
    var rt = obj.GetComponent<RectTransform>();
    if(rt)
    {
        var tween = LeanTween.moveX(rt, Screen.width / 2, 0.5f);

        tween.setEase(LeanTweenType.easeOutQuad);

        tween.setOnComplete(() =>
        {
            obj.SetActive(false);
        });
    }
}
```

좀 전에 만든 함수와 비슷하지만 이번에는 또 다른 함수인 setOnComplete를 사
용한다. 이 함수는 함수 혹은 람다^{lambda} 표기를 받아들일 수 있는데, 람다란 기
본적으로 이름 없는 함수처럼 동작하며, LINQ^{Language-Integrated Queries}에서 종종 사
용된다. 우리의 경우 obj에 접근하기 원하기 때문에 람다를 사용했다. 이렇게 하
면 오브젝트가 스크린을 벗어난 후에 자동으로 꺼지지만 작동은 무엇이든 가능
해진다. 일반적으로 코드로 할 수 있는 것들은 모두 할 수 있기 때문에 매우 강
력한 기능이다.

 람다 표기에 관해 더 알고 싶다면 https://docs.microsoft.com/en-us/dotnet/csharp/
programming-guide/statements-expressions-operators/lambda-expressions를
확인해보자.

7. 이제 ShowMainMenu 함수를 업데이트해 메뉴를 표시해보자.

```
public void ShowMainMenu()
{
    if (facebookLogin != null && mainMenu != null)
    {
```

```
            SlideMenuIn(mainMenu);
            SlideMenuOut(facebookLogin);

            // 메뉴가 애니메이션 되므로 더 이상 필요치 않음
            // facebookLogin.SetActive(false);
            // mainMenu.SetActive(true);

            if (FB.IsLoggedIn)
            {
                // 페이스북 프로파일에서 정보를 가져온다
                FB.API("/me?fields=name", HttpMethod.GET, SetName);
                FB.API("/me/picture?width=256&height=256",
                HttpMethod.GET, SetProfilePic);
            }
        }
    }
}
```

8. 스크립트를 저장하고 게임을 실행해보자.

이제 메인 메뉴에서 메뉴가 미끄러져 들어왔다가 미끄러져 나간다.

이 예제를 통해 얼마나 쉽게 프로젝트에 움직임을 적용할 수 있고, 제품의 질을 높여 상호 작용이 더 흥미롭게 만들 수 있는지 알아봤다.

멈춤 메뉴에 트윈 추가하기

메인 메뉴가 끝났으니 멈춤 메뉴를 작업해보자.

1. **Gameplay** 씬을 연다. PauseScreenBehaviour 스크립트를 다음과 같이 강조된 부분을 업데이트한다.

```
/// <summary>
/// 멈춤 메뉴를 켜고 끈다
/// </summary>
/// <param name="isPaused"></param>
public void SetPauseMenu(bool isPaused)
{
    paused = isPaused;

    // 게임이 멈춰져 있으면 timeScale은 0이며, 그 외는 1
    Time.timeScale = (paused) ? 0 : 1;

    // No longer needed
    // pauseMenu.SetActive(paused);

    if (paused)
    {
        SlideMenuIn(pauseMenu);
    }
    else
```

```
    {
        SlideMenuOut(pauseMenu);
    }

    if(paused)
    {
        var result = Analytics.CustomEvent("Paused");

        if (result == AnalyticsResult.Ok)
        {
            Debug.Log("Event Sent: Paused");
        }
    }
}
```

PauseMenuBehaviour는 MainMenuBehaviour를 상속받기 때문에 protected나 public 으로 선언돼 있다면 SlideMenuIn과 SlideMenuOut 함수를 호출할 수 있다.

이제 게임을 실행하고 멈춤 메뉴를 띄우면 아무것도 일어나지 않는 것처럼 보인다. 이유는 위에서 언급했던 것처럼 트윈은 Time.timeScale을 기반으로 동작하기 때 문이다. 이 부분을 수정하기 위해 또 다른 린트윈 함수인 setIgnoreTimeScale을 사 용하면 된다. MainMenuBehaviour 스크립트에서 작성했던 두 함수에 setIgnoreTime Scale을 true로 설정할 것이다. 마지막으로 폴리싱 차원에서 LeanTween.alpha 함 수를 메뉴에 적용해 페이드fade를 추가할 것이다.

2. 다음 강조된 코드를 SlideMenuIn 메서드에 추가한다.

```
/// <summary>
/// 오브젝트를 스크린 왼쪽에서 중앙으로 이동시킨다
/// </summary>
/// <param name="obj">The UI element we would like to move</param>
public void SlideMenuIn(GameObject obj)
{
    obj.SetActive(true);
```

```csharp
    var rt = obj.GetComponent<RectTransform>();

    if (rt)
    {
    // 오브젝트의 위치를 스크린 밖으로 설정
    var pos = rt.position;
    pos.x = -Screen.width / 2;
    rt.position = pos;

    // 오브젝트를 스크린 중앙으로 이동(x값이 0이면 중앙)
    LeanTween.moveX(rt, 0, 1.5f).setEase(LeanTweenType.easeInOutExpo);
    tween.setIgnoreTimeScale(true);

    LeanTween.alpha(rt, 1, 0.5f);
    }
}
```

3. SlideMenuOut 메서드에 다음 강조된 코드를 추가한다.

```csharp
/// <summary>
/// 오브젝트를 화면 오른쪽 바깥으로 이동시킨다
/// </summary>
/// <param name="obj">The UI element we would like to
/// move </param>
public void SlideMenuOut(GameObject obj)
{
    var rt = obj.GetComponent<RectTransform>();
    if(rt)
    {
        var tween = LeanTween.moveX(rt, Screen.width / 2, 0.5f);

        tween.setEase(LeanTweenType.easeOutQuad);

        tween.setIgnoreTimeScale(true);

        tween.setOnComplete(() =>
        {
            obj.SetActive(false);
```

```
        });

        LeanTween.alpha(rt, 0, 0.5f);
    }
}
```

4. 두 스크립트를 모두 저장하고 에디터로 돌아가 실행해보자.

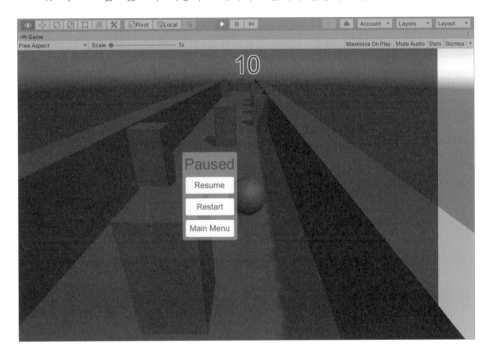

완벽하다! 이제 원하던 대로 메뉴가 동작한다.

위 두 절을 통해 상황에 따라 트위닝 이벤트를 어떻게 생성하고 적용하는지 알아봤다. 다음 절에서는 머티리얼을 사용해 프로젝트의 비주얼을 향상시키는 방법을 알아보자.

▌ 머티리얼 다루기

우리 프로젝트에서 지금까지는 기본 머티리얼만 사용해왔다. 큰 문제는 없었지만 이제는
커스텀 머티리얼을 생성해 플레이어에게 더 나은 비주얼을 선사할 때가 된 것 같다. 머티
리얼이란 유니티에서 3D 오브젝트를 그리는 명령어로서 **쉐이더**shader가 사용하는 쉐이더
와 속성이 담겨 있다. 쉐이더란 오브젝트에 머티리얼을 어떻게 그리라고 알려주는 스크
립트다.

쉐이더는 책 한 권이 필요할 정도로 큰 주제라서 여기서 깊게 다루지 않겠지만 유니티에
포함돼 있는 Standard Shader를 다루는 정도 수준은 가능하다. 다음 단계를 따라 해보자.

1. 먼저 Gameplay 씬을 연 다음, Project 창에 새로운 폴더 Materials를 생성한다.

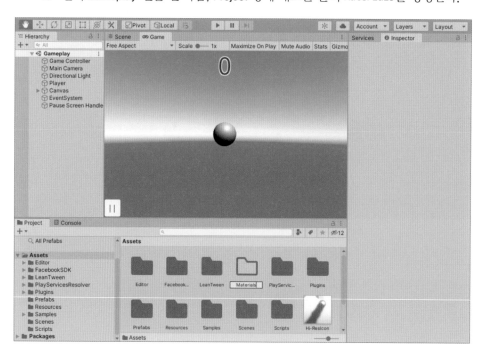

2. 방금 생성한 Materials 폴더를 열고 폴더 안에 마우스 오른쪽 클릭 후 Create >
   Material를 선택해 새로운 머티리얼을 생성한다.

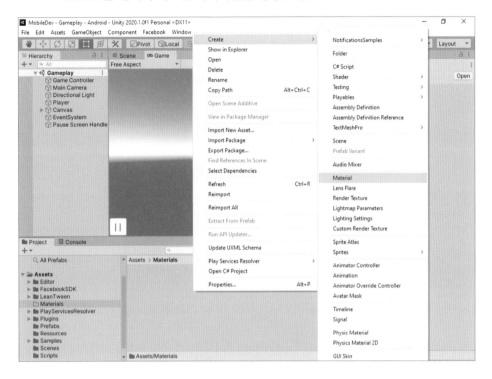

3. 새로운 머티리얼의 이름을 Ball로 변경한다.

4. Inspector 창의 Shader 메뉴를 보면 Standard 쉐이더의 속성들이 있다. Metallic 속
   성을 0.8로, Smoothness 속성을 0.6으로 설정한다.

5. 이제 Scene 뷰로 가서 Ball 머티리얼을 플레이어 오브젝트에 끌어 놓는다.

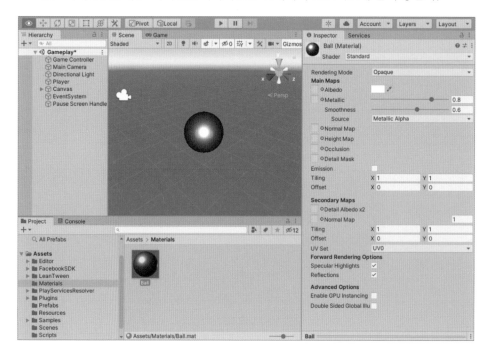

머티리얼의 메탈릭^{metallic} 파라미터는 표면이 얼마나 철 느낌인지를 결정한다. 철의 느낌이 강할수록 환경을 더 반사한다. 스무드니스^{smoothness} 속성은 표면이 얼마나 매끄러운지 결정한다. 매끄러움이 높을수록 빛이 더 고르게 반사되고 반사된 모양이 깔끔하다.

 스탠다드 쉐이더와 파라미터에 관해 더 알고 싶다면 https://docs.unity3d.com/Manual/
StandardShaderMaterialParameters.html을 확인해보자.

머티리얼은 프로젝트의 비주얼 퀄리티를 향상시키기 위한 많은 방법 중 하나일 뿐이다. 그중 프로젝트의 비주얼을 가장 많이 변화시킬 수 있는 방법은 포스트 프로세싱^{post-processing}을 다음 절에서 알아보겠다.

포스트 프로세싱 효과 사용하기

큰 수고 없이 게임의 비주얼을 향상시키는 방법 가운데 하나가 포스트 프로세싱을 사용하는 것이다(이전에는 Image Effects라고 불렀다). 포스트 프로세싱이란 화면에 보이기 전에 카메라가 그리는 모습(이미지 버퍼) 위에 필터와 여러 효과를 적용하는 것이다.

유니티는 포스트 프로세싱에 사용할 수 있는 무료 효과들을 포함하고 있으므로 다음 단계에 따라 적용해보자.

1. Window > Package Manager로 가서 Package Manager를 연다. 왼쪽 상단에 있는 Packages 드롭다운 메뉴로 가서 Unity Registry로 설정한다. 그런 다음 Post Processing 옵션이 보일 때까지 스크롤을 내린 후 선택한다.

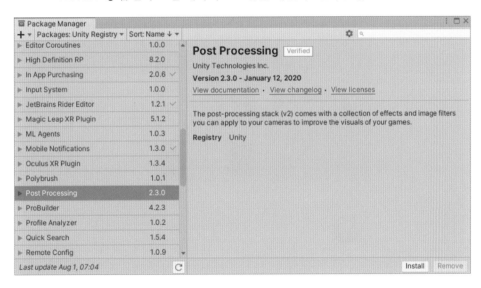

2. 선택되면 Install 버튼을 누르고 완료를 기다린다.

3. Scene 창으로 돌아간 후 Hierarchy 창에서 Main Camera 오브젝트를 선택하고 Inspector 창에서 Add Component를 선택해 Post Process를 입력한다. 그다음 Post-process Layer에 마우스를 올려 클릭해 프로젝트에 추가한다. Post-process Layer 컴포넌트는 포스트 프로세싱 볼륨과 포스트 프로세싱이 무엇에 기반되는지를 처리한다.

4. Post-process Layer 컴포넌트 아래 Layer를 Everything으로 변경한다. 이제 씬에 있는 모든 것들이 볼륨 간의 블랜딩^{blending}에 사용될 것이다.

5. 다음은 Main Camera 게임 오브젝트에 Post-process Volume 컴포넌트를 추가하자. Add Component 버튼을 클릭하고 Post-process Volume 옵션을 선택하면 된다.

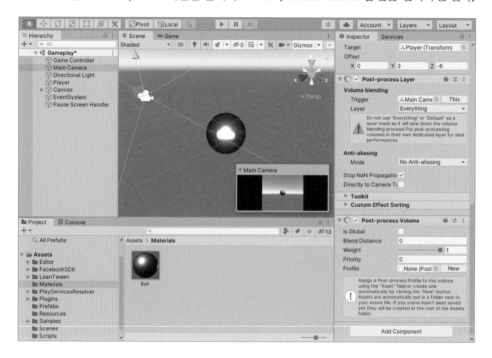

이 컴포넌트는 프로파일^{profile}을 필요로 하므로 다음 단계에서 추가해보자.

6. Project 창에서 Assets 폴더를 연 다음 마우스 오른쪽 클릭을 하고 Create > Post-processing Profile을 선택해 새로운 Post-processing Profile을 생성한다. 이름을 MobilePostProcessing으로 변경한다.

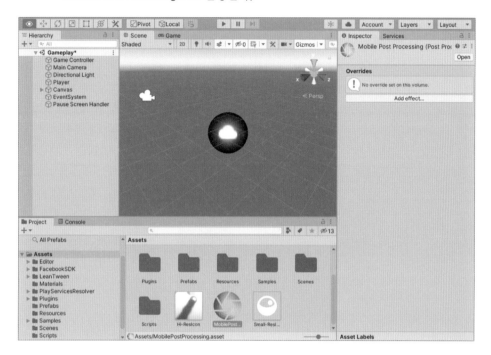

7. Main Camera 오브젝트로 돌아가 방금 생성한 오브젝트를 Post-process Volume 컴포넌트의 Profile 속성에 지정한다. 그런 다음 Post-process Volume 컴포넌트로 가서 Is Global 속성에 체크한다. 이렇게 하면 카메라가 어디에 위치하든지 언제나 플레이어의 스크린에 보이게 된다.

8. Post-processing Profile은 별도의 파일이기 때문에 게임을 실행하는 중에도 변경 사항을 잃어버릴 걱정 없이 수정이 가능하다. 게임 실행한 뒤 게임이 시작되면 멈춰 놓자. 이제 보이는 게임의 모습을 변화시킬 수 있는 여러 효과들을 선택할 때가 됐다.

9. Post-process Volume 컴포넌트 아래 Overrides 섹션이 있다. **Add effect...** 버튼을 클릭하고 Unity > Vignette를 선택한다. 이름 왼쪽의 화살표를 클릭해 옵션들을 펼 친다. Intensity 속성을 0.45로 높여 설정한다.

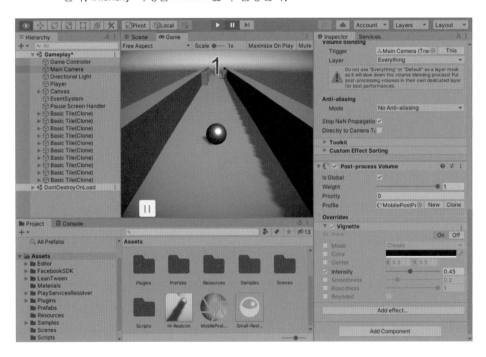

이제 게임 주위에 어두운 가장자리가 보일 것이다.

10. 다음은 Smoothness를 활성화하고 `0.35`로 설정해 더 어둡게 만든다.

비네트^{Vignette}란 이미지의 중심과 비교해 가장자리로 갈수록 더 어두워지거나 채도를 감소시키는 것을 말한다. 나는 플레이어를 화면 중심에 집중시키고 싶을 때 사용한다.

11. Add effect... 버튼을 다시 클릭한 뒤 이번에는 Unity > Grain을 선택한다.

12. Intensity를 체크하고 0.15로 설정하면 스크린이 조금 흐려진 것을 볼 수 있다. 너무 크게 설정하면 안 좋지만 Size를 0.3으로 줄이고 Colored의 체크를 해제하면 볼 만해진다.

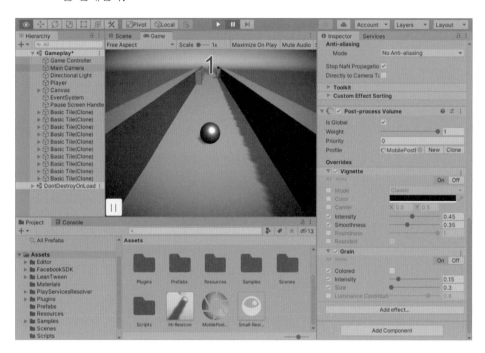

필름을 사용하는 극장에 가 봤다면 영화 재생 중 화면에 먼지 같은 것들이 보였을 것이다. 유니티에서 제공하는 Grain은 이 효과를 스크린에 재현한다. 이 효과는 공포 게임에서 플레이어의 시각을 방해하기 위해 흔히 사용하기도 한다.

13. 다음에 추가할 효과는 밝은 부분을 더 밝게 해주는 Unity > Bloom이다. Intensity 속성을 활성화하고 10으로 설정한다. 그다음 Soft Knee를 0.6으로 설정해 효과를 더 향상시킨다.

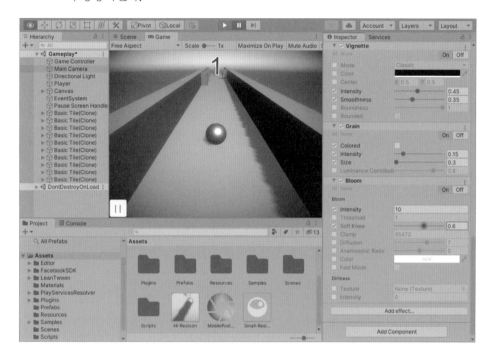

Bloom 효과는 실제 카메라에서 빛이 있는 영역에서 가장자리가 밝게 빛나면서 카메라에 영향을 주는 효과를 재현한다.

14. 마지막으로, 게임을 멈추고 Post-process Layer 컴포넌트로 돌아간다. Anti-aliasing 아래 Mode를 Fast Approximate Anti-aliasing(FXAA)으로 변경하고 Fast Mode에 체크한다.

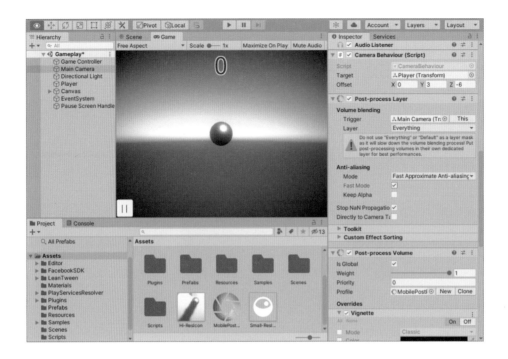

에일리어싱aliasing이란 스크린에 보이는 선이 각지게 보이는 현상이다. 게임이 보이는 디스플레이의 해상도가 충분히 높지 않을 경우 발생한다. 안티에일리어싱Anti-aliasing 효과는 선 주위의 색깔 정보를 활용해 흐리게 만들면서 각져 보이는 현상을 감소시킨다.

 유니티의 포스트 프로세싱에 관해 더 알고 싶다면 https://docs.unity3d.com/Packages/com.unity.postprocessing@2.1/manual/index.html을 확인해보자.

본인이 원하는 모습으로 프로젝트 비주얼을 향상시킬 수 있는 다른 속성들이 많으니 여러 가지를 시도해보면서 찾도록 하자!

파티클 효과 추가하기

게임은 정상적으로 작동하고 있지만 폴리싱이 더 필요하다. 다음에 해볼 폴리싱은 파티클 시스템 particle system이다. 보통 불, 연기, 스파크 같은 자연적이고 유기적으로 발생하는 효과를 재현할 때 사용하는 파티클 시스템은 최대한 적은 리소스를 사용하는 오브젝트를 생성시킨다. 때문에 성능 저하를 크게 걱정하지 않고도 많은 파티클을 동시에 생성할 수 있다. 적용이 가장 쉬운 파티클 시스템 중 하나는 플레이어를 따라가는 꼬리를 만드는 것이다. 다음 단계를 따라해보자.

1. Hierarchy 창에서 Player를 선택하고 마우스 오른쪽 클릭 후 Effects > Particle System을 선택한다. 이렇게 하면 우리가 하고자 하는 바와 맞게 시스템이 플레이어의 자식이 된다.

2. Particle System 컴포넌트의 Start Speed를 0으로, Simulation Space를 World로 변경한다. 그런 다음 Start Color를 보라색 같은 눈으로 보기 쉬운 색으로 변경한다.

3. Shape 섹션을 클릭해 연다. Shape을 Sphere로 변경하고 Radius를 0을 설정한다 (자동으로 0.0001로 변할 것이다). 이제 다음 스크린샷에서 보는 것처럼 보라색 파티클이 플레이어를 따라다닌다.

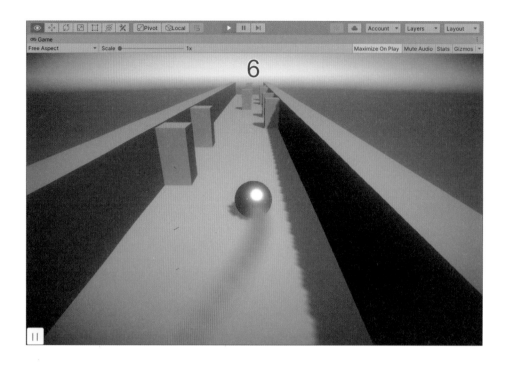

하지만 아직도 더 좋게 만들 부분들이 남아 있다. 한 가지 색이 아닌 두 가지 색이 무작위로 나오게 만들어보자.

4. Start Color 오른쪽을 보면 아래로 향한 화살표가 보인다. 클릭한 뒤 Random Between Two Colors를 선택한다. 그런 다음 두 개의 보라색 중 하나를 마음에 드는 색으로 변경한다.

5. Start Size 옆 화살표를 클릭하고 Random Between Two Constants를 선택한 뒤 값을 0.5와 1.2 사이로 설정한다.

6. Start Speed 속성을 0과 0.2 사이의 랜덤 값이 되게 설정한다.

7. 다음은 Emission 섹션을 열어 Rate Over Time 속성을 100으로 설정한다.

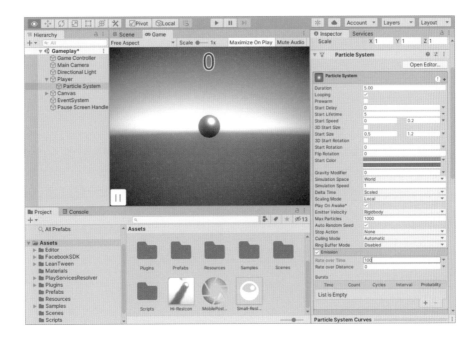

8. 게임을 저장하고 실행해보자.

이제 PC와 모바일 기기 모두에서 멋진 파티클 시스템을 확인할 수 있다.

 프로젝트를 폴리싱할 수 있는 다른 요소들을 더 깊게 알고 싶다면 나의 다른 유니티 책 『Unity 5.x Game Development Blueprints』(Packt, 2016)를 보면 좋다.

물론 파티클 시스템을 추가할 다른 부분도 많다. 플레이어가 벽에 부딪혔을 때 스파크를 일으키거나 스와이핑 효과를 추가하거나 게임을 멈추면 스크린에 무언가 떨어져 내리게 할 수도 있다. 가능성은 무한하다!

▌ 요약

몇 가지 간단한 작업을 통해 프로젝트의 수준을 크게 끌어올렸다. 린트윈의 트윈 기능을 활요해 몇 줄의 코드만 가지고 메뉴를 애니메이션했으며, 그 결과 UI의 비주얼 상승을 눈으로 확인했다. 다음은 머티리얼을 사용해 공의 모습을 향상시켰고, 포스트 프로세싱 효과를 통해 스크린에 보여지는 결과의 수준을 높였다. 마지막으로 파티클 효과를 사용해 플레이어를 따라다니는 멋진 꼬리를 만들었다.

여기서 다룬 개념들을 잘 활용하면 본인 게임 프로젝트의 느낌을 크게 향상시켜서 플레이어가 게임과의 상호작용을 한층 더 즐길 수 있게 할 수 있다.

이제 게임을 출시할 준비가 됐다. 11장에서는 앱스토어에 게임을 등록하는 방법을 알아보자.

11

게임 빌드와 제출하기

이 책을 진행하면서 모바일 기기용 게임 빌드의 다양한 부분들을 다뤘다. 우리의 게임 개발 여정의 마지막 단계는 게임을 세상에 내놓아 사람들이 실제로 즐길 수 있게 만드는 것이다. 길었던 작업 시간이 이제야 즐길 수 있는 제품의 모습으로 하나가 되는 것이다.

마지막 단계를 시작하기 전에 앞으로 무엇을 할지 명확히 해 둘 필요가 있다.

11장에서는 구글 플레이나 iOS 앱스토어에 게임을 제출하는 과정을 팁과 트릭과 함께 진행할 예정이다. 11장이 끝날 때 즈음에는 두 스토어에서 개발자 계정을 만드는 방법과 각각의 스토어에 게임을 올릴 줄 알게 될 것이다.

11장은 여러 주제로 나눠져 있고, 알기 쉬운 단계별 과정을 따라 하면 된다. 해야 할 작업들은 다음과 같다.

- 게임의 배포 버전 빌드 만들기
- 구글 플레이 스토어에 게임 올리기
- 애플 iOS 앱스토어에 게임 올리기

▌ 기술적 필수 사항

이 책은 유니티 2020.1.0f1과 유니티 허브 2.3.1을 사용하고 있지만, 향후 버전에서도 큰 문제없이 적용될 수 있을 것이다. 만일 새로운 버전이 나왔음에도 이 책에서 이용한 버전을 사용하고 싶다면 유니티 다운로드 저장소(https://unity3d.com/get-unity/download/archive)에서 내려받을 수 있다. 유니티의 시스템 필수 사항은 https://docs.unity3d.com/2020.1/Documentation/Manual/system-requirements.html로 가서 Unity Editor system requirements 부분을 확인하면 된다. 프로젝트를 배포하기 위해서는 안드로이드나 iOS 기기가 필요하다. 11장에 기재된 코드 파일은 https://github.com/PacktPublishing/Unity-2020-Mobile-Game-Development-Second-Edition/tree/master/Chapter%2011로 가면 깃허브에서 받을 수 있다.

▌ 게임의 배포 버전 빌드 만들기

2장, '안드로이드와 iOS 개발 프로젝트 설정'에서 게임을 내보낸 적이 있지만, 앱스토어에 게임을 배포할 때는 추가적으로 해야 할 단계들이 있다.

1. 첫 번째 단계는 본인이 선택한 모바일 플랫폼에 프로젝트를 배포할 수 있게 설정 됐는지 확인하는 것이다. File > Build Settings로 가서 Build Settings 메뉴에서 체크하면 된다.

2. 창이 열리면 안드로이드나 iOS 옆에 유니티 로고가 보일 것이다. 그렇지 않다면 원하는 플랫폼을 선택하고 **Switch Platform** 버튼을 클릭한 뒤 프로젝트 애셋들을 다시 가져오는 과정이 끝나길 기다린다.

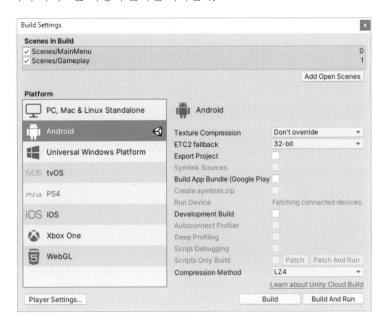

3. 안드로이드나 iOS의 빌드 설정이 완료되면 메뉴에서 Player Settings... 버튼을 누르거나 Edit > Project Settings > Player로 가서 Player Settings 메뉴를 연다.

4. 아직 설정돼 있지 않다면 Company Name과 Product Name에 원하는 값을 입력한다. 나의 경우는 `John P. Doran`과 `Endless Roller`를 각각 사용했다.

5. Default Icon 아이템이 보일 것이다. `Assets` 폴더에 있는 `Hi-ResIcon` 이미지를 끌어와 Default Icon 슬롯에 놓는다. 이렇게 하면 안드로이드 설정에 있는 Icon 섹션도 목표로 하는 기기에 맞춰 자동으로 이미지가 조절돼 설정될 것이다.

물론 본인이 원하는 이미지를 사용해도 되고, 아이콘에 투명한 부분이 포함돼 있어도 된다.

6. Resolution and Presentation 섹션에서는 여러 가지 회전 여부와 화면비를 원하는 대로 활성화나 비활성화시킬 수 있다. 우리 게임은 특별한 이미 큰 문제가 없도록 조절했지만 개인 프로젝트의 경우나 유저마다 같은 경험을 하게 하는 것이 목적이라면 이 부분을 알아둬야 한다.

7. Splash Screen 옵션은 본인이 원하는 로고를 넣을 수 있다. 유니티 Personal 버전이라면 유니티 로고와 함께 나온다. Pro 버전인 경우 비활성화시킬 수도 있다.

8. Other Settings 아래 Package Name 속성이 기본 설정이 아닌 올바른 값으로 설정돼 있는지 확인한다. 일반적으로 com.회사이름.게임이름을 사용한다.

9. 다음은 Publishing Settings를 연다. 여기는 게임의 퍼블리셔(배급사)의 정보를 넣는 곳인데, 우리의 경우는 본인이다. 안드로이드로 게임을 빌드할 때는 빌드 승인 과정을 위한 키스토어^{Keystore}가 필요하다. Keystore Manager 버튼을 클릭하면 메뉴가 나올 것이다.

10. 메뉴에서 Keystore... 드롭다운을 클릭하고 Create New > Anywhere...를 선택한 뒤 파일이 생성될 위치를 선택한다.

게임의 새로운 버전을 만들 때 다시 필요하므로 이 파일의 위치를 기억해두자.

11. 자주 사용할 파일이므로 기억할 수 있는 Password를 설정하고, Confirm password 텍스트 박스에 다시 한 번 같은 암호를 입력한다.

12. New Key Values 섹션에는 이전에 입력했던 정보들(암호, 암호 확인, 이름, 기타 정보 등)을 다시 입력해야 한다. 다음 스크린샷에 있는 내 정보들을 참고 삼아 본인의 정보를 입력한다. 입력이 끝나면 **Add Key** 버튼을 클릭한다.

13. 새로운 키스토어를 본인의 **Project Keystore**와 **Project Key**로 설정한 것인지를 물어보는 팝업이 나올 것이다. **Yes**를 클릭하면 다음과 같은 화면이 나온다.

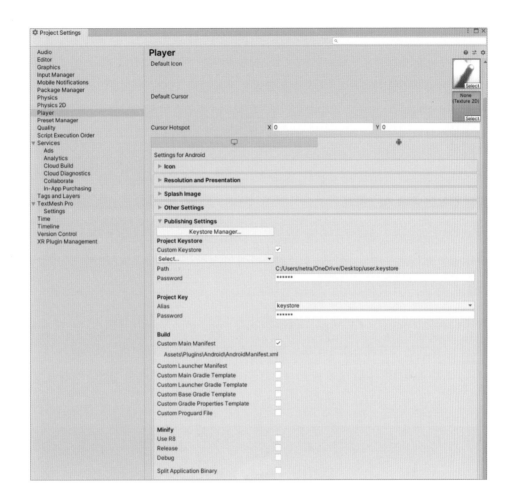

이제 스토어에 게임을 올릴 모든 준비가 됐다. 먼저 구글 플레이 스토어에 게임을 올리는 방법을 다루고, 그다음에 애플 앱스토어를 다룰 예정이다.

▌ 구글 플레이 스토어에 게임 올리기

이제 게임 빌드를 구글 플레이 스토어에 올릴 차례다. 구글 플레이 스토어에 올리려면 딱한 번 미화 25달러의 비용이 든다. 사람에 따라 비싸거나 혹은 싸다고 느끼겠지만 iOS 앱스토어에 비하면 훨씬 싸고 한 번만 내면 된다. 때문에 비용에 민감하다면 구글에 먼저 출시하고 수익을 좀 얻으면 애플 쪽 스토어로 눈을 돌리는 것도 방법이다. 먼저 구글 플레이 스토어에 게임을 제출하기 전에 구글 플레이 콘솔^{Google Play Console}을 둘러볼 예정이다. 또한 게임을 베타로 지정해 마지막 제출 전에 다른 이들에게 피드백을 받는 방법도 알아볼 것이다.

구글 플레이 콘솔 설정하기

첫 번째 단계는 구글 플레이 콘솔에 접근하는 것이다. 콘솔을 통해 구글 플레이에 안드로이드 앱을 배포할 수 있고, 원하면 구글 플레이 게임 서비스^{Google Play Game Services} 기능도 사용할 수 있다. 다음 단계를 따라 해보자.

1. 웹 브라우저를 열고 https://play.google.com/apps/publish로 간다. 이 페이지가 구글 플레이 스토어에 앱을 추가할 수 있게 해주는 Google Play Console이다.

2. 구글 로그인이 돼 있지 않으면 로그인해야 하며, 로그인이 돼 있다면 동의가 필요한 개발 동의서 페이지가 나온다.

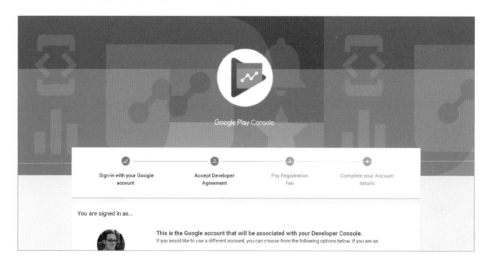

3. I agree and I am willing to associate my account registration with the Google Play Developer distribution agreement라고 써 있는 체크박스까지 스크롤을 내린다. 동의서를 읽어보고 동의한다면 체크박스에 클릭한다.

4. 그런 다음 Continue to Payment 버튼을 클릭한다. 신용카드 정보를 넣고 결제 과정이 끝날 때까지 진행하자. 성공적으로 진행했으면 메일로 영수증을 받을 거라는 창이 나온다. Continue Registration 버튼을 클릭한다.

5. 다음은 Developer Profile에 세부 정보를 입력할 차례다. 개발자 이름, 연락처가 될 이메일 주소, 웹사이트가 있다면 웹사이트 주소, 구글이 앱에 관해 물어볼 일이 있을 때 필요한 전화번호 등을 입력한다. 구글 플레이로부터 이메일을 받겠냐는 옵션도 있는데, 필수는 아니다.

6. 입력이 끝났으면 Complete Registration 버튼을 클릭한다. 문제없이 처리됐다면 Google Play Console 페이지가 나온다.

계정 설정이 다 끝나면 이제 구글 플레이 스토어에 게임을 배포하는 과정을 시작할 수 있다. 다음은 계정에 프로젝트를 추가해보자.

구글 플레이에 앱 배포하기

구글 플레이에 앱을 배포하는 과정은 필요한 정보들의 입력과 함께 스크린샷과 같은 아트 에셋을 추가를 포함한다. 다음 단계를 따라해보자.

1. PUBLISH AN ANDROID APP ON GOOGLE PLAY 버튼을 클릭한다. 기본 언어^{Default} language와 게임의 제목^{Title}을 넣는 창이 나온다. 정보 입력 후 Create 버튼을 클릭한다.

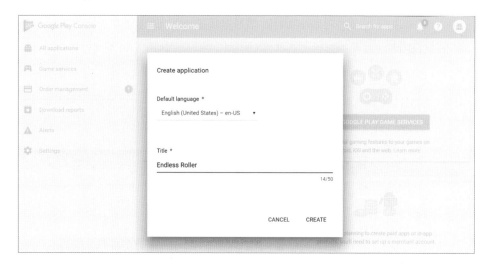

2. 다음은 게임에 대한 정보를 입력하는 창이 나온다. 간단한 설명인 Short description 과 자세한 설명인 Full description이 있다.

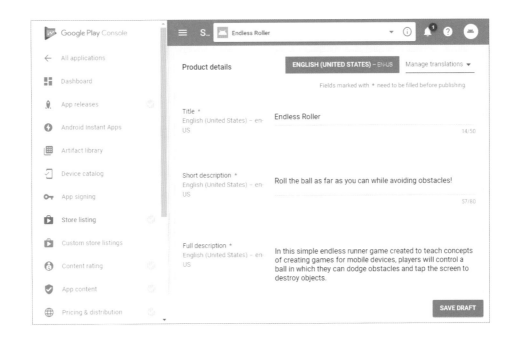

3. 다음은 게임을 비주얼적으로 보여줄 그래픽 에셋을 추가해야 한다. 적어도 두 개 이상의 스크린샷과 추가적인 아이콘 및 그래픽 에셋이 필수 조건이다.

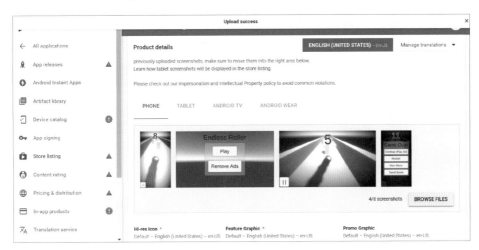

4. 다음은 아이콘들과 소개용 그래픽^{featured graphic} 차례다. 별표(*)가 있는 것들은 필수다. 이 책에 포함된 코드 데이터 안에 준비해놨으나, 가능하면 직접 만들어서 올리는 것을 추천한다.

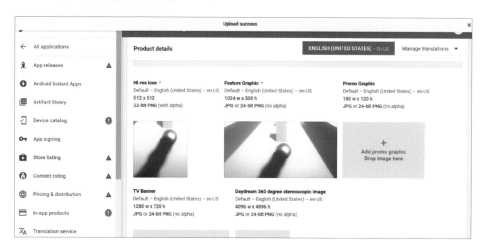

5. 스크롤을 내려서 Application type과 Category를 선택한다. 나는 각각 Games와 Arcade를 선택했다.

6. 마지막으로 연락처를 재확인하고 개인정보 정책이 있는지 체크한다.

7. 이제 가장 위로 스크롤을 올려 SAVE DRAFT 버튼을 클릭한다.

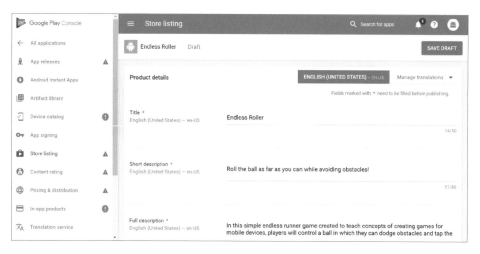

8. 다음은 왼쪽에 있는 **Pricing & Distribution** 옵션을 클릭한다. 본인의 게임이 유료일지 무료일지 결정해야 한다. 나는 무료를 선택했지만, **Set up a merchant account** 버튼을 클릭해 설정을 마쳤다면 유료로 전환할 수 있다.

9. 스크롤을 내려 게임 다운로드가 가능한 국가를 선택할 차례다. 일반적으로 테스트나 베타 프로그램을 진행하지 않는 이상 Available 버튼을 눌러서 전 세계에서 다운로드가 가능하게 한다.

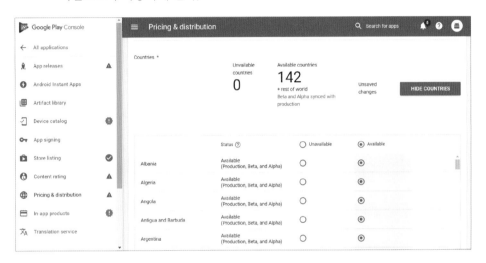

10. 스크롤을 내려 본인의 게임이 13세 미만을 고객으로 삼고 있는지, 광고를 포함하고 있는지 아닌지를 정해야 한다. 우리 경우는 아이들용 게임이 아니며 광고를 포함하고 있다.

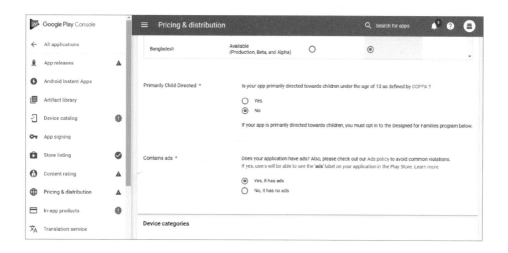

11. 다음은 Consent 섹션까지 스크롤을 내린 후 마지막 두 개 조항을 읽어본 후 동의한다면 모두 체크한다.

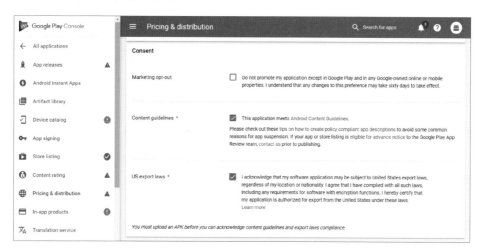

12. 끝까지 다 진행했으면 스크롤을 최상단으로 다시 올려 SAVE DRAFT 버튼을 다시 클릭한다.

13. 이제 우리 APK 파일을 스토어로 가져올 차례다. App Release 섹션을 클릭하자. 어떤 버전의 게임을 배포할지 선택해야 한다. Production은 게임이 완성 버전이

라는 뜻이지만, 우리는 프로젝트를 향상시키기 위해 피드백을 받을 예정이므로 Beta나 Alpha를 선택해야 한다. Beta를 선택하고 Manage Beta 옵션을 클릭한다.

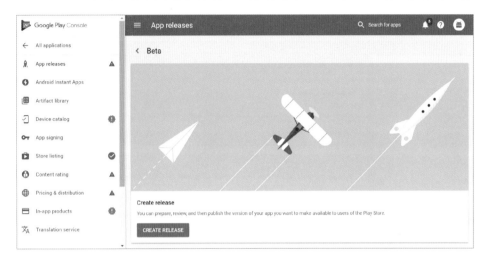

14. Create Release 버튼을 클릭한다. Google Play App Signing에 등록할 수 있는 옵션이 주어진다. Continue를 클릭하고 동의할 경우 조건에 동의한다. 다음은 APK를 추가할 수 있는 스크린이 나온다.

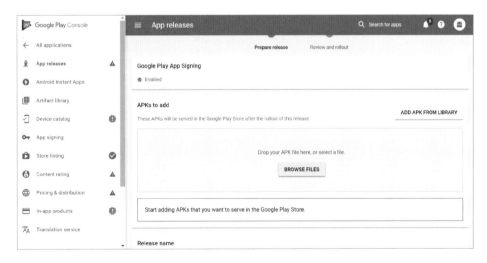

15. Browse Files 버튼을 클릭하고 게임을 내보낸 폴더로 간다. 만일 2장, '안드로이드와 iOS 개발 프로젝트 설정'에서 만든 빌드를 선택했다면 다음과 같은 에러가 나올 것이다.

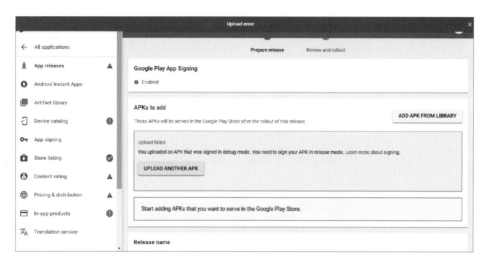

'게임의 배포 버전 빌드 만들기' 절의 내용을 잘 따라 하자.

문제없이 진행됐다면 다음과 같은 화면이 나온다.

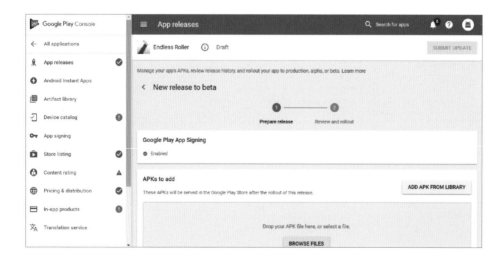

16. 스크롤을 내리면 화면에 게임 버전이 보인다. 이번 버전의 새로운 것이 무엇인지 물어볼 텐데, 나는 Initial release(첫 번째 버전)라고 입력하고 Save 버튼을 눌렀다.

17. 다음은 Content rating 버튼을 클릭한다. 실제 주소가 필수라고 나온다면 Account details 페이지를 클릭한 뒤 정보를 입력하고 Continue 버튼을 클릭한다.

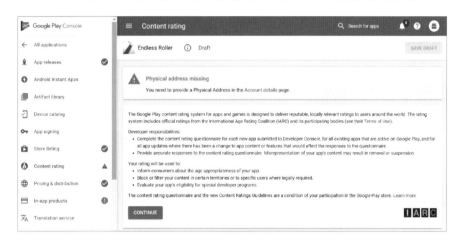

18. 이제 이메일 주소를 다시 입력하고 앱의 카테고리를 선택하자. 우리는 Game이다.

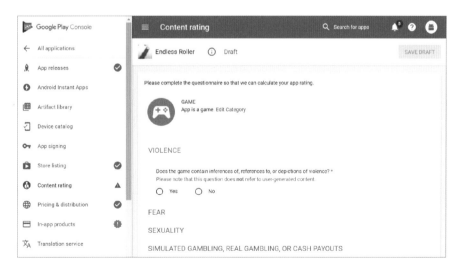

19. 이어지는 질문들에 모두 대답한 뒤 Save Questionnaire 버튼을 클릭한 뒤, Calculated Rating 버튼을 클릭한다.

20. 다음은 참고를 위한 등급^{rating}들이 나온다.

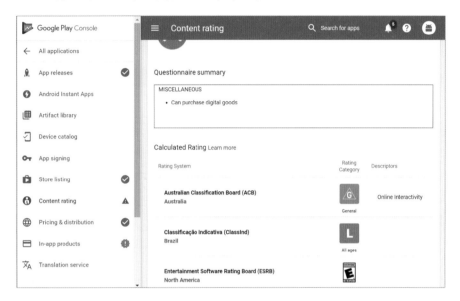

21. 가장 아래로 스크롤을 내려 Apply Rating 버튼을 클릭한다. 문제없이 처리됐다면 스크린 최상단에 Ready to publish가 나올 것이다. 이 버튼을 클릭한다.

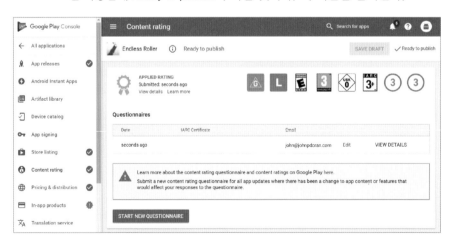

22. Manage Releases 버튼을 클릭한다. Beta 섹션으로 스크롤을 내리고 Manage Beta 버튼을 클릭한다. 여기서 Open Beta testing 방식을 선택할 수 있다.

23. Choose a testing method 아래에 있는 Open Beta Testing을 선택한다. 그다음 Feedback Channel을 선택해 사람들이 어떤 방법으로 피드백을 줄 수 있는지 정할 수 있다. 그런 다음 SAVE 버튼을 클릭한다.

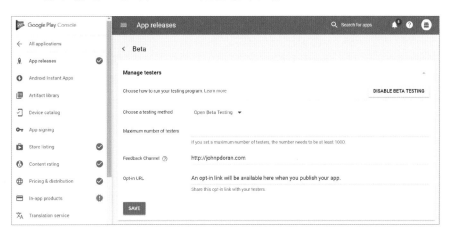

24. App releases 페이지로 돌아가 Beta 아래 Edit Release 버튼을 클릭한다. 스크린 아래에 있는 REVIEW 버튼을 클릭한다.

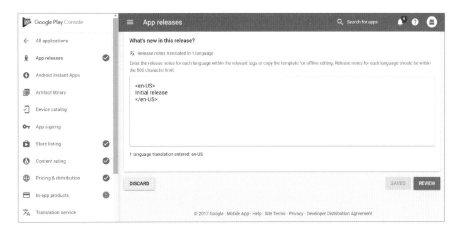

25. 마지막으로 스크롤을 최하단으로 내리면 START ROLLOUT TO BETA 옵션이 보일 것이다. 클릭한다.

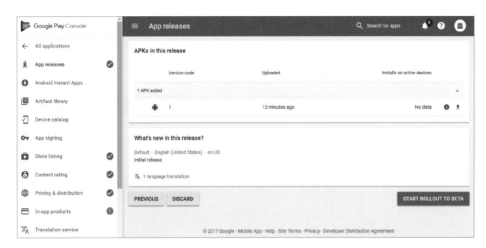

이제 우리 게임은 출시를 기다리고 있다(Pending publication).

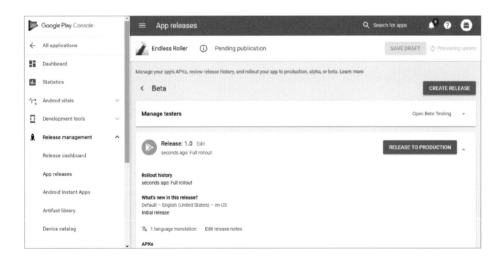

조금 기다리고 나면 게임이 출시되고, 전 세계에 공유할 수 있다. Manage testers 섹션으로 가면 Opt-in URL을 볼 수 있는데, 이를 공유하면 다른 이들이 플레이할 수 있다.

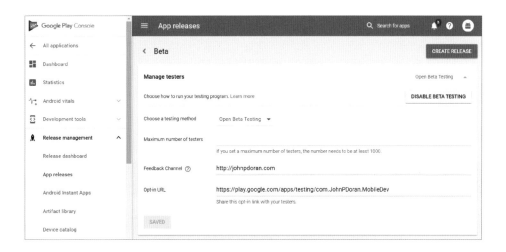

이제 구글 플레이 스토어에 우리 게임을 올리는 모든 단계가 끝났다. 이제 애플 iOS 앱스토어 게임을 올리는 과정을 시작해보자.

▎ 애플 iOS 앱스토어에 게임 올리기

구글 플레이 스토어와 마찬가지로 앱스토어에도 게임을 올리는 비용이 있다. 구글 플레이 스토어와는 다르게 해마다 99달러(세금 별도)를 내야 한다. 하지만 많은 사람들이 iOS 기기들이 그만한 가치를 한다고 생각한다. 이번 절에서는 앱스토어에 게임을 올리는 과정을 배울 것이다. 먼저 애플 개발자^{Apple Developer} 계정을 만든 후 권한 설정용 프로필^{provisioning profile}을 생성할 것이다. 그런 다음 iTunes Connect 툴을 사용해 앱을 스토어에 추가하고, Xcode를 활용해 프로젝트를 앱스토어에 올릴 수 있는 버전을 만들어 승인을 요청할 수 있게 할 것이다.

애플 개발자 구성과 권한 설정용 프로필 생성하기

iOS 기기에 앱을 배포하려면 맥 컴퓨터가 반드시 필요하다. 하지만 iTunes 스토어로 넘어가기 전에 모든 인증서와 권한들을 미리 생성해야 한다. 다음 단계를 따라 해보자.

1. 맥 컴퓨터에서 developer.apple.com으로 간다.

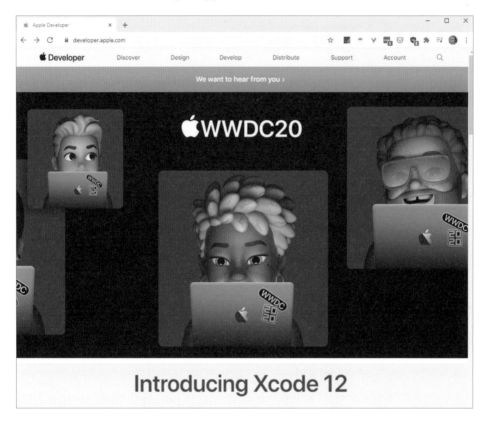

2. 스크린 오른쪽 상단에 있는 Account 버튼을 클릭하고, 본인의 Apple ID와 Password 를 입력한 뒤 Enter를 누른다.

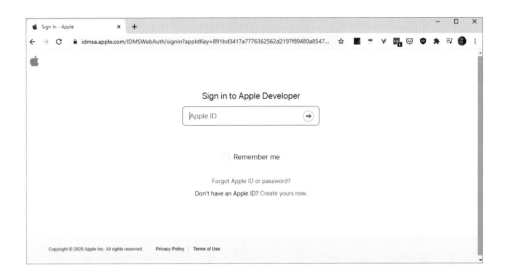

만일 두 단계 인증 방식을 설정했다면 추가 인증이 필요할 수도 있다.

3. Accounts를 클릭한다. 여기서 해마다 99달러의 비용을 결제해야 한다. 그리 어려운 과정은 아니므로 결제를 끝내고 나면 다음과 같은 페이지가 나올 것이다.

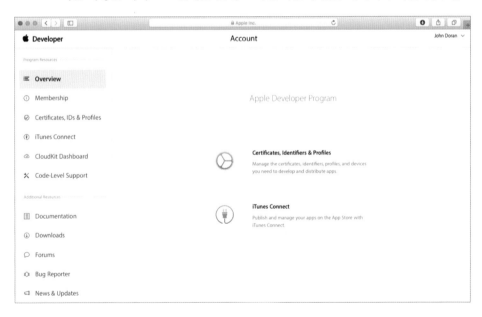

4. Certificates, Identifiers & Profiles를 선택해 앱을 생성하는 작업을 시작해보자. 비용을 결제했는데도 The selected team does not have a program membership that is eligible for this feature. If you need assistance, please contact Apple Developer Program Support. https://developer.apple.com/support라는 다음 스크린샷과 같은 에러가 나올 수 있다.

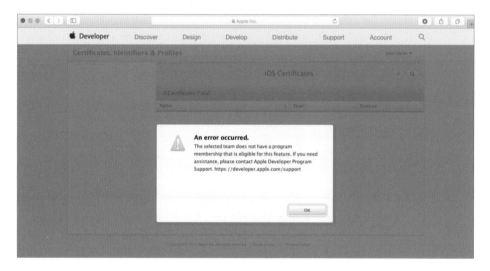

애플 쪽에서 결제 처리가 아직 완료되지 않은 것이므로 걱정할 필요는 없다. 30분이나 한 시간 후에 다시 시도하면 된다.

5. iOS 앱스토어용으로 내보내려면 필요한 인증서들을 설정해야 한다. 왼쪽 Certificates 섹션의 All 페이지의 오른쪽 상단 + 표시를 클릭한다.

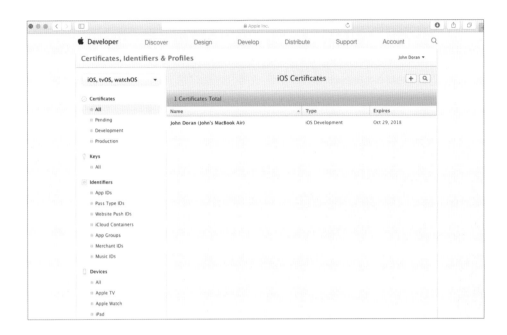

6. 필요한 인증서의 종류를 물어보면 Production 섹션 아래 App Store and Ad Hoc 옵션을 선택하고 Continue를 클릭한다.

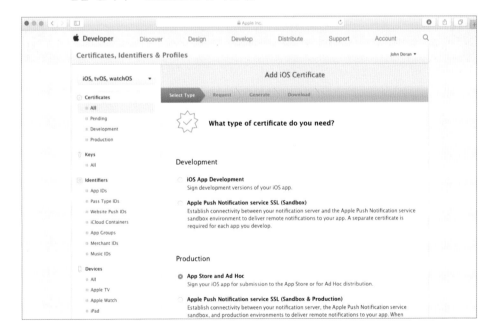

7. 다음은 Certificate Signing Request (CSR)를 생성할 차례다. 새롭게 생성하기 위한 페이지가 나오겠지만, 우리 경우는 맥 컴퓨터의 Applications\Utilities 폴더를 열어 Keychain Access 프로그램을 실행하는 것으로 시작해야 한다.

8. Keychain Access > Certificate Assistant > Request a Certificate From a Certificate Authority...로 간다.

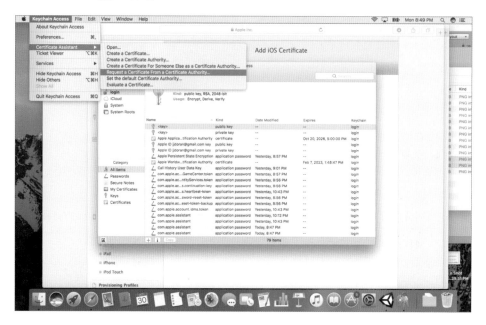

9. User Email Address 속성에 본인의 이메일 주소를 입력하고, Common Name에 이름을, CA Email Address는 빈 공간으로 둔다. Request 속성은 Saved to disk를 선택한다.

10. Continue 버튼을 클릭하고 저장할 위치를 선택한다. 나는 Desktop을 선택했지만 기억만 할 수 있다면 어느 위치든 상관없다.

11. 이제 디스크에 요청이 생성됐다고 알려줄 것이다. Done을 클릭하고 웹 브라우저로 돌아온다.

12. 스크롤을 내려 Continue 버튼을 클릭한다. 그러면 Generate your certificate 페이지로 이동한다. Choose File 버튼을 클릭한 뒤 조금 전 생성한 파일을 선택한다. 그런 다음 Continue 버튼을 클릭한다.

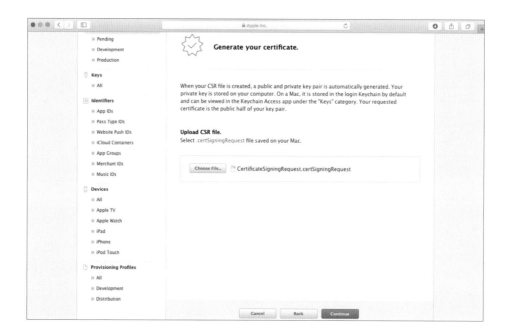

13. 인증서가 준비됐다는 화면이 나올 것이다. Download 버튼을 클릭해 디스크에 저장한다.

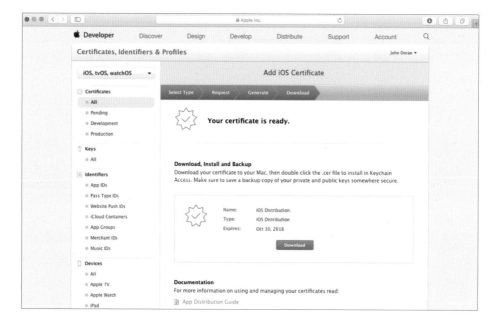

14. 그다음 .cer 파일에 더블클릭해 Keychain에 데이터 접근 권한을 부여한다. 인증서를 추가하기 원하는지 물어보면 **Add**를 클릭한다.

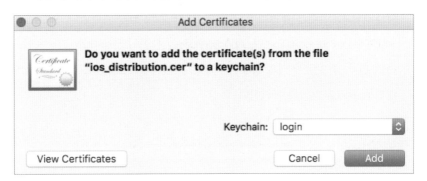

15. 다음은 앱 ID^{App ID}를 생성할 차례다. 왼쪽 사이드바에 있는 **iOS App IDs** 섹션을 클릭한다. 나는 이미 Xcode를 통해 우리의 Endless Roller 프로젝트를 연 적이 있기 때문에 App ID가 있다. **Edit** 버튼을 누르면 수정도 가능하다. 하지만 본인은 이전에 실행해본 적이 없거나 나온 것과 다른 **Bundle ID**가 있다면 다음 단계들을 진행해보자.

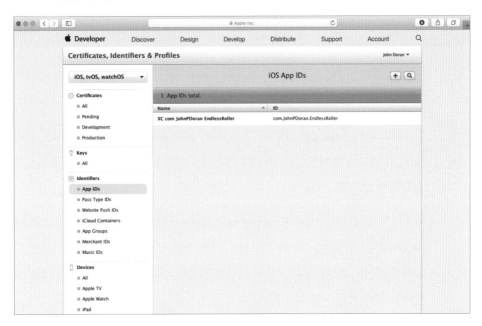

16. 스크린 오른쪽 상단에 있는 + 버튼을 클릭하면 새로운 ID를 생성할 수 있다.

17. App ID Description 아래 게임의 이름을 입력한다(나는 Endless Roller를 사용했다). App ID Suffix 아래는 유니티와 같은 형식의 Bundle ID를 입력한다. 내 경우는 com.JohnPDoran.EndlessRoller다. App Services는 본인이 사용하고 있는 옵션을 선택하면 된다. 하지만 우리의 경우는 사용하고 있지 않으므로 스크롤을 가장 아래로 내려 Continue 버튼을 클릭한다.

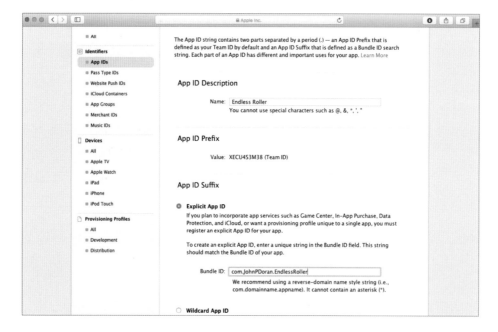

이 경우 해당 Bundle ID와 연결된 ID가 이미 존재해 진행되지 않을 것이다. 고유한 ID가 필요하기 때문이다. 때문에 나는 오리지널 App ID를 Endless Roller로 수정해 완료했다.

마지막으로 설정할 부분은 Provisioning Profile이다. 애플의 정의는 "provisioning profile이란 개발자와 기기를 인증된 아이폰 개발 팀과 엮는 동시에 테스트가 가능하게 기기를 활성화하는 고유한 디지털 객체들"이다. 다시 말해 프로젝트를 개발하는 개발 계정과 기기의 연결고리라는 뜻이다.

Provisioning profiles에 관해 더 많은 정보가 알고 싶다면 https://medium.com/@
abhimuralidharan/what-is-a-provisioning-profile-in-ios-77987a7c54c2를 확인
해보자.

18. Add iOS Provisioning Profiles 섹션 아래 All 버튼을 클릭한다. 오른쪽 상단에 있
    는 + 아이콘을 클릭한다. Distribution 아래 App Store를 선택하고 Continue를 클
    릭한다.

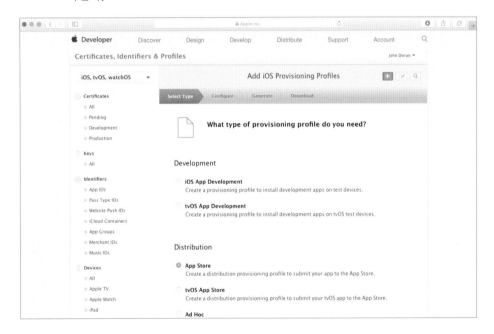

19. 이제 App ID를 선택해야 한다. Endless Roller가 선택돼 있을 수도 있고, 아니라
    면 드롭다운 리스트에서 찾아 선택한 뒤 Continue를 클릭한다.

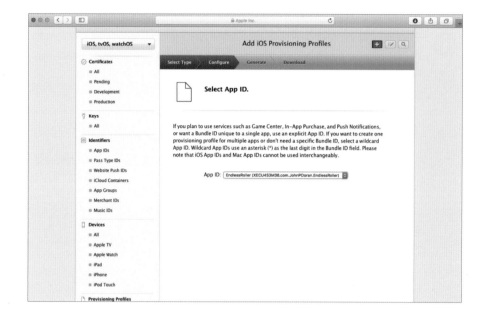

20. 다음은 인증서를 선택한 뒤 Continue를 클릭한다.

21. 마지막으로 Profile Name을 입력해야 한다. 나는 Endless Roller를 입력했다. 그
런 다음 Continue를 클릭한다.

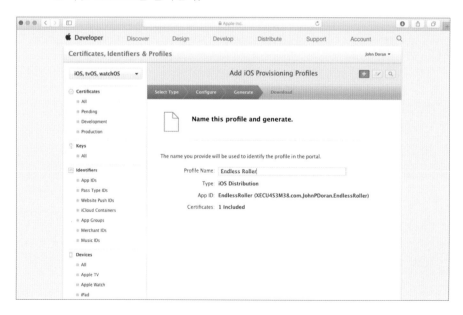

22. 이제 프로필이 있는 페이지가 뜰 것이다. 나중에 필요하니 다운로드 후 안전하게 보관하자.

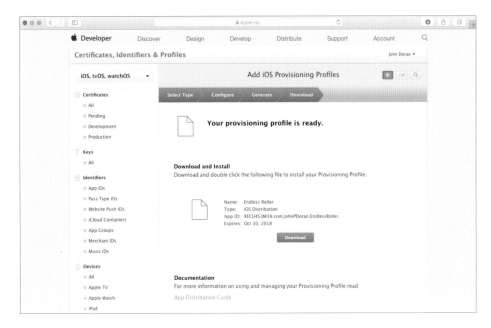

이제 provisioning profile이 끝났다.

iTunes Connect에 앱 추가하기

이제 provisioning profile이 생겼으니 앱스토어에 앱을 올릴 수 있다. 다음 단계를 따라 해보자.

1. 브라우저에 http://itunesconnect.apple.com으로 간 후 **My Apps** 버튼을 클릭한다.

본인 앱을 판매할 예정이라면 Agreements, Tax, and Banking 섹션으로 가서 은행 관련 정보를 입력해야 한다.

2. 이제 우리 프로파일에 새로운 앱을 추가하기 위해 왼쪽 상단의 + 아이콘을 클릭한 다음 New App을 선택한다.

3. 이 메뉴에서 Platforms은 iOS를 선택하고, Name 아래 본인의 게임 이름을 입력한다. 애플에서는 모든 게임 이름이 고유하기를 요구하기 때문에 Endless Roller를 다시 사용할 순 없을 것이다. Primary Language는 English (U.S.)를 선택하고, 본인의 Bundle ID를 선택한다. SKU에는 확인자identifier를 입력한다(나는 EndlessRoller를 사용했다). Create 버튼을 클릭한다.

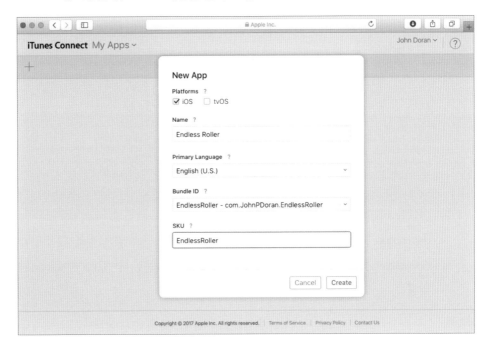

4. 이제 App Information 스크린으로 이동할 것이다. Category를 Games로 변경하고, Subcategory에서는 Arcade를 선택한 뒤 Save를 클릭한다.

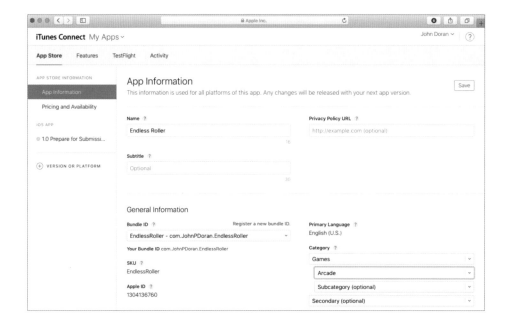

5. 다음은 1.0 Prepare for Submission 섹션을 클릭해 게임 관련 정보를 입력해보자. Description 텍스트 박스에는 구글 플레이에서 사용했던 게임 설명을 입력한다. Keywords에는 사람들이 본인의 게임을 찾기 위해 사용할 수 있는 단어들을 입력한다.

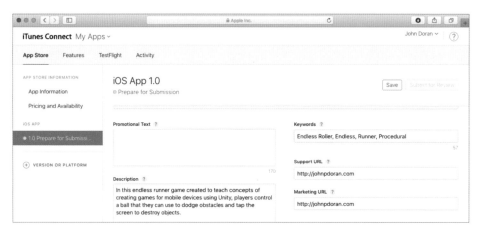

6. 이제 사용할 앱 아이콘이 필요하다. 이미지는 1024×1024 사이즈에 PNG 포맷이어야 한다. Copyright에는 본인의 이름을 입력한다.

7. 마지막으로 게임 스크린샷들이 필요하다. iOS Screenshot Properties 페이지를 클릭하면 스크린샷이 어떻게 생성돼야 하는 자세한 정보(특히 이미지 사이즈)를 볼 수 있다. 11장에서 사용하는 이미지는 iPhone 5.5인치 화면을 위한 것이지만 iPhone X를 지원하고 싶으면 5.8인치짜리를 제출해도 된다.

8. Build 섹션을 보면 Xcode를 사용해 빌드를 제출하라고 돼 있다. 이제 마지막 단계만 마무리하고 빌드 제출로 넘어가보자.

9. Pricing and Availability 섹션으로 가서 가격을 선택한다. 나는 USD 0(Free)(무료)를 선택했지만 본인은 원하는 것을 선택해도 된다. Volume Purchase Program은 대량으로 구매할 경우 할인을 해주는 제도인데, 우리는 해당 없으므로 Available with no discount를 선택하고 Save 옵션을 클릭한다.

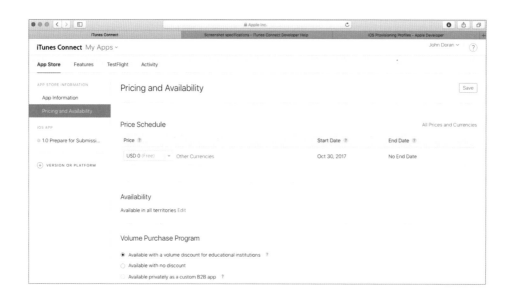

10. 모든 정보의 입력이 끝났으면 Xcode와 내보낸 프로젝트(2장, '안드로이드와 iOS 개발 프로젝트 설정')를 다시 연다. Product > Archive로 가서 끝나기를 기다린다.

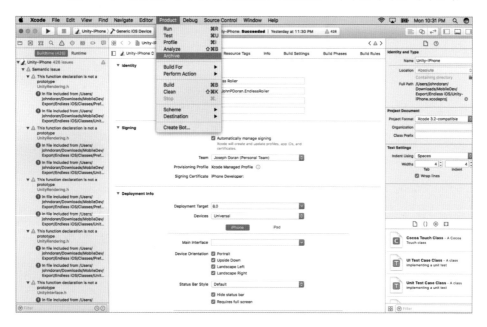

11. 일반적으로 시간이 어느정도 소요되는 작업이니 끝나기를 기다리자. 만일 도중에 접근 키^{access key}를 사용하라고 물어보면 **Allow** 버튼을 클릭한다.

12. 완료되는 다음과 같은 메뉴가 나올 것이다. **Upload to App Store...** 버튼을 선택한다.

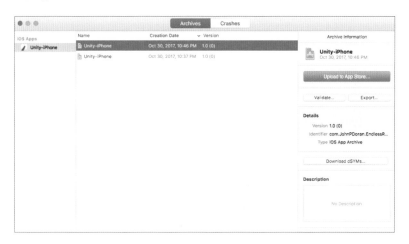

13. 몇 가지 옵션을 선택하라고 물어볼 텐데, 일반적인 경우 기본 설정된 옵션을 사용하면 된다. 다 끝나면 스토어에 올릴 수 있는 .ipa 파일이 생성된다. 업로드하기 전에 프로젝트에 관련된 정보를 다시 한 번 점검해보자. **Upload** 버튼을 누르고 완료를 기다린다.

iTune Connect에 결과가 바로 반영되지는 않고, 업데이트될 때까지 어느 정도(몇 시간일 수도 있다) 기다려야 한다. 준비가 되면 위에서 언급했던 build 섹션에서 확인할 수 있다.

14. 업로드가 끝나고 나면 앱을 제출하기 전에 Select a build 버튼을 클릭할 수 있게 된다.

15. 우리가 생성한 빌드를 선택하고 Done 버튼을 클릭한다.

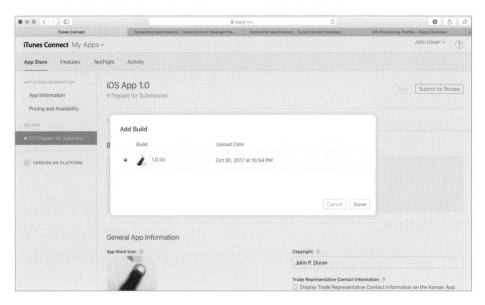

16. Save 버튼을 클릭한다. 모든 정보를 다시 한 번 점검하고 과정이 다 마무리됐다는 생각이 들면 Submit for Review 버튼을 누르고 애플에서 답이 오기를 기다리자.

상황이나 시즌에 따라 다르지만 일반적으로 처음으로 앱을 제출하는 개발자의 경우 피드백이 오기까지 3~4주의 시간이 걸린다. 하지만 앱을 더 많이 출시할수록 시간이 줄어든다. 승인이 됐다면 앱이 등록됐다는 이메일을 받게 되고, 아닐 경우 승인을 위해 수정돼야 할 부분들을 알려주는 리스트를 받게 된다.

┃ 요약

이제 구글 플레이 스토어와 애플 앱스토어에 본인의 게임을 출시하는 방법을 배웠다. 먼저 게임의 배포 버전을 빌드하는 법을 배우고, 그다음 구글 플레이 콘솔^{Google Play Console}을 설정해 구글 플레이에 게임을 올린 후 스토어에 앱을 출시했다. 그런 다음 게임의 iOS 버전을 만들고 관련된 설정 과정을 모두 배웠다.

시작부터 지금까지 다룬 모든 기능들을 즐겁게 배웠기를 바라며, 앞으로도 계속 이어 갔으면 하는 바람이다. 12장에서는 모바일 게임 개발의 최신 트렌드 중 하나인 증강 현실^{augmented reality}을 다뤄보겠다.

12

증강 현실

나이앤틱^{Niantic}의 〈포켓몬 고^{Pokémon GO}〉와 〈해리포터: 워저드 유나이트^{Harry Potter: Wizards} ^{Unite}〉 게임 등을 통해 유명해진 **증강 현실**^{AR, Augmented Reality}은 디지털 요소들과 현실세계를 동시에 존재하게 하는 기술이다. 좀 더 자세히 말하면 유저가 보고 있는 현실 위에 컴퓨터로 생성한 이미지를 올려 합쳐 놓은, 두 개가 섞인 모습을 플레이어에게 보여준다.

12장에서는 AR을 사용하는 프로젝트를 안드로이드와 iOS용으로 구성하고 커스터마이즈하는 방법을 알아볼 것이다. 이 프로젝트는 간단한 AR 프로젝트로 플레이어는 게임 환경에 존재하는 여러 가지 표면을 감지하고, 그 위에 오브젝트를 생성할 예정이다. 12장의 목표는 AR의 기본 개념을 이해하고 프로젝트에 어떻게 쓰일 수 있을지 알아보는 것이다.

12장은 여러 가지 주제로 나뉘어져 있고, 알기 쉬운 단계별 과정을 따라 하면 된다. 해야할 작업들은 다음과 같다.

- AR용으로 프로젝트 설정하기
- 표면 감지하기
- AR 환경과 상호작용하기
- AR 안에 오브젝트 생성하기

기술적 필수 사항

이 책은 유니티 2020.1.0f1과 유니티 허브 2.3.1을 사용하고 있지만, 향후 버전에서도 큰 문제없이 적용될 수 있을 것이다. 만일 새로운 버전이 나왔음에도 이 책에서 이용한 버전을 사용하고 싶다면 유니티 다운로드 저장소(https://unity3d.com/get-unity/download/archive)에서 내려받을 수 있다. 유니티의 시스템 필수 사항은 https://docs.unity3d.com/2020.1/Documentation/Manual/system-requirements.html로 가서 Unity Editor system requirements 부분을 확인하면 된다. 프로젝트를 배포하려면 안드로이드나 iOS 기기가 필요하다. 12장에 기재된 코드 파일은 https://github.com/PacktPublishing/Unity-2020-Mobile-Game-Development-Second-Edition/tree/master/Chapter%2012로 가면 깃허브에서 받을 수 있다.

AR용으로 프로젝트 구성하기

AR 프로젝트를 본격적으로 시작하기 전에 유니티가 제공하는 iOS와 안드로이드 기기에서 AR을 활성화시키는 세 개의 패키지를 추가해야 한다. 우리의 경우 프로젝트를 생성하기 위해 ARCore와 ARKit 두 개를 사용하고, AR Foundation 패키지는 ARCore와 ARKit을 사용하는 중간 연결자 역할을 할 것이다. 이 방식은 새로운 방식 프로젝트를 생성하게 되므로 실제로 새로운 프로젝트를 만들어보겠다. 다음 단계를 따라 해보자.

1. 컴퓨터에서 유니티 허브^{Unity Hub}를 연다.

2. New 버튼을 클릭해 새로운 프로젝트를 생성한다.

3. Project Name에 이름을 입력하고(나는 Mobile AR을 사용했다), Templates에는 3D를 선택한다.

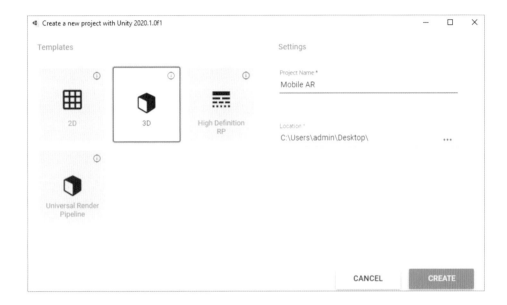

4. 다음은 CREATE를 클릭하고 유니티가 열리기를 기다린다.

5. 에디터에서 Window > Package Manager로 간다.

6. 이미 설정돼 있지 않다면 Packages 메뉴의 툴바에서 In Project 드롭다운 메뉴의 Unity Registry를 선택한다.

7. 다음 적어도 둘 중 하나, 혹은 모두를 선택해야 한다. iOS 기기를 지원하려면 ARKit XR Plugin을, 안드로이드는 ARCore XR Plugin을 선택해 Install을 클릭한다. 그런 다음 스크롤을 내려 AR Foundation 찾아 선택한 뒤 Install 버튼을 클릭한다.

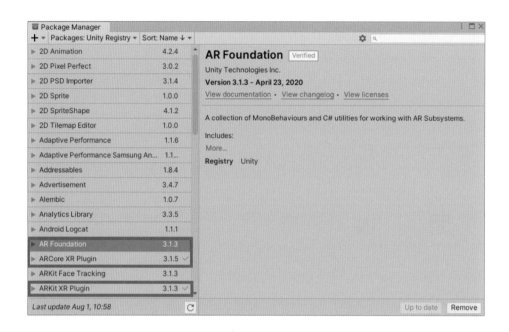

 AR Foundation은 AR로 할 수 있는 대부분의 기능을 지원하지만 iOS와 안드로이드에서만 할 수 있는 기능이 몇 가지 있다. AR Foundation에 대한 정보 및 ARCore와 ARKit이 제공 하는 각각의 기능에 관해 https://blogs.unity3d.com/2018/12/18/unitys-handheld-ar-ecosystem-ar-foundation-arcore-and-arkit/을 확인해보자.

필요한 패키지들을 모두 설치했으니 Package Manager를 닫는다.

8. File > Build Settings로 가서 Build Settings 메뉴를 연다. 메뉴에서 플랫폼을 iOS나 Android로 변경하고 Switch Platform 버튼을 클릭한다. 그런 다음 Player Settings... 옵션을 클릭한다.

9. Other Settings 섹션 아래 안드로이드의 Package Name과 iOS의 Bundle Identifier 를 변경한다. 나는 com.JohnPDoran.MobileAR을 사용했지만 본인이 원하는 역 URL 포맷을 사용해도 좋다. 두 플랫폼 모두 지원할 예정이라면 나머지 정보들은 똑같 이 복사해 붙인다. 다음은 iOS만 지원할 예정이라면 10단계로, 안드로이드만 지

원한다면 11단계로, 모두 지원한다면 두 단계 모두 진행하자.

10. iOS를 지원한다면 iOS Platform Setting 섹션에 Requires ARKit Support 옵션이 반드시 체크돼야 한다. 체크했다면 Target minimum iOS Version이 11.0 이상이어야 한다. 또한 Architecture 속성이 기본 설정 Universal이 아닌 ARM64로 설정해야 한다.

11. 안드로이드를 지원한다면 안드로이드의 Player Settings...로 가서 Player 옵션을 선택한 뒤 Graphics APIs 섹션 아래 Vulkan 옵션을 선택하고(버튼을 눌러 리스트에서 제거한다) 그다음 Multithreaded Rendering 옵션의 체크를 해제한다. 이 기능을 해제하는 이유는 이 책을 펴낼 당시 ARCore와 해당 기능이 호환되지 않기 때문이다. Minimum API level은 Android 7.0 'Nougat' (API level 24)이나 그 이상으로 설정한다. Player Settings... 메뉴에서 Install XR Plugin Management 옵션을 선택하고 ARCore를 체크한다.

이제 프로젝트가 AR 지원하고 올바르게 빌드를 내보낼 준비가 끝났다!

프로젝트에 AR Foundation이 포함됐으니 VR 프로젝트용 기본 씬을 생성해보자.

▌ 기본 구성

게임이 시작될 때 플레이어는 아무 데나 있을 수 있으므로 일반적인 관점의 카메라는 사용할 수 없다. 따라서 기존 카메라부터 삭제하면서 다음 단계를 따라해보자.

1. Hierarchy 창에서 Main Camera 오브젝트를 선택하고, 마우스 오른쪽 클릭 후 Delete를 선택하거나 Delete 키를 눌러 삭제한다.

   우리 프로젝트에 맞는 기능들을 제작하기 전에 두 개의 주요 오브젝트(AR Session과 AR Session Origin)를 생성해야 한다.

2. Hierarchy 창에 마우스 오른쪽 클릭 후 XR > AR Session을 선택한다.

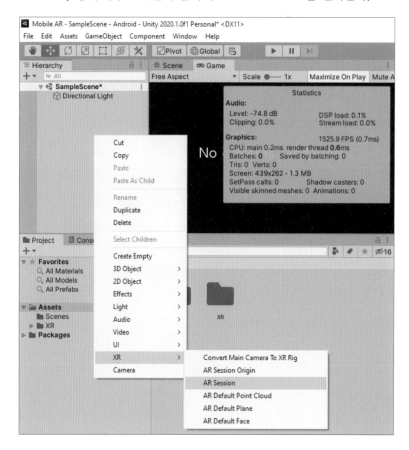

AR Session은 AR 경험을 조종하며, 플랫폼에 따라 AR 기능들을 활성화나 비활
성화시킬 수 있다.

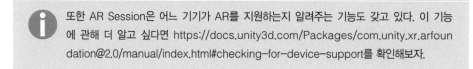

또한 AR Session은 어느 기기가 AR를 지원하는지 알려주는 기능도 갖고 있다. 이 기능
에 관해 더 알고 싶다면 https://docs.unity3d.com/Packages/com.unity.xr.arfoun
dation@2.0/manual/index.html#checking-for-device-support를 확인해보자.

3. XR > AR Session Origin을 선택해 AR Session Origin을 생성한다.

AR Session Origin은 게임이 실행하는 동안 가상 콘텐츠를 스케일^{scale}하거나 오프셋^{offset}하는데 사용된다. 자식 오브젝트 AR Camera는 게임 실행 중 따라다닐 카메라다.

올바르게 작동하는지 알아보기 위해 기기에 배포하기 전에 작동 여부를 알아보기 위해 씬에 큐브^{cube}를 추가해보자.

4. Scene 창으로 가서 상단 메뉴의 GameObject > 3D Object > Cube를 클릭한다.

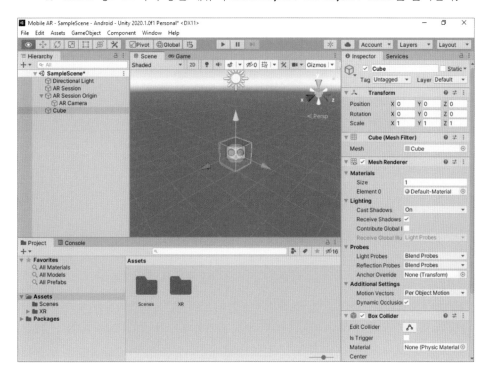

5. 2장, '안드로이드와 iOS 개발 프로젝트 설정'에서 했던 것과 같이 프로젝트를 빌드하고 기기에 게임을 배포한다.

6. 프로젝트 실행 시 카메라 사용 권한을 필요로 한다면 허용한다. 게임이 시작되고 주위 환경이 보이면 한발 물러선다.

큐브를 보기 위해 한발 물러서야 하는 이유는 모든 오브젝트의 위치는 게임이 시작될 때 폰의 위치에 기반되기 때문이다. 큐브가 상당히 큰 이유는 기본 크기가 1, 1, 1이며 다시 말해 각 모서리 실제 길이가 1미터라는 뜻이다. 당연하게도 게임이 시작될 때마다 유저가 한 발자국 물러서게 할 수는 없으므로 실제 환경에서 사용할 수 있는 표면들이 어디인지 감지해야 한다. 다음 절에서 구현해보자.

표면 감지하기

실제 환경에 존재하는 표면을 감지하기 위해서는 새로운 컴포넌트 AR Plane Manager가 필요하다. AR Plane Manager는 실제 환경에 맞춰 씬 안에 있는 게임 오브젝트를 생성, 제거, 업데이트할 수 있게 해준다. 다음 단계들을 따라 하면 게임플레이에 사용할 수 있는 콜라이더collider를 가진 투명 플레인plane을 자동으로 생성해준다.

1. 처음에 생성한 큐브는 필요 없으니 마우스 오른쪽을 클릭해 Delete를 선택하거나, 선택 후 Delete 키를 눌러서 제거하자.

2. Hierarchy 창에서 AR Session Origin 오브젝트를 선택한다. Inspector 창 아래 Add Component 버튼을 누르고 AR Plane Manager를 입력하고 Enter를 눌러 AR Plane Manager 컴포넌트를 추가한다.

이 시점에서 게임을 실행 중에 씬 안에 표면을 생성하는 기능이 존재하지만, 디버깅 등을 위해 생성되는 플레인을 눈으로 확인할 수 있으면 좋다. 다음 단계를 따라 해보자.

1. 상단 메뉴에서 GameObject > XR > AR Default Plane으로 간다.

   이 오브젝트에는 비주얼 플레인을 생성하는 데 사용되는 여러 컴포넌트들이 있으며, 그중 눈여겨볼 것들은 AR Plane과 AR Plane Mesh Visualizer 컴포넌트다. AR Plane은 AR 기기가 감지한 플레인을 의미하며, AR Plane Mesh Visualizer는 AR Plane의 데이터를 사용해 MeshFilter와 MeshCollider 컴포넌트를 수정해 감지된 벽을 깔고, Line Renderer 컴포넌트로 가장자리를 표시한다. Mesh Renderer는 수정된 모든 정보를 화면에 표시한다.

2. Project 창에서 새로운 폴더 Prefabs를 생성한다.

3. AR Default Plane 오브젝트를 Prefabs 폴더에 끌어 놓아 프리팹prefab으로 변환시킨다. 올바르게 됐다면 Hierarchy 창에 있는 게임 오브젝트의 이름이 파란색으로 변해 있을 것이다.

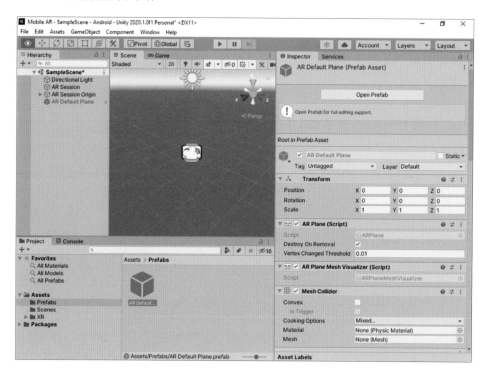

4. 프리팹이 생성됐으면 Hierarchy 창에서 AR Default Plane 오브젝트를 삭제한다.
5. AR Session Origin 오브젝트를 선택한 뒤, AR Default Plane 프리팹을 AR Plane Manager 컴포넌트의 Plane Prefab 속성에 끌어 놓는다.

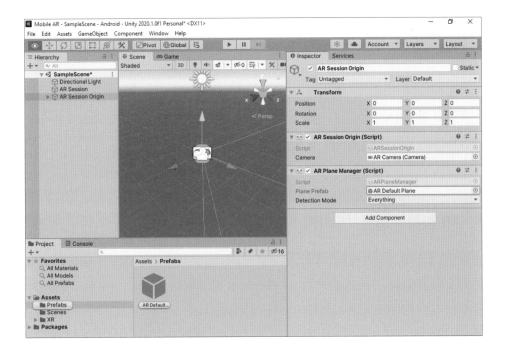

이렇게 하면 Plane Manager가 씬 안에 새로운 플레인plane을 감지할 때마다 플레인 프리팹을 생성하고 세부 사항을 그릴 것이다.

6. 프로젝트를 저장하고 게임을 빌드한다. 기기에서 실행한 뒤 방 안을 돌아다니며 카메라를 움직여본다.

같은 영역에서 움직이는 시간이 길면 길수록 본인 환경의 표면을 좀 더 사실적으로 구성할 것이다.

플레인의 모습을 수정하고 싶다면 위에서 만든 프리팹을 열어 수정하면 된다!

이제 게임 환경에서 무슨 일이 일어나는지 눈으로 확인할 수 있게 됐지만 환경과 상호작용할 수 있는 방법이 없다. 다음 절에서 다뤄보도록 하자.

▍ AR 환경과 상호작용하기

플레이어가 환경과 상호작용할 수 있는 방법 중 하나는 씬 안에 오브젝트를 생성할 수 있게 해줘서 생성되는 위치를 플레이어가 확인할 수 있게 해주는 것이다. 어디에 생성될지 보여주는 표시를 만들 수 있다. 다음 단계를 따라 해보자.

1. GameObject > 3D Object > Quad로 가서 쿼드^{quad}를 생성한다.

   쿼드란 가장 단순한 타입의 도형인 플레인을 의미한다. 우리의 경우 플레이어가 스크린을 탭하는 경우 어디에 오브젝트가 생성될지 알려주는 표시로 쿼드를 사용할 것이다.

2. 쿼드가 선택된 상태에서 Inspector 창의 Transform 컴포넌트의 Position을 (0, 0, 0)으로, X Rotation을 90으로, Scale을 (0.2, 0.2, 1)로 설정한다.

   바닥을 좀 더 제대로 표시할 수 있도록 쿼드의 크기를 20센치 정도로 설정하고 회전시켰다. 이 설정 값은 변경되면 안 되지만, 나중에는 플레이어가 카메라를 움직이면 이 오브젝트가 플레이어를 따라다니며 이동하고 회전해야 한다. 때문에 설정 값을 유지하려면 부모 오브젝트가 필요하다. 부모 오브젝트가 이동하고 회전하면 자식도 따라서 이동하고 회전하기 때문이다.

3. GameObject > Create Empty를 선택해 새로운 빈 게임 오브젝트를 생성한다. 오브젝트를 선택하고 이름을 Placement Indicator로 변경한다. Transform 컴포넌트의 Position을 (0, 0, 0)으로 설정한다.

4. Hierarchy 창에서 Quad 게임 오브젝트를 Placement Indicator 위로 끌어와서 자식으로 만든다.

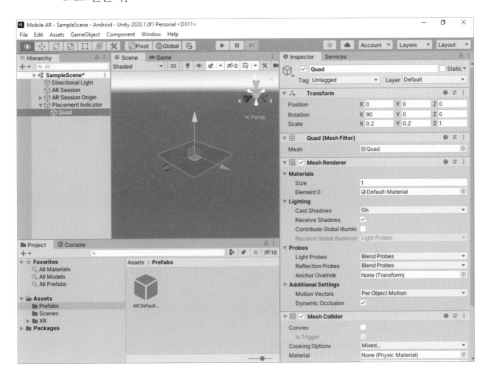

이제 사용할 오브젝트가 생겼으니 오브젝트를 움직이기 위해서는 플레이어의 카메라가 어느 방향을 보고 있는지 알아야 한다. 새로운 컴포넌트 AR Raycast Manager를 통해 할 수 있다.

5. Hierarchy 창에서 AR Session Origin 오브젝트를 선택하고 AR Raycast Manager 컴포넌트를 추가한다.

AR Raycast Manager는 AR Foundation에 레이캐스트^{raycast} 기능을 사용할 수 있게 해준다. 때문에 우리가 위치한 실제 환경에 레이캐스트를 사용할 수 있다. 충돌 테스트라고도 부르는 레이캐스트는 눈이 보이지 않는 선을 발사해 발사 위치로부터 발사 방향으로 갈 때 무언가 충돌하는 것이 있는지 아는 방법이다. 이 기능은 게임에서 총알이 플레이어를 맞췄는지 등을 테스트할 때 자주 사용한다.

이제 설정이 끝났으니 코드를 통해 이 컴포넌트들과 정보들을 가지고 어떻게 AR 오브젝트들을 실제 환경 공간에 배치할 수 있는지 다음 단계를 통해 알아보자.

1. Project 창으로 가서 Assets 폴더를 연다. 새로운 폴더 Scripts를 생성한다.
2. Scripts 폴더로 들어가서 새로운 C# 스크립트 PlaceARObject를 생성한다.
3. 파일 상단에 다음 using문을 추가한다.

```
using UnityEngine.XR.ARFoundation; // ARRaycastManager
using UnityEngine.XR.ARSubsystems; // TrackableType
```

4. 다음 속성들을 클래스에 추가한다.

```
/// <summary>
/// 레이캐스트를 위한 Raycast Manager 참조
/// </summary>
ARRaycastManager raycastManager;

/// <summary>
/// 레이캐스트를 그리기 시작하는 위치를 위해 AR 카메라 참조
/// </summary>
Camera arCamera;
```

5. 다음은 Start 함수에서 속성들을 초기화한다.

```
/// <summary>
/// Start 첫 프레임 업데이트 전에 호출된다. 우리 private 변수들을 초기화한다
```

```
/// </summary>
private void Start()
{
    raycastManager = GameObject.FindObjectOfType<ARRaycastManager>();
    arCamera = GameObject.FindObjectOfType<Camera>();
}
```

6. 마지막으로 Update 함수를 LateUpdate 함수로 교체한다.

```
/// <summary>
/// LateUpdate는 매 프레임당 한 번씩 모든 Update 함수가 호출된 후 호출된다
/// </summary>
private void LateUpdate()
{
    // 스크린의 중앙을 알아낸다
    var viewportCenter = new Vector2(0.5f, 0.5f);
    var screenCenter = arCamera.ViewportToScreenPoint(viewportCenter);


    // 스크린 중앙 앞에 무언가 있는지 체크하고 필요한 경우 배치 표시를 업데이트한다
    UpdateIndicator(screenCenter);
}
```

7. 위 코드에서 아직 존재하지 않는 UpdateIndicator 함수를 호출하고 있으니 만들 어보자.

```
/// <summary>
/// 어떤 표면에도 위치할 수 있도록 표시의 위치와 회전을 업데이트한다
/// </summary>
/// <param name="screenPosition">A position in screen space</param>
private void UpdateIndicator(Vector2 screenPosition)
{
    var hits = new List<ARRaycastHit>();

    raycastManager.Raycast(screenPosition, hits, TrackableType.Planes);
```

```
    // 충돌한 위치가 하나라도 있다면
    if (hits.Count > 0)
    {
        // 포즈 데이터를 얻는다
        var placementPose = hits[0].pose;

        var camForward = arCamera.transform.forward;

        // 오브젝트를 평평하게 만든다
        camForward.y = 0;

        // 사이즈가 1이 되도록 벡터를 조절한다
        camForward = camForward.normalized;

        // 카메라 앞을 바라보도록 회전한다
        placementPose.rotation = Quaternion.LookRotation(camForward);

        transform.SetPositionAndRotation(placementPose.position,
        placementPose.rotation);
    }
}
```

8. 스크립트를 저장하고 유니티 에디터로 돌아온다. Placement Indicator 게임 오브젝트에 PlaceARObject 스크립트를 첨부한다.

9. 게임을 본인 기기로 내보낸 후 올바르게 작동하는지 확인한다.

이제 플레인이 언제나 우리를 바라보도록 이동하고 회전한다! 플레인이 깜박이는 것도 볼 수 있는데 4장, '해상도에 독립적인 UI'에서 다뤘던 z축 우선순위 개념 때문이다. 간단히 말해 두 오브젝트가 같은 위치에 있으면 그리는 순서를 유니티가 정한다는 뜻이다. 쿼드를 플레인의 위치보다 살짝 위에 두면 해결되므로 지금 해보자.

10. UpdateIndicator 함수를 다음 코드와 같이 업데이트하자.

```
// UpdateIndicator의 내용...

// 카메라 앞을 바라보도록 회전한다
placementPose.rotation = Quaternion.LookRotation(camForward);

// 쿼드를 살짝 위로 올려 z축 충돌을 피한다
var newPosition = placementPose.position;
newPosition.y += 0.001f;

transform.SetPositionAndRotation(newPosition, placementPose.rotation);
}
```

11. 스크립트를 저장하고 게임을 다시 내보낸다. 이제 쿼드가 표면 위에 깔끔하게 표시된다.

이제 표시가 생겼으니 AR 안에 오브젝트를 생성해보자.

▍ AR에 오브젝트 생성하기

AR에서 오브젝트를 생성하는 가장 단순한 방식은 플레이어가 스크린을 탭했을 때 Placement Indicator 오브젝트가 있는 위치에 오브젝트를 생성하는 것이다. 하지만 그 전에 씬 안에 생성할 오브젝트를 먼저 만들어야 한다.

다음 단계를 따라 해보자.

1. GameObject > 3D Object > Sphere로 가서 sphere(구체)를 생성한다.
2. Inspector 창에서 Position을 (0, 0, 0)으로, Scale을 (0.2, 0.2, 0.2)로 설정한다.
3. Component > Physics > Rigidbody를 선택해 sphere에 Rigidbody 컴포넌트를 추가한다.

   Rigidbody 컴포넌트를 추가하는 의미는 유니티로 하여금 이 오브젝트가 중력, 충돌 이벤트, 힘의 적용 같은 이벤트에 반응하게 알려주는 것이다. 이 오브젝트는 메쉬^{mesh}나 콜라이더^{collider} 등을 수정해 원하는 대로 변경해도 좋다.

4. Project 창으로 가서 Prefabs 폴더를 연다. Sphere를 Hierarchy 창에서 Project 창
   으로 끌어와서 프리팹으로 만든다.

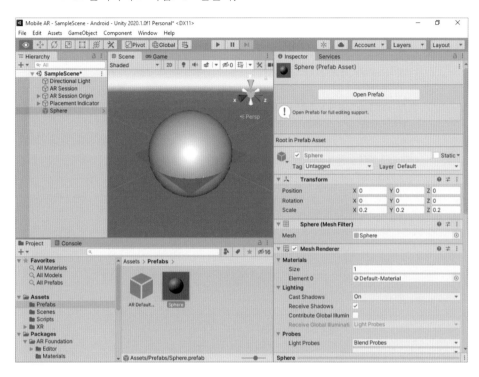

5. 이제 오브젝트가 프리팹이 됐으니 Hierarchy 창에서 삭제한다.

6. PlaceARObject 스크립트를 열고 다음 속성을 추가한다.

```
[Tooltip("스크린을 탭했을 때 생성되는 오브젝트")]
public GameObject objectToSpawn;
```

7. LateUpdate 함수를 다음과 같이 업데이트한다.

```
/// <summary>
/// LateUpdate는 매 프레임당 한 번씩 모든 Update 함수가 호출된 후 호출된다
/// </summary>
private void LateUpdate()
```

```
    {
        // 스크린의 중앙을 알아낸다
        var viewportCenter = new Vector2(0.5f, 0.5f);
        var screenCenter = arCamera.ViewportToScreenPoint(viewportCenter);

        // 스크린 중앙 앞에 무언가 있는지 체크하고 필요한 경우 배치 표시를 업데이트한다
        UpdateIndicator(screenCenter);

        // 스크린을 탭하면 오브젝트를 생성한다
        if (Input.GetMouseButtonDown(0))
        {
            // 바닥 위에 오브젝트를 생성해 떨어지는 것을 볼 수 있게 한다
            Vector3 objPos = transform.position + Vector3.up;

            if(objectToSpawn)
            {
                Instantiate(objectToSpawn, objPos, transform.rotation);
            }
        }
    }
}
```

8. 스크립트를 저장하고 유니티 에디터로 돌아간다.

9. Hierarchy 창에서 Placement Indicator 오브젝트를 선택한다. Inspector 창에서 Object To Spawn 속성을 Sphere 프리팹으로 설정한다.

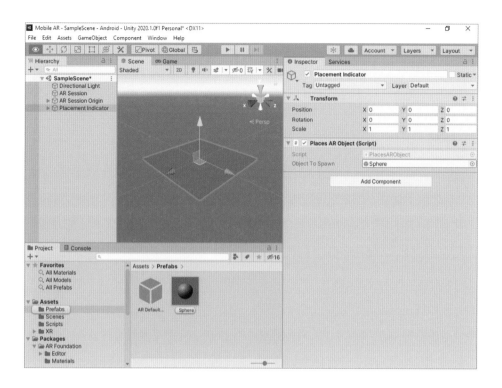

10. 프로젝트를 저장하고 빌드를 기기로 내보낸 후 실행하자. 스크린을 탭하면 구체
들이 스크린에 생성된다.

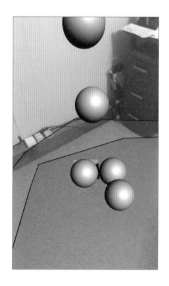

이제 씬에 오브젝트를 생성하고, 다른 오브젝트와 상호작용하는 것을 볼 수 있다. 이 기능을 확장하면 본인이 상상하는 게임플레이를 만들어낼 수도 있다!

▍요약

12장에서는 유니티가 제공하는 AR 툴셋을 사용해 실제 환경에 컴퓨터가 만들어낸 인공 오브젝트를 생성하는 증강 현실을 만드는 방법을 배웠다. 이 기술은 아직도 성장하고 있으며, 이 분야의 기술들은 미래에 **가상현실**VR, Virtual Reality, **혼합현실**MR, Mixed Reality, **확장현실**XR, Extended Reality이 더 대중화되면서 유용하게 사용될 것이다.

12장에서는 iOS를 위한 ARKit, 안드로이드를 위한 ARCore, 멀티플랫폼을 위한 AR 솔루션인 AR Foundation의 설치 방법을 배웠다. 설치 후에는 iOS와 안드로이드 AR 개발을 위한 플랫폼 설정을 배웠다. 그런 다음 유니티가 AR 툴을 사용해 환경에 간단한 메쉬를 추가할 수 있도록 유니티를 구성했다. 그 위에 AR Plane Manager를 사용해 실제 환경의 표면을 감지할 수 있게 했으며, AR Default Plane 오브젝트를 사용해 눈으로 볼 수 있게 했다. 그다음 AR Raycast Manager를 사용해 AR 환경과 상호작용이 가능하도록 실제 환경에 있는 메쉬와의 충돌을 감지하고, 컴퓨터가 생성한 오브젝트들이 그 환경에 반응하도록 구성했다. 마지막으로 이 정보를 통해 AR 안에 오브젝트를 생성했다.

이 지식들은 혼자 실험해볼 수 있는 바탕이 될 것이며, 모바일 기기와 AR 환경에서 본인의 게임을 개발한 것이지 아닌지를 판단할 수 있는 기준이 될 것이다. 이제 이 책에서 배운 기술과 지식을 가지고 본인 스스로 최선을 다해 게임을 만들 차례다. 그 게임들을 플레이하는 날을 기다리겠다!

찾아보기

유니티 모바일 게임 개발 2/e

모바일 게임 개발 기본부터 증강 현실 앱 만들기까지

발 행 | 2021년 8월 6일

지은이 | 존 도란
옮긴이 | 이 진 오

펴낸이 | 권 성 준
편집장 | 황 영 주
편 집 | 이 지 은
　　　　김 다 예
디자인 | 윤 서 빈

에이콘출판주식회사
서울특별시 양천구 국회대로 287 (목동)
전화 02-2653-7600, 팩스 02-2653-0433
www.acornpub.co.kr / editor@acornpub.co.kr

한국어판 ⓒ 에이콘출판주식회사, 2021, Printed in Korea.
ISBN 979-11-6175-552-6
http://www.acornpub.co.kr/book/unity-2020

책값은 뒤표지에 있습니다.